Cool China Business Model

世界最速ビジネスモデル

中国スタートアップ図鑑

早稲田大学商学学術院
井上達彦／鄭雅方

日経BP

まえがき

有史以来の急成長

世界経済は、GAFA（グーグル、アップル、フェイスブック、アマゾン）と呼ばれるアメリカ企業と、アリババやテンセントといった中国企業によって動かされているという論調が目立ってきました。中国ではアリババとテンセントに限らず、スタートアップ企業の躍進には目を見張るものがあります。有史以来、最速のスピードで巨大化しているといっても過言ではないでしょう。

たとえば、ECサービスのピンドゥオドゥオ（拼多多）は共同購入とSNSを組み合わせ、創設わずか3年で利用者が3億人を突破しました。この拡大はアリババが運営するタオバオの2倍のスピードです（タオバオは3億人の利用者の獲得に7年を要しました）。

この速さは、例外ではありません。この他にも日本ではまだあまり知られていない中国スタートアップが、さまざまな業界で急成長している姿を目にするようになりました。本書は、そういった企業たちの成長プロセスに注目し、急成長の秘訣に迫ります。そこで読者の皆さんにズバリ問います。

「中国のスタートアップ企業が、これほどまでの急成長を成し遂げられたのはなぜでしょうか」

このように問いかけると、多くの人から「それは、市場規模が大きいからだ」という答えが返ってきそうです。これは間違いではないのですが、単純にそれだけではありません。「市場さえ大きければ良い」ということであれば、他の国や地域でも急成長企業を見つけられるはずだからです。

しかし、中国のスタートアップのように、群をなして急成長している事例は他に見つけられません。それゆえ、世界中のスタートアップ起業家、投資家、大企業の経営者、イノベーター、政策立案者、そして経営学者が、中国のビジネスモデルの群生的な発展プロセスに注目し始めているのです。

一般に、3つの観点からその理由が検討されてきました。

㈠中国の社会・経済・文化

②中国のエコシステム
③中国のビジネスモデル

第1に、中国の社会・経済・文化がデジタル技術とマッチして、企業の成長を促しました。中国の人口は日本の約10倍、市場の規模が巨大なので伸びしろが大きいのです。しかも経済の自由化が始まって数十年しか経っていませんが、政府の重点政策のおかげで、企業は十分な助走をとりつつ、スピードに乗ったタイミングで勝負を仕掛けることができました。

第2に、ビジネス生態系である「エコシステム」が理想的な形で発達し、スタートアップのインフラが整いました。エコシステムとは、出資者、パートナー、供給業者や顧客から成り立つ協調的ネットワークのことで、それを自然界における生態系のメタファーによって示したものです。このエコシステムの発達により、中国では早い段階から産業の発達に不可欠な通信インフラが整備され、その後、決済や物流のインフラも急速に整えられていきました。それゆえ、後に続く中国のスタートアップ企業は、少ない投資で一気に規模を拡大できるチャンスを得たのです。

そして第3に、ビジネスモデルの秀逸さがあります。ビジネスモデルとは、「どのような価値をいかに創造して顧客に届け、自らの収益として獲得するかを論理的に記述したもの[01]」です。中国の企業たちは、グローバルな視野でお手本にすべ

01 Osterwalder & Pigneur (2010) p.14の定義をもとに筆者らが意訳して作成。

き秀逸なモデルを徹底して模倣し、独特のビジネスモデルを創新したのです。[02]

すでに、第1の点と第2の点については、政治経済の専門家によって議論されてきており、良書も複数出版されています。[03]

そこで、本書では、第3の点に焦点をあてて、スタートアップ企業の成長のロジックを解明していきます。アリババやテンセントといった、超巨大企業のみならず、知られざるスタートアップの急成長事例に注目し、「成長の方程式」を探し出します。

ビジネスモデルが置かれた状況への理解がなければ、「有史上で最速の成長」についての説明はできません。成長のロジックが成り立つ前提条件を明らかにするためにも、ビジネスモデルがどのようなエコシステムに埋め込まれているのかを理解する必要があります。本書は、ビジネスモデルを起点に、ミクロの視点からマクロの視点へと必要に応じて、視野を広げていきます。

3世代で築かれた中国スタートアップのピラミッド

中国のスタートアップを理解するためには、経済の自由化が始

02 創新とはイノベーションのことを意味します。中国共産党と国務院は国家戦略として2016年に「国家創新駆動発展戦略綱要」を発表しました。戦略的目標として2020年にはグローバル経済におけるイノベーション国家の仲間入りを果たし、2030年には上位に、そして2050年にはイノベーション国家の頂点の一角を占めて「創新強国」となるという目標です。実際、2020年には自然科学分野の論文数で、中国が米国を抜いて首位となっており、着実にイノベーション力を高めていると考えられます。

03 たとえば、梶谷・高口（2019）は中国の社会について、李（2018, 2021）ならびに趙（2021）は中国のイノベーションやインフラの発展について、益尾（2019）は中国の政治経済の行動原理について解説しています。

まってからのデジタルイノベーションについて知っておく必要があります。時代を区切って整理すると、第1世代＝インターネット革命、第2世代＝スマホやクラウドサービス、第3世代＝ビッグデータと決済インフラとなります。

それぞれの時代において、ひときわ輝いた企業たちがいます。それが積み重なって3つの階層から成るピラミッドが出来上がりました。このピラミッドは経済成長の歴史を象徴したものです。

まず、第1世代。インターネット革命が起こり、テンセントやアリババが生まれました。創業から20年ほどしか経っておらず、創業者も健在ですが、スタートアップを超越した存在です。これらの企業抜きには「有史以来の最速成長」は語れません。自ら先頭に立ってさまざまなイノベーションを引き起こすと同時に、後に続くスタートアップを支援する役割も果たしています。

そして、第2世代。スマホやクラウドサービスの登場で、ショートムービーアプリやIoT家電、O2Oサービスなどが生まれました。テンセントやアリババが築き上げたインフラを補完する立場の企業です。第1世代の超巨大企業の提供するインフラやサービスのおかげで成長してきましたが、自らもプラットフォームの一翼を担い、アリババやテンセントに負けないような役割を果たそうと積極的です。次の世代のプラットフォームを目指して挑戦し続けています。

最後に、第3世代。ビッグデータと決済インフラが整備され、漫画アプリや共同購入サービスが生まれました。今まさに世界最速の急成長を遂げている企業たちです。規模の面では第1世代の超巨人や、第2世代の挑戦者たちには到底及びませんが、成長のスピードだけを見れば、彼らを凌駕する存在です。これらの企業がのびのびと活躍できるのは、ピラミッドの基盤がしっかりしているからです。情報通信のインフラが整い、スマホが普及して決済までできる、という環境が整っているからこそ、そのインフラを前提に、少ない資本でピンポイントに大ブレイクすることができるのです。

本書の構成

本書は、急成長のロジックを感じ取ってもらうために、第1世代、第2世代、第3世代の企業群を3部構成で紹介します。3つの世代のビジネスモデルを、本書のテーマである「世界最速の成長の論理」という視点で捉えます。優れたビジネスモデルは好循環を生み出すといわれますが、その好循環をストーリーとして描き出すことで理解を深めます。[04]

直近の動向をつかんでいただくために、あえて歴史の流れとは逆に、第3世代、第2世代、第1世代という順番で成長の論理に迫ります。

ピラミッドの構成を簡略化して図示すると次のようになります。本書の構成と関連づけて、その概要を説明していきましょう。

04 マグレッタは「ビジネスモデルとは、端的に言えば『物語』、つまりどうすれば会社がうまくいくかを語る筋書きである。」(邦訳p.116)と言います。カサデサス＝マサネルとリカート(2011)は、「優れたビジネスモデルは好循環を生み出す」という題名の論考で、価値を生み出す好循環を第1部で紹介するシステムシンキングで描き出しています。

中国スタートアップのピラミッド

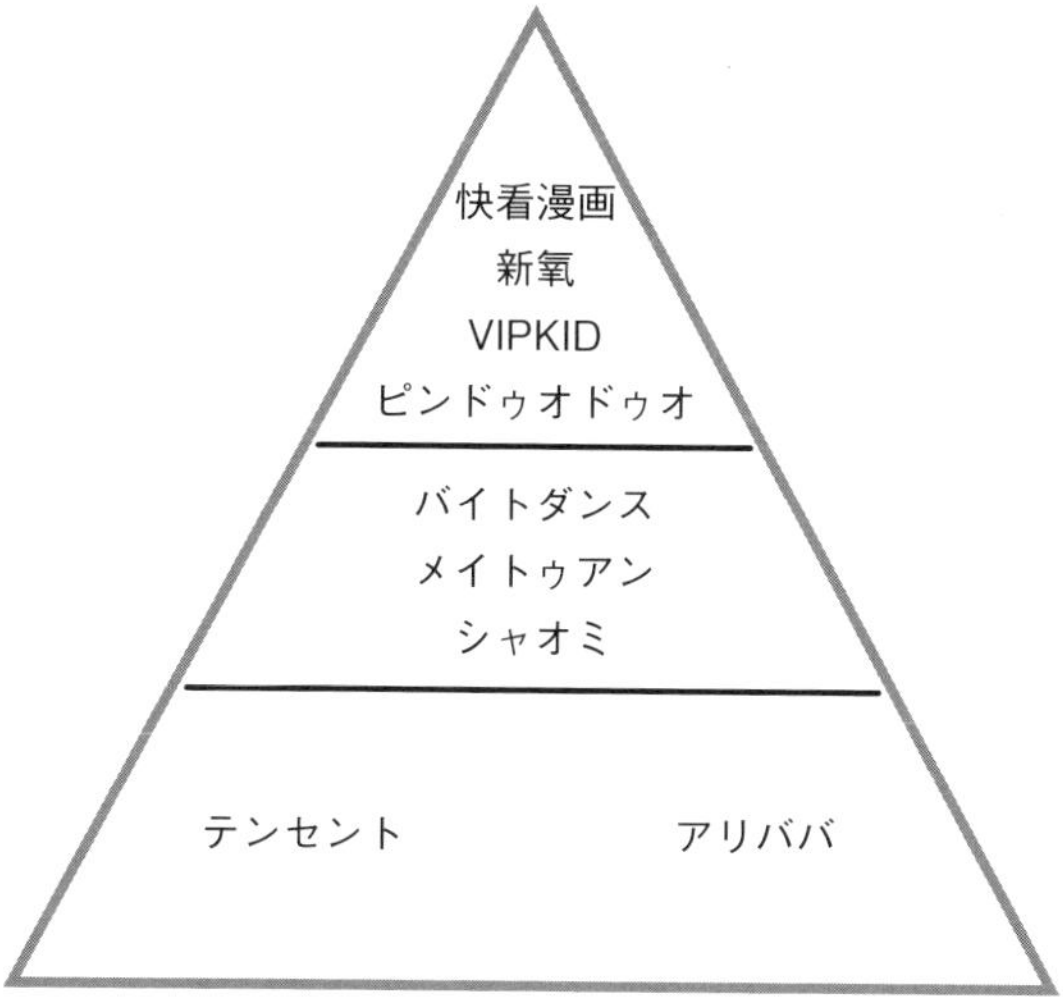

第3世代

年代：2015～
世代：モバイルインターネット世代
内容：コンテンツ、紹介、共同購入
役割：インフラの活用

第2世代

年代：2010～
世代：モバイルインターネット世代
内容：レコメンド、O2O、コミュニティ
役割：インフラの補完

第1世代

年代：1994～
世代：インターネット世代
内容：決済、与信、物流、クラウド、SNS
役割：インフラの構築

［第1部］ 第3世代 ビジネスモデルの急成長の論理

まず第1部では、2015年以降に隆盛した第3世代の企業群を紹介します。[05] いずれもモバイルインターネットを利用する事業で躍進した企業で、先代たちが築き上げたインフラの上で、コンテンツ開発や、マッチングによる紹介や共同購入などのサービス提供に専念できる立場にあったのです。これらの企業は個々の企業のビジネスモデルに注目することで、成長のロジックを語ることができます。

ここでは急成長のビジネスモデルを分析する手法として、システムシンキングの図式を使います。これは人が人を呼び、マネーがマネーを集め、情報が情報を生むという好循環をビジュアルに表現するものです。

CASE1では、スマホ向けの漫画アプリの快看漫画を紹介します。1人の漫画家が起業を決意し、スマホ向けにアプリを開発して漫画のエコシステムを築き上げたというサクセスストーリーです。

CASE2では、中国の社会や文化を色濃く反映させた美容整形の新氧を紹介します。医療ミスなどの社会問題を解決するために立ち上げられた情報サイトが業界の構造を変え、より健全なエコシステムを構築しました。

CASE3では、グローバルに展開して急成長を果たしたオンラ

05 モバイル時代に入り、各企業が急速に成長できたのは、2015年前後だとも言われています。2013年12月に中国政府は中国の3大キャリアに4G（第4世代移動通信網）の営業許可を交付しました。4Gの導入により、通信速度が一段と向上し、スマホで動画を視聴するのがより快適になり、様々な分野の進歩がもたらされました。さらに、中国政府は重要政策を打ち出し、スタートアップ企業の発展を後押ししました。また、携帯端末によるオンライン決済利用者数が約3億5800万人と大幅増加したのが2015年前後です。

イン英会話VIPKIDを紹介します。中国における大きな需要に応じるために、北米ネイティブの教師に声をかけ、世界最大規模のオンライン英会話教室を作ったという物語です。

CASE4では、成熟した業界で急成長を成し遂げた共同購入事業に注目します。ピンドゥオドゥオはSNSをうまく使い、既存の大手とは異なるビジネスモデルによって世界最速成長を成し遂げました。

これらの企業は、いずれも新しい市場を創造することに成功しました。自身の成長はいうまでもなく、パートナーと共に新しいビジネスモデルを構築し、パートナーとの協働によってエコシステムを築き上げることができたのです。

［第2部］第2世代 ポートフォリオによる急成長の論理

第2部では、2010年以降に隆盛した第2世代企業群を紹介します。[06]こちらもモバイルインターネットに関連する企業で、先代たちが築き上げたインフラの上で、それを補うようなサービスで成長を遂げました。第3世代の企業よりも歴史が長く、事業も多岐にわたります。それゆえ、1つの事業だけではなく、複数のビジネスモデルの組み合わせ、すなわちポートフォリオに注目して成長のロジックを解き明かします。

第2世代の急成長を説明するロジックは2つあると考えられます。1つは得意とするビジネスモデルをさまざまな業界に転用する「横展開」です。

06 中国がインターネット3Gを導入したのは2009年です。2010年には、メイトゥアンとシャオミが創立されました。2012年には携帯電話などのモバイル端末からインターネットにアクセスするユーザー数が、パソコンからアクセスするユーザー数を上回りました。

そしてもう1つは、得意とする市場に対してさまざまなビジネスモデルを投入する「融業」です。これらは両立可能で「横展開＋融業」による成長パターンもあります。

CASE5では「横展開」の典型例として、TikTokでおなじみのバイトダンスを紹介します。バイトダンスは、スマホ向けのニュースアプリで培ったレコメンド技術（AIアルゴリズム）をショートムービーに転用して大成功を収めました。

CASE6では「融業」の代表として、サービスプラットフォームのメイトゥアンを紹介します。メイトゥアンは、外食、フードデリバリー、娯楽、旅行など、あらゆるサービスを融合するスーパーアプリで、中国人の日常生活に欠かせない存在となりました。

CASE7では、「横展開＋融業」を実現した企業としてシャオミを紹介します。シャオミは、世界屈指のユーザーコミュニティを横展開しながらIoT製品を開発し、それをサービスと融業させて急成長を果たしました。

［第3部］　第1世代　エコシステムレベルの急成長の論理

第3部では、1990年代後半に第1世代として登場したテンセントとアリババを紹介します。[07] 共に中国の経済を牽引するデジタル巨人です。築き上げてきた経済圏はあまりに大きいので、ビジネスモデルのポートフォリオだけでその成長を説明しきれるものではありません。そこで本書ではエコシステムの概念を援用し、成長の論理の解明を試みます。

テンセントとアリババは、エコシステムづくりにおいて対照的ともいえる成長を遂げてきました。テンセントが「緩やかな連携」を前提にしたエコシステムを築き上げているのに対して、アリババは「緊密な統合」をもとにしたエコシステムを築いています。両者の類似点と相違点に注目することで、マクロな好循環を描き出します。

CASE8では、テンセントの「模倣から創新」に至るエコシステムづくりに注目します。自らが担う基盤のサービスは「海外の先進ビジネス」を模倣して創新し、それを取り巻くサービスについてはパートナー企業に委ねる。このようなオープンエコシステムと連続的なマイクロイノベーションによって実現する成長について解説します。

CASE9では、アリババの「統合プラットフォーム」によるエコシステムづくりを紹介します。アリババは、情報サービス、決済サービス、与信サービス、配送・物流サービスを統合することでインフラを築き、あらゆるビジネスを支援することで成長を果たしました。ECビジネスによって得た資金をもとに、自ら大胆なイノベーションに挑む様子を描き出します。

最後のまとめでは、中国スタートアップ企業の全体像をつかんでもらうために、「有史以来の急成長」を可能にした3層構造のピラミッドについて解説します。ある世代の新サービスが、次の世代の前提を作り、その前提が「当たり前」となって新しいチャンスが生まれる。この好循環は、それぞれの層の企業が、それぞれの役割を果たすことで生まれるものです。3つの層が有機的に結びつくことによって急成長の「方程式」が完成するのです。

07 1994年4月、北京のサイエンスパークで数百台のパソコンがはじめてインターネットに接続されました。1996年4月にYahoo!が米国で上場したため、中国国内もインターネット起業の機運が高まり、1997年に網易（NetEase）が、1998年に新浪（SINA）と捜狐（SOHU）がポータルサイトを立ち上げました。1999年にテンセントはQQをリリースし、アリババはB2BオンラインマーケットプレイスのAlibaba.comを始めました。バイドゥは2000年に検索エンジン事業を始めました。

有史以来の急成長は、中国という特別な環境下での現象ともいえるのですが、ビジネスモデルの発展手法に関する世界最先端の実験場であることも間違いありません。そして、その実験の成果から、起業家、投資家、大企業の経営者、イノベーター、政策立案者、そして経営学者が学べることは多いのではないでしょうか。

最後に、本書のキーワードとなるエコシステムについて少し補足しておきます。前述したようにエコシステムとは、出資者、パートナー、供給業者や顧客から成り立つ協調的ネットワークのことですが、本書では、その生態系をどの範囲で捉えるかによって、小・中・大と分けています。

◎小エコシステム……各業界における特定企業を取り巻くビジネス生態系
◎中エコシステム……テンセントの生態系、ないしはアリババの生態系
◎大エコシステム……テンセントとアリババを合わせた3世代ピラミッド

小エコシステムは特定の業界にかかわるエコシステムのことで、たとえば、スマホ向けの漫画、美容整形プラットフォーム、オンライン英会話といった範囲での協調的ネットワークのことを指します。各ＣＡＳＥではこの範囲のエコシステムが議論されています。

中エコシステムは、これらの小エコシステムを複数結びつけたものです。中国のスタート

アップでは、テンセントないしはアリババがその中心（ハブ）になってさまざまな業種のスタートアップが結びつき、生態系が築かれています。テンセントのパートナーから構成されるネットワーク、ないしはアリババのパートナーから構成されるネットワークは中エコシステムに該当します。

大エコシステムは、テンセントとアリババのエコシステムをすべて包摂したものです。テンセントとアリババは、競争関係として捉えられることが多いようですが、巧みな棲み分けも行っており、協調的に中国の産業を発達させているという側面もあります。本書の3世代ピラミッドというのは、テンセントとアリババの双方を含めた競争と協調のネットワークのことでもあります。

以上が、少々長くなりましたが、本書を読み進めるための下準備です。それでは、世界最速ともいえる成長を成し遂げたユニークなスタートアップの物語を始めることにしましょう。

＊本書では、中国企業の社名、中国の方の名前などは、漢字、カタカナ、英語アルファベットを使い分けています。日本のメディアで広く使われているなど日本の読者に読みやすいと思われる表記を使いました。

＊本書では、中国企業の業績などの金額（人民元）を日本円に換算する場合、当時の為替レートで換算したところと、1元＝約16円で換算したところがあります。

＊本書には、井上達彦の過去の著作（『模倣の経営学　実践プログラム版』日経BP、『ゼロからつくるビジネスモデル』東洋経済新報社）から転載した内容が一部含まれています。

第1部 事業レベルの急成長の論理

好循環を生み出すビジネスモデル

第2部 全社レベルの急成長の論理

第3部 エコシステムの急成長の論理

「緩やかな連携」と「緊密な統合」

CASE 8

テンセント

模倣戦略から
オープンプラットフォームへ

デジタルエコノミーの「宮殿」ではなく「森」をつくる

CASE 9

アリババ

EC、リアル店舗、金融、クラウドなどを統合

新しい事業を次々と展開し巨大グループに

まとめ

史上最速成長の理由

中国スタートアップを支えるミクロとマクロの好循環

第1部

事業レベルの急成長の論理

好循環を生み出すビジネスモデル

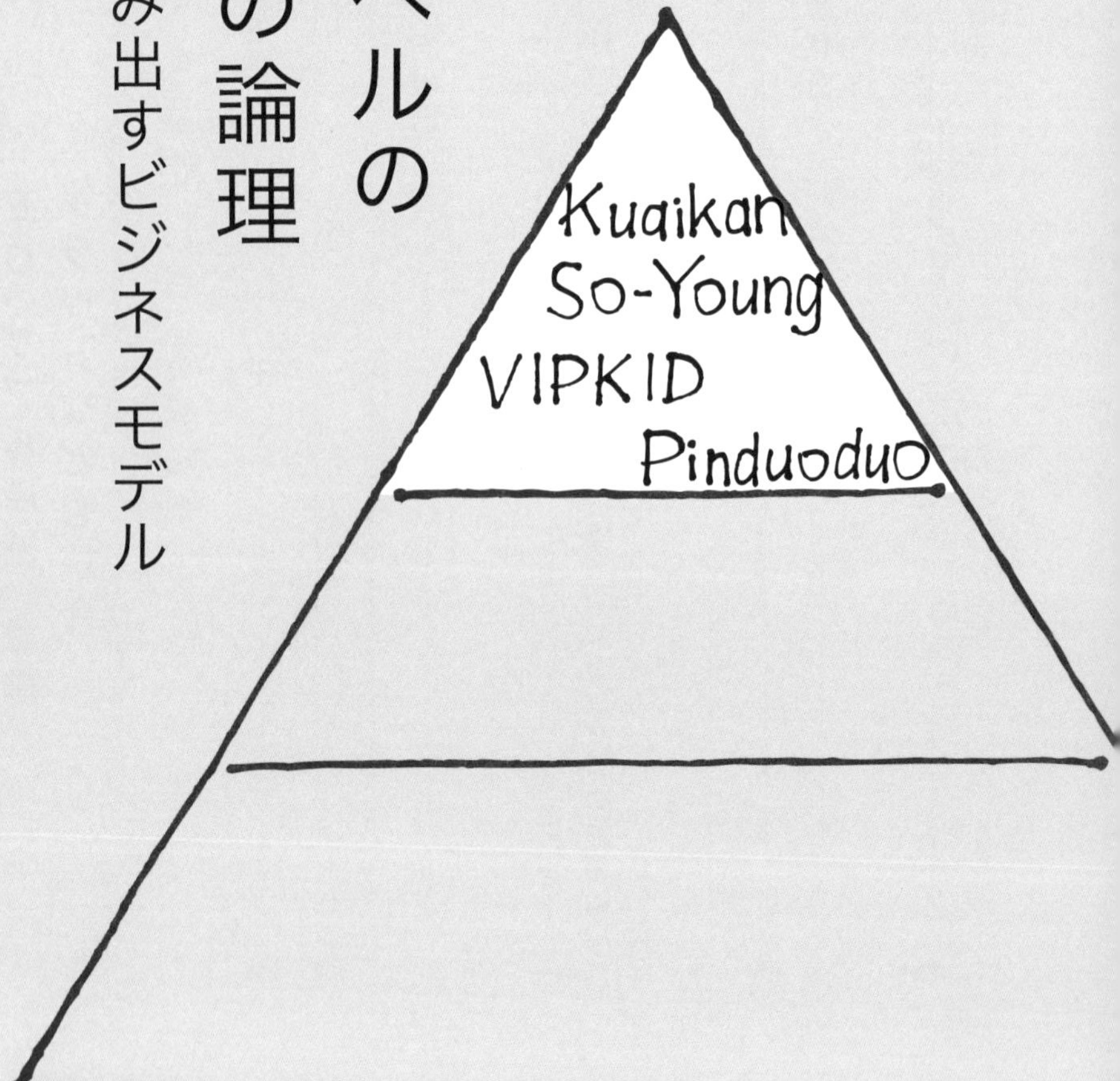

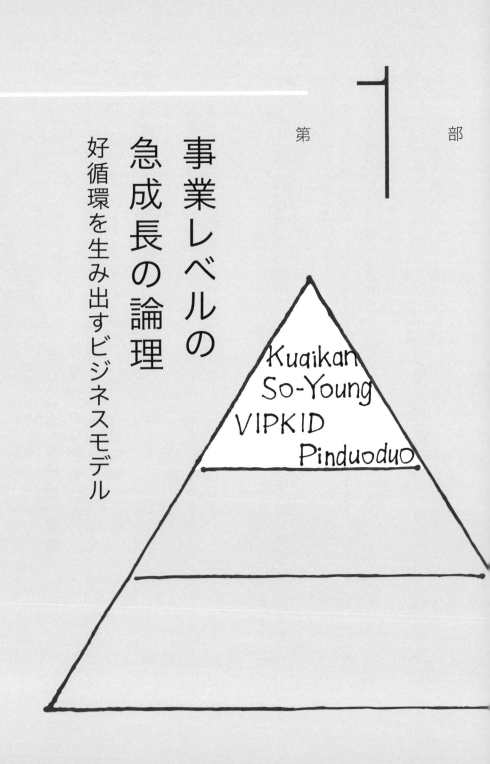

第1部に登場する4社

陳安妮《チェン・アンニ》

Kuaikan

金星《ジン・シン》

So-Young

米雯娟《ミィ・ウェンジュエン》

VIPKID

黄峥《ホアン・ツェン》

Pinduoduo

第1部では、第3世代の中国スタートアップ企業の成長の論理について考察します。中国の急成長企業といえば、第1世代のテンセントやアリババのことを思い浮かべる読者がほとんどかもしれません。

しかし、3つの世代にわたるピラミッドが形成するエコシステムの力は、すでに第2世代、第3世代へと継承され、新しい経済インフラと市場環境に依って立つニューフェイスの存在感が高まっています。中国のスタートアップの層の厚さと成長性は、第3世代にこそ象徴されるといっても過言ではありません。

そこで本書では、まだ馴染みのない第3世代の企業から紹介します。学校で習

う「歴史の授業」とは逆の流れです。現代社会の本質を理解するためには、最近の出来事から順に読み解いて、因果の連鎖をたどっていくのが良いと考えました。なぜ、無名の第3世代のスタートアップが急速に成長したのか。その背景とそれを支えたインフラについて、歴史を遡っていきたいと思います。

第1部では、ネット上で読む漫画、美容整形プラットフォーム、オンライン英会話、SNS共同購入、といったユニークなビジネスを紹介します。いずれも単一のビジネスモデルで急成長を実現してきた若い企業であり、個別事業の成長の論理として読み解くことができます。

中国漫画の新星

アプリから始まった驚異のヒット

2018年の夏、公開から3日で興行収入が1億元（約16億円）を突破した中国の映画がありました。高校生の兄とその妹の日常を描いた『兄に付ける薬はない！』というタイトルのコメディ映画です。主人公の2人のキャラクターが鮮明で、面白くかつ感動的なストーリーが今どきの若者の共感を呼びました。

同作は、中国漫画を原作とする実写映画です。原作の同名漫画（『兄に付ける薬はない！』）は、2016年から漫画アプリ上に連載され、読者フォロワー数は825万人、読者によるコメント数が148万件（2021年1月時点）、合計閲覧数は30億回を超え、非常に大きな反響を呼んだ作品です。

漫画といえば、日本の作品が世界中に広がっていますが、『兄に付ける薬はない！』は純粋

『兄に付ける薬はない！』の映画・アニメ・ドラマ・漫画

（画像提供：快看漫画）

映画

アニメ

ドラマ

漫画

な中国オリジナルの作品です。２０１７年３月にはアニメに、２０１８年６月にはドラマとしても放送・配信され、[01] その再生回数は26億回を超えています。[02] この原作は現代の中国漫画の代表作と呼ばれています。

中国では、これまでにも漫画を原作とする映画作品は数多くありましたが、これほどの成功を収めた作品はきわめてまれです。

この大ヒットを飛ばしたのは、２０１４年に「快看漫画」という漫画アプリを開発したスタートアップ企業、快看世界（北京）科技有限公司（以下、快看世界）です。『兄に付ける薬はない！』の原作の制作からドラマや映画の改編まで、基本的にすべて同社が手掛けました。

01 アニメは日中共同制作で、2017年から2020年にかけて全4期が日中2カ国で配信・放送されました。中国では動画配信プラットフォーム「テンセントビデオ」や「BiliBili」で配信、日本ではTOKYO MXやdアニメストアなどの動画プラットフォームで放送されました。ドラマ（全30話）は2018年6月から「テンセントビデオ」で放映されています。

02 アニメは約1年半で13億回再生され、ドラマはわずか3カ月で12.7億回再生されました（『ACGx』2018年8月23日）。これまでの興行収入は3.7億元（約60億円）にものぼります。これは世界的に有名な『ハリーポッターと死の秘宝part1』の興行収入68億円にも匹敵する勢いです。

映画『兄に付ける薬はない！』のストーリー

これは、時分（シーフン）と時秒（シーミィアォ）という兄妹の物語です。兄の時分はやんちゃで妹によく悪ふざけをしていました。目覚まし時計のアラームの設定時刻を勝手に変えたり、貯金箱から勝手にお金を取ったりして、よく妹の時秒を困らせていました。妹は、たまりかねて、ついつい自分の誕生日に「兄を連れ去って」と願ってしまったのです。

奇跡が起こり、その願いが叶えられ、時分は親友の妙妙（ミィアォミィアォ）のお兄さんになりました。「やっと自分が兄の悪ふざけから解放された」と最初は喜ぶ時秒でした。

ところが、ふとしたことから兄の悪ふざけには意味があることに気づきます。兄が目覚まし時計の時間を勝手に変えたのは、妹が学校に遅刻して、泥酔している父に会わなくても済むようにするためでした。兄が妹の貯金箱から勝手にお金を取るのも、イベントに参加して、電気自転車を買ってあげるためでした。兄の悪ふざけは、すべて妹である自分のためだったのです。

しかし、兄はすでに他人の兄になってしまいました。時秒は子どもの頃からずっと守ってくれた兄をなくしたことに愕然とします…。

写真提供：快看漫画

人気漫画家が大目標を掲げて起業

「快看漫画」は２０１４年12月に快看世界によってリリースされた漫画アプリです。創業者は陳安妮（チェン・アンニ）さんです。彼女は漫画が大好きで、自らもいくつかの作品を描いて中国版ツイッターのウェイボー（微博、Weibo）で公開していました。陳さんは創業以前からウェイボーに４００万人のファンを抱えていましたが、このビジネスを創業して成長させた今（２０２１年4月現在）では９１６万人のファンから支持を得る人気漫画家となっています。

陳さんが漫画アプリで起業すると決めたのは、大学を卒業したばかりの２０１４年のことです。彼女は起業仲間に向けて、目標を語りました。

「１０００万ユーザーのアプリを作る！」
「漫画作品をすべてゲーム、ドラマ、映画にする！」
「中国最高の漫画プラットフォームを作る！」

周囲の反応は冷ややかだったといいます。起業仲間にも信じてもらえず、失笑を買う始末です。それでも、陳さんは奮闘努力を続け、１つひとつ目標を達成していきました。

その結果、「快看漫画」をリリースしてからわずか3年でユーザー数を1億３０００万人、

DAU（デイリーアクティブユーザー）を約1000万人にまで伸ばすことができました。この数字は、中国の競合2位から6位のDAUを合計した数を上回ります（2017年12月）。2019年7月にはユーザー数が2億人を突破し、中国で最も人気のある漫画アプリとなりました。

「一発必中」のスマホ漫画

「快看漫画」は、紙漫画のページをそのままデジタル化するのではなく、コマを切り出し、スマホの画面の横幅に合わせて表示しています。読者が縦スクロールして読めるようにコマ送りを構成し、高画質のフルカラーで提供したのです。原作者は、いずれも中国の漫画家たちです。

さらに特筆すべきは、「快看漫画」に掲載されている作品の数がきわめて少ないことです。ユーザー数が2億人を突破した2019年7月時点でも、わずか3000点ほどしかありませんでした。中国国内の最大のライバルである「テンセント動漫（Tencent Animation and Comics）」は3万点なので、その10分の1ほどの数です（日本のLINEマンガの作品数はさらに多く38万点）。

作品数が競合よりも1桁少ないにもかかわらず、ユーザー数が群を抜いて多いということは、「超」がつくほどのメガヒット作品を取り揃えているということです。

なぜ、漫画アプリとしては後発である快看漫画がこのような急成長を遂げたのでしょうか。

ユーザー数は5年で2億人を突破

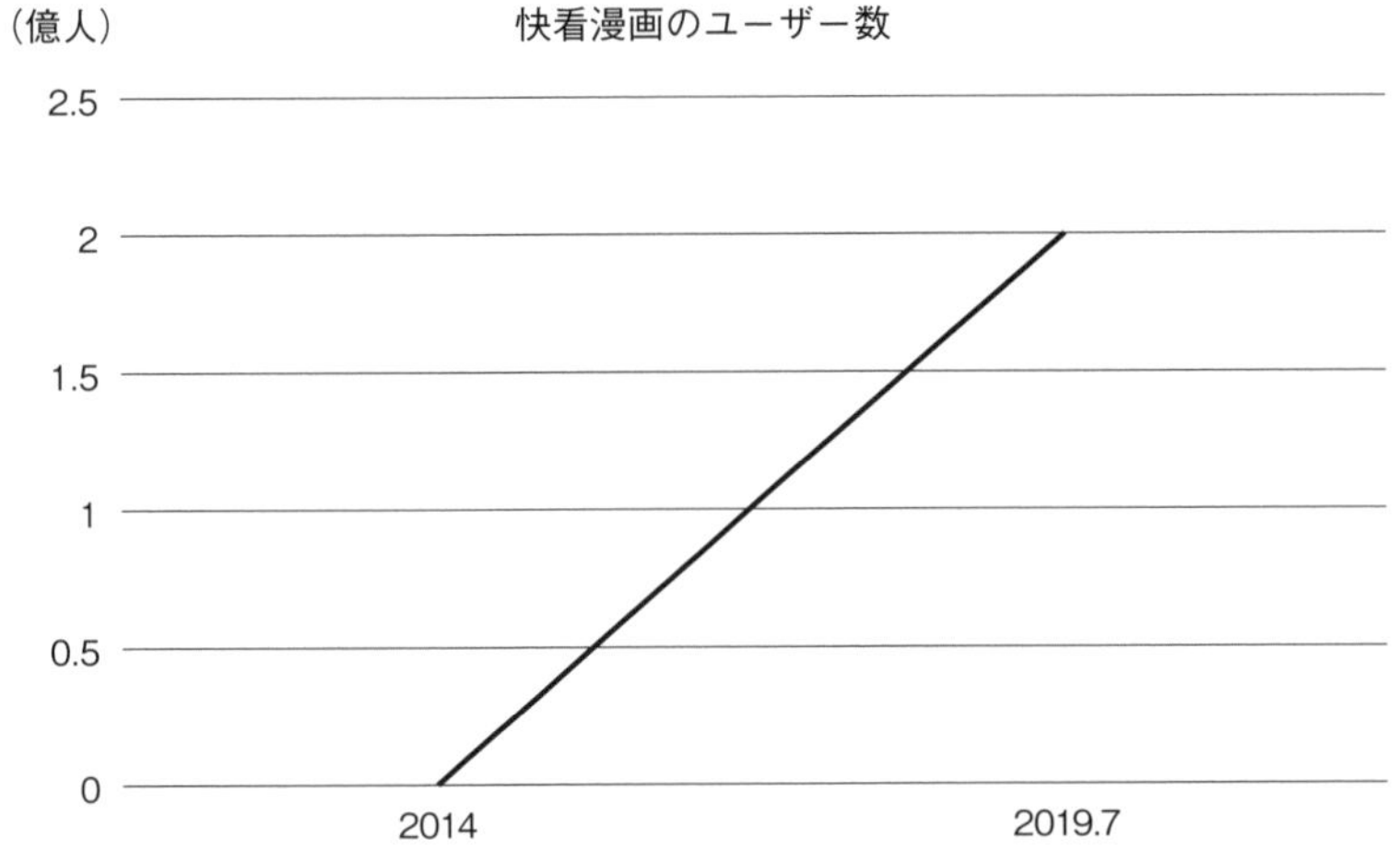

また、どのようにして「一発必中」ともいえるヒット作を次々に生み出してきたのでしょうか。

もともと、中国には漫画の巨大市場があったわけではありません。どちらかといえば、漫画はビジネスとして成り立ちにくいと考えられていましたし、漫画家も中国国内にはごく少数しかいませんでした。それゆえ、市場が大きいからだという単純な話ではありません。

つまり、快看漫画が「好循環の仕組み」を築くことができたからだと考えるべきです。スマホに最適化されたアプリをＳＮＳで拡散させ、利用者を増やしてビッグデータを集める。そしてそれを作品づくりに生かし、閲覧履歴から最適なレコメンドを提供したからこそできた成長なのです。

2 好循環を描き出す

システムシンキング

快看漫画の成功のような好循環をビジュアルに描き出すツールに、システムシンキングがあります。

システムシンキングとは、ものごとを要素に分解して理解するのではなく、全体の関係性として理解するための考え方です。

成長にしても衰退にしても、何か1つの要因によって引き起こされるとは限りません。むしろ、複数の要因が組み合わさり、連鎖反応を起こしてもたらされることが多いのではないでしょうか。

このような場合、伝統的な「要素還元主義」ではその理由を解き明かすことはできません。要素と要素の関係性を解き明かし、好循環を説明するためのツールが必要です。

図I-1　低価格化から始まる好循環の因果ループ図

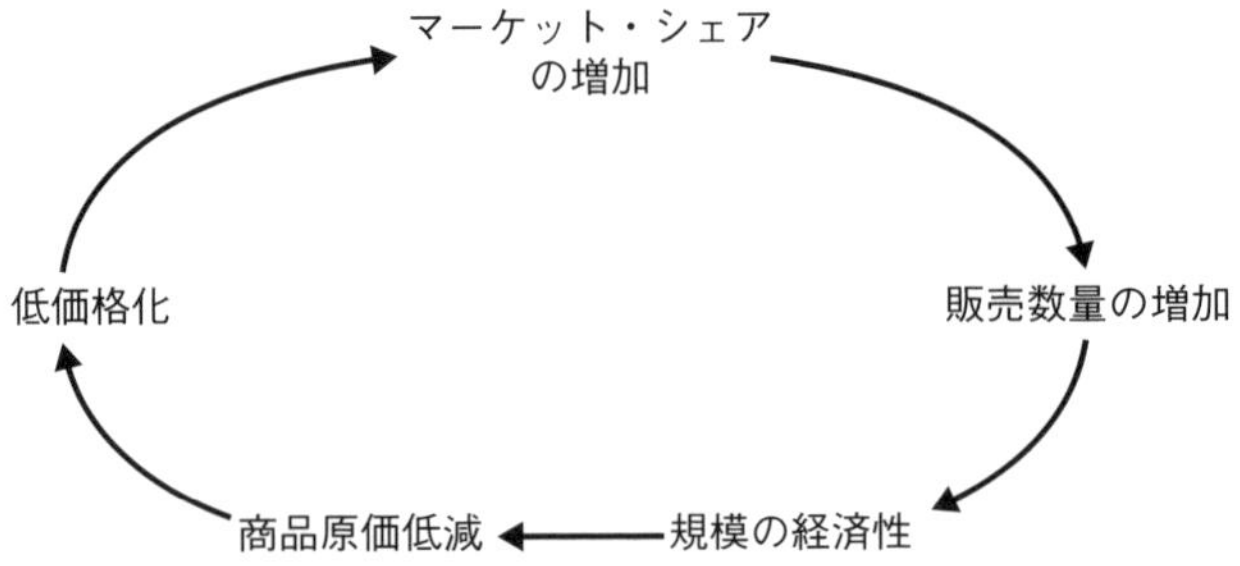

西村（2004）p.25より引用

急成長にかかわる典型例を紹介しましょう。たとえば、「低価格化」によって「マーケットシェア」が高まります。シェアが高まれば、当然、「販売数量」も増加するので、それが「規模の経済」に結びついて「商品原価」を下げます。原価が下がれば、さらに「価格」を下げることができるので、ますます「マーケットシェア」が高まるという好循環が生まれるわけです（図Ｉ－１）。

一見すると「当たり前じゃないか」と感じるかもしれませんが、きわ立った特徴が２つあります。

第１に、因果関係を直線的に結びつけるのではなく、ループによってぐるりと循環させています。

通常、因果関係といえば、原因と結果を１本の直線の矢印で結ぶことが多く、その結果が次に何をもたらすのかについては立ち入りません。原因を特定できれば十分だと考えてしまうからです。

これに対してシステムシンキングでは、ある原因が引き起こした結果が、次は何を引き起こすのかに注目します。原因と結果が循環するからこそ生まれる現象を解き明かそうとするのです。

図I-2　「ブランドイメージの低下」を加えた因果ループ図

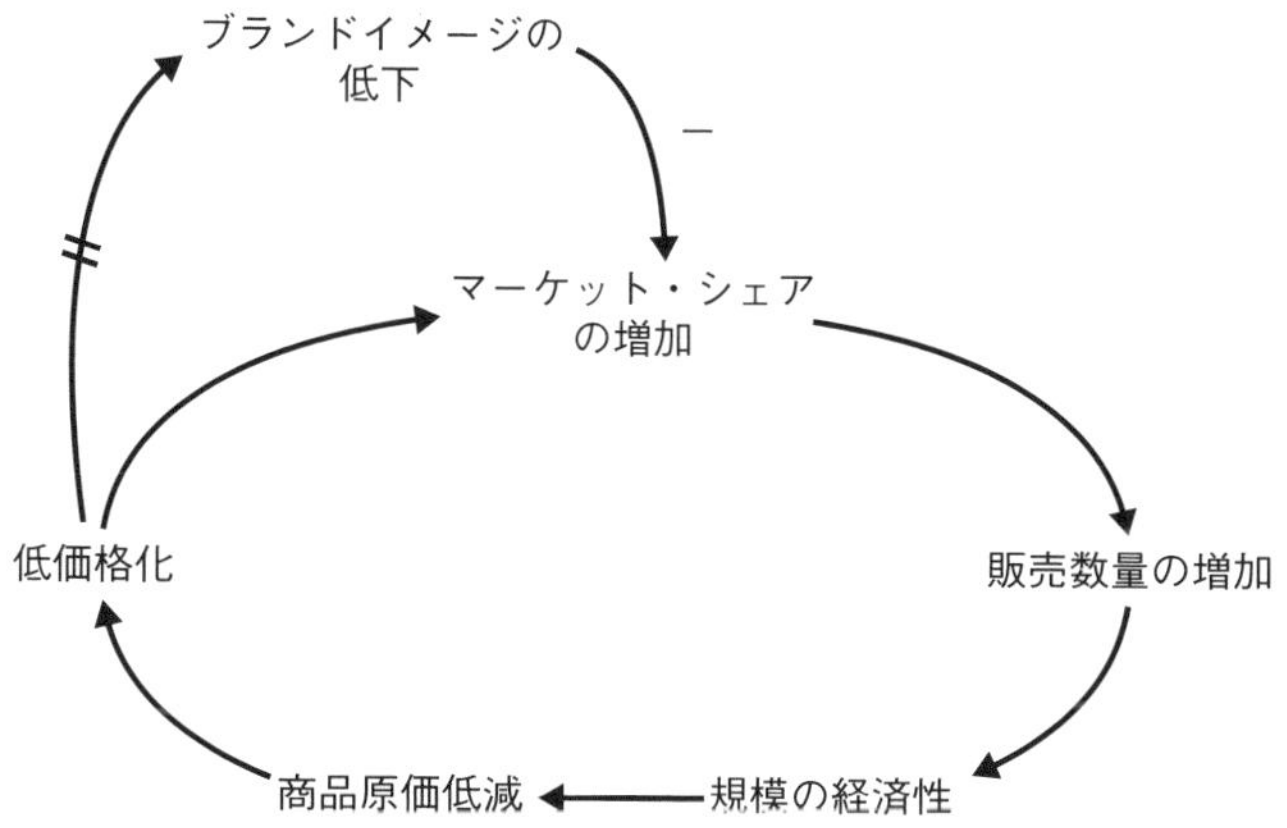

西村（2004）p.28より引用

第2に、システムシンキングの場合、矢印の先には数値で表せるもの（変数）が入るという点です。すなわち、価格やマーケットシェアはもちろん、ブランドイメージのような概念であってもそれを測定して得点化できることが前提です。

一般によく使われる矢印を使った図の多くは、さまざまな要素が入ります。ビジネスモデルの場合は、企業や顧客といったプレイヤーが入ります。業務の流れを示すフローチャートであれば作業内容が入ります。しかし、システムシンキングではすべて変数にします。

システムシンキングは、好循環を強化するサイクルのみならず、それに歯止めをかけるようなサイクルも描き出せます。たとえば、図I－1のような好循環は持続するように思われるかもしれませんが、実際は、そうはなりません。図I－2ように、「低価格化」は、時間差を伴って「ブランドイメージの低下」を引き起こし、「マーケットシェアの増加」も頭打ちになるためです。

アマゾンの好循環

好循環をビジュアルに描き出すことができれば、投資家にアピールすることもできます。たとえば、アマゾン・ドット・コムを創業したジェフ・ベゾスさんは、アマゾンのビジネスモデルの好循環を描き出して資金集めを行いました。紙ナプキンに描かれたこのスケッチ（図I－3）には、取引量を拡大させることで、ボリュームディスカウントと品揃えの充実の双方が実現し、それがさらなる成長へとつながる様子が示されています。

ベゾスさんの図で特徴的なのは、中心に大きな円で「成長」が描き出されている点です。アマゾンにとって大切なのは、たとえ赤字が続いても投資を継続してもらうことでした。そのためには企業価値を生み出す「バリュードライバー」である「成長」を中心に据えて、好循環を描き出す必要があったと考えられます。

バリュードライバーというのは、「企業価値を生み出す鍵となるものであり、企業価値の源泉」です。[03]

このような表現はベゾスさん独自のものですが、企業価値を生み出す「バリュードライバー」を中心に据えて、好循環を描き出すという手法は、ビジネスモデルの成長を語る上できわめて有効です。

03 狭義にはバリュードライバーは「企業価値を高める経営指標」のことであり、具体的には「売上高営業利益率」や「投下資本回転率」などの勘定項目から算出される指標のことです。本書では、スタートアップ段階で投資家を魅了するものとして、ストーリーとともに語られる広義のバリュードライバーに注目しました。

図I-3　アマゾン・ドット・コムの創業時のビジネスモデル[04]

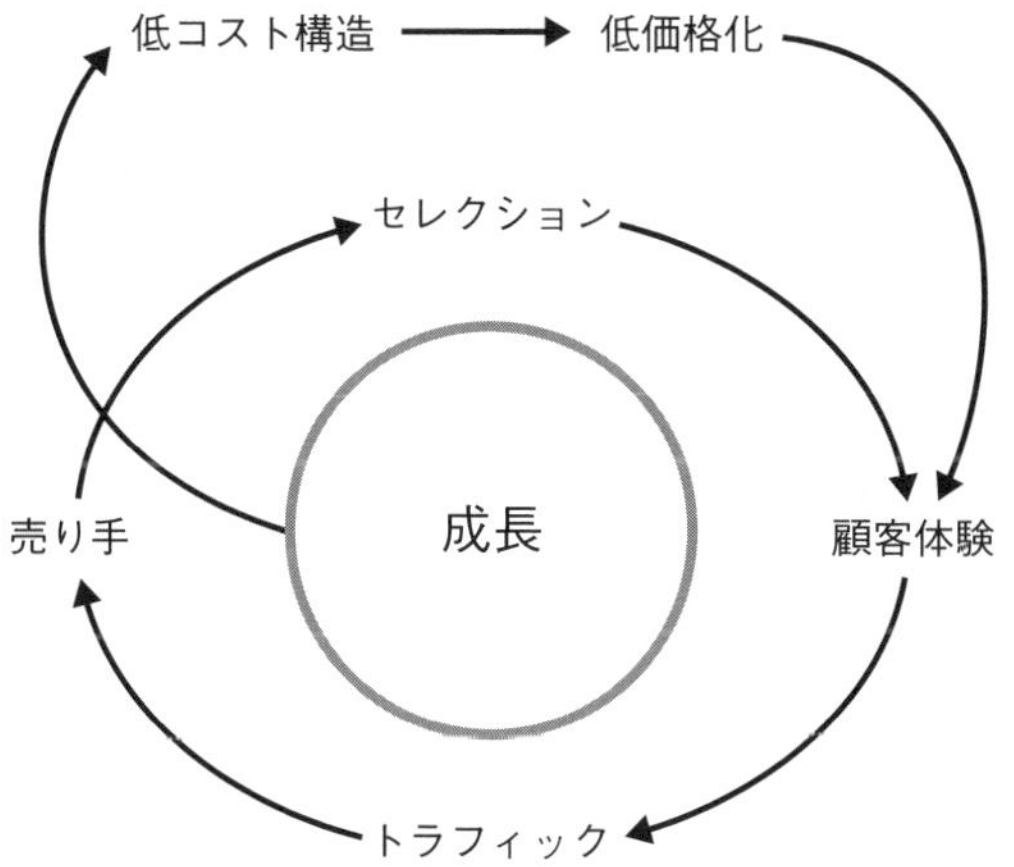

ベゾスさんの成長に向けてのストーリーは次のようなものだったと言われます。

まず、インターネット時代を象徴するオンラインショッピングによって「顧客体験」を高めます。顧客体験が高まれば高まるほど利用者が集まり「トラフィック」が増大します。トラフィックが増えればそれが呼び水となり、「売り手」が増えて品揃えが充実します。品揃えが充実すれば「セレクション」もできるので、「顧客体験」はさらに高まります。

こうして人気サイトとなれば、ビジネスは「成長」していきます。規模の経済によって構造的に「コスト」を下げること

04 アマゾンの図は2つの点で原則と違う点があります。①投資家から資金を得るためのものなので、成長の限界を示すバランスループは組み込まれていません。②「成長」という変数に入る矢印はありません（「利用者数」や「出店者数」のそれぞれから成長に矢印を出せば循環は完成します）。本書でも目的に合わせて適宜省略しながら好循環を描いています。

ができるようになるのです。これが「低価格」をもたらし、「顧客体験」をさらに高めてくれます。

以上の2つの好循環、すなわち「品揃えの魅力がもたらす顧客体験の向上」と「低価格がもたらす顧客体験の向上」が強化し合うことによって、ベゾス自身の夢である「世界最大のセレクション」が実現するわけです。

この循環図はミーティング中に紙ナプキンの上に描いたラフなスケッチだったのですが、収益を上げながら「成長」していく基本的な構造がしっかりと描かれていたので、瞬時に投資家の関心を引きつけることができました。

投資家が注目する「ビジネスの根幹」

日本でも、このような循環図をもとに投資判断をしたいという投資家も少なくありません。あるベテランの投資家は、筆者らに次のように語ってくださいました。[05]

「投資家の世界は、ファクトが出てから判断するのでは遅いのです。ファクトが出る前に、どれだけ妄想できるかっていうのが勝負で、その妄想を駆り立てる材料が必要とされます。その意味で投資家としては、こういった循環図に惹かれます」

05 ビジネスモデルというのは投資家と対話するツールとしても有効です。その企業が安定的に収益を上げ続けて成長できるかどうかを評価するのに不可欠だと考えられるからです。約25人の機関投資家やベンチャーキャピタリストにインタビュー調査を行った結果、グロース株を担当するファンドマネージャーは「好循環の図」を好む傾向がありました。

この投資家は、目先の収益性ではなく、ビジネスモデルを突き動かす、「バリュードライバー」や、その会社が価値の創造と獲得を行う「基本構造」を見て、投資を判断したいと望んでいました。そして、次のように話を続けました。

「ビジネスモデルは木の根っこ、根幹のようなものです。財務情報がそこから出る枝葉の部分。一見、高収益で葉っぱが繁っているように見えても、根幹が細いと安心できません。持続的な成長であるかどうかを、ビジネスモデルを見ながら確認したいのです」

持続的な成長をもたらす好循環というのは、ビジネスの要です。アマゾンはもちろん、古今東西、さまざまな成長企業において、好循環の仕組みづくりが構想され、築き上げられています。

そこで本書では、中国スタートアップの急成長の論理を解き明かすために、バリュードライバーを中心に据えながら、好循環の論理をシステムシンキング的なスタイルで描き出したいと思います。

まずCASE1では快看漫画にこの図式にあてはめ、システムシンキングの有効性を感じていただきましょう。そして、続く各CASEにもこの図式をあてはめ、中国のスタートアップ企業に共通する成長の論理を導いていきたいと思います。

第1部の要点

- スマホの漫画アプリの作品から、映画、アニメ、ドラマなどに展開し、大ヒットを記録している中国スタートアップ企業があります。ライバルに比べてきわめて少ない作品数で「一発必中」ともいえるヒットを飛ばし、ユーザー数を爆発的に増やしました。

- そのような成功の好循環をビジュアルに描き出すツールにシステムシンキングがあります。システムシンキングとは、ものごとを要素に分解して理解するのではなく、全体の関係性として理解するための考え方です。

- 成長にしても衰退にしても、何か1つの要因によって引き起こされるとは限りません。むしろ、複数の要因が組み合わさり、連鎖反応を起こしてもたらされることが多いものです。それゆえ、要素と要素の関係性を解き明かし、好循環を説明するためのツールとして、システムシンキングが必要とされるのです。

- 好循環をビジュアルに描き出すことができれば、投資家にアピールすることもできます。たとえば、アマゾン・ドット・コムを創業したジェフ・ベゾスさんは、アマゾンのビジネスモデルの好循環を描き出して資金集めを行いました。持続的な成長をもたらす好循環というのは、ビジネスの要です。

CASE 1

快看漫画

Kuaikan

新時代のコミックは中国から

ヒット連発の漫画エコシステムを作り上げる

創業者

陳安妮

チェン・アンニ

「1%の可能性に賭ける。」

社　　名：快看世界科技（Kuaikan World Technology）
創　　業：2014年
I P O：──
ユーザー数：2億人突破（2019年）

スマホ最適化

1

このCASEでは「快看漫画」が、どのようにして好循環を生み出したのかをバリュードライバーを組み込んだシステムシンキングによって読み解きます。その誕生から現在に至る事業展開のプロセスは、大きく4つに分けて整理することができます。

①スマホ最適化によって投資を受けるステージ
②ビッグデータを活用して利用者を拡大するステージ
③漫画家を支援してエコシステムを創出するステージ
④漫画コンテンツの2次利用を通じて将来を切り開くステージ

縦スクロール、フルカラー

なぜ、漫画アプリとしては後発である快看漫画がこのような急成長を遂げたのでしょうか。

また、どのようにして「一発必中」ともいえるヒット作を次々に生み出してきたのでしょうか。

ヒット作を生み出し急成長を遂げられたその秘訣は、これまでの漫画の常識を覆す逆転の発想にあります。これまで漫画は、雑誌や単行本などの紙媒体で読んでもらうことを念頭に制作されてきました。しかし、快看漫画は、スマホに合わせてコンテンツを作ったのです。

快看漫画が始まった頃、１つの大きな変化として、漫画を閲覧する端末がパソコンからスマホになりました。ユーザーの閲覧時間は短くなり、何かを見たり読んだりするときの集中力も細かく分断されていきました。自らも漫画を描いていた陳安妮（チェン・アンニ）さんは、コンテンツのフォーマットを、スマホに合わせるべきだと思いました。

２０１４年当時、中国に漫画アプリがなかったわけではありません。ただし、電子化されたとはいえ内容は紙の漫画と同一で、コマ割りは１つの画面で細かく分けられたままです。お世辞にも、スマホで読むのに適切なものとは言えませんでした。

陳さんは、これまでのあり方を一新し、スマホに適した形で漫画をユーザーに届けると決めました。それが、全作品、縦スクロール、高画質、フルカラーという快看漫画の形式です。

このアプリを広めるきっかけとなった最初のキラーコンテンツは、

「快看漫画」を見る

トップページ　『三界志』

（QRコードをスマホで読み込んでください）

快看漫画はスマホに最適化した縦スクロール漫画

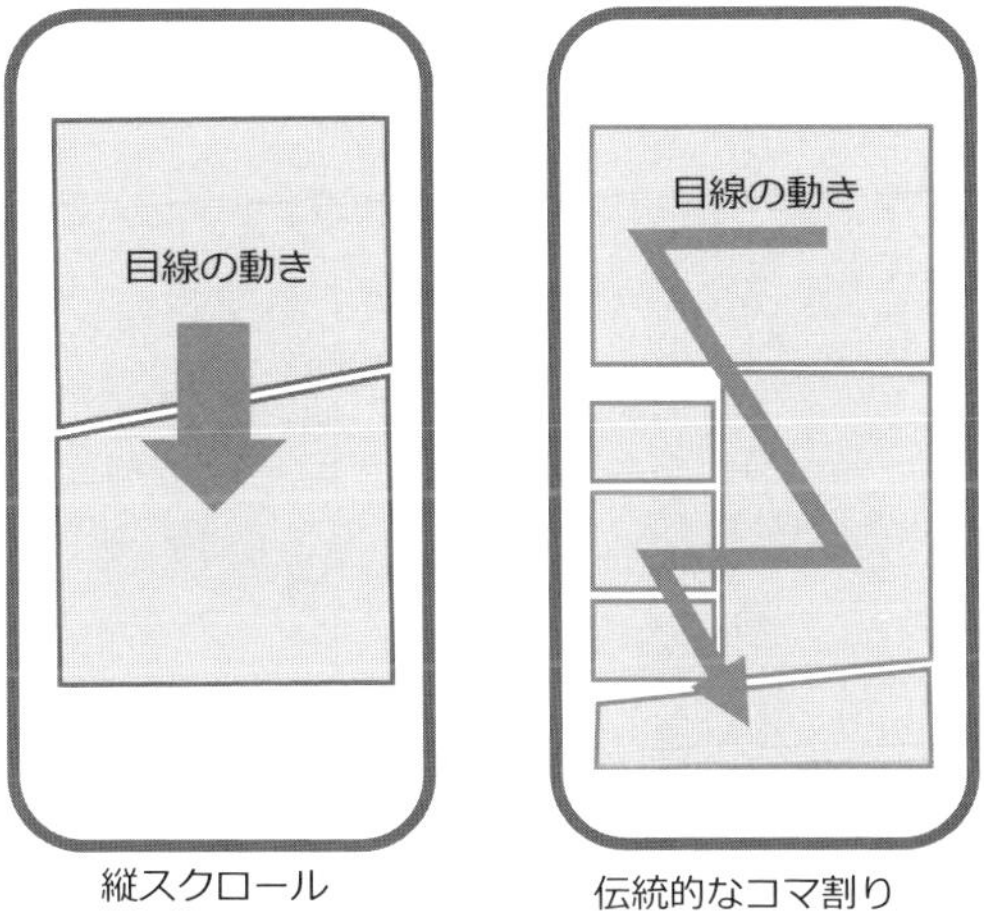

陳さんの起業ストーリーを描いた漫画作品でした。

　彼女は、大好きな漫画をスマホで楽しむためのアプリを開発しようとしたのですが、誰も投資してくれません。中国の漫画市場は規模がきわめて小さい上に、すでに有妖気（ユーヤオチー）とテンセント動漫[01]が中国の2大漫画プラットフォームとして君臨していたからです。

　陳さんは、それでも懸命に自らの経験を漫画にして描きました。自分の夢に対する周囲の冷ややかな反応や、アプリを開発したときの苦労話をスマホで読む漫

01 「有妖気（ユーヤオチー）」は2006年に設立された中国最初の漫画プラットフォームです。数万部の漫画を掲載し、数千万人の会員を抱えていましたが、2015年8月に中国アニメ大手「奥飛娯楽（アオフェイユーラ）」に9億元（約146億円）で買収されました。一方、テンセント傘下の漫画サイトである「テンセント動漫」は、2012年の設立で、豊富な資金力で日本の集英社と契約し、『NARUTO』や『ONE PIECE』など有名な日本漫画を独占配信し、業界での地位を確立しました。

画にしたのです。

それが『1％の可能性に賭ける私の生活02』という作品です。スマホで閲覧しやすいように、すべてのコマをカラーで描き、縦にスクロールして読み進められるようにしました。

02 作品の内容からつけた筆者らの意訳です。原題は『对不起,我只过1%的生活』で、直訳すると「ごめんなさい、1%の生活しか過ごしません」となります。

COLUMN

『1％の可能性に賭ける私の生活』のストーリー

2002年

陳さんは10歳のときから絵を描くのが好きでした。しかし、お母さんは病気がちで家にお金はありません。漫画家になれる可能性は1％しかないと言われました。

2011年

それ以来、めっきり絵を描かなくなった彼女は必死に勉強して、名門大学に合格することができました。ところが、お父さんが事故に遭って稼げなくなってしまい、家計収入がなくなってしまったのです。

2013年

漫画を描いたら30元稼げるという話があり、陳さんは友達から500元を借りて創作を再開し、中国版ツイッターと呼ばれるウェイボーに投稿し始めました。1%の奇跡が起こり、漫画がリツイートされて、数百万人のファンを抱えるようになりました。同時に、絵本にもなって、中国国内の「漫画大賞」を受賞しました。

起業しようと思った彼女は、北京を訪問して出資してくれる投資家を探し回ります。しかし「あなたはただの絵を描くオタクで、インターネットのことを全然わかってない、北京で生き残れる確率は1%しかない」と言われていました。

それでも彼女はあきらめず、北京に引っ越し、起業家の仲間を集めて、漫画のスタジオを準備し、自分のウェイボーアカウントの運営を始めました。資金が切れるようなこともありましたが、それでも必死で描き続けました。なんとか生き残り、2回目の1%も乗り越えることができたのです。

2014年

陳さんは、アプリを作ろうと決心し、いろいろな投資家を回りました。しかし、「あなたはただの漫画家、ネットはわかってない、経営もわかってない」と言われてしまいます。

腹をくくった彼女は、友人にも声をかけ、貯金をすべてはたいてアプリを作ったのです。「いま、この漫画を読んでも、1%の人しかアプリをダウンロードしてくれないことはわかっています。それでも大丈夫。「1%のわずかな光があれば、夜空を照らすことができるのです」。この作品の最後には、このように綴られています。

テンポよく読ませる

スマホ向けの工夫は縦スクロールとフルカラーだけにとどまりません。無駄な内容を省き、10分以内で読める長さとしました。しかも、ユーザーの集中力を保つために、2分刻みで起承転結の「転」と「結」を仕掛けました。

さらに、配信のタイミングにも工夫して、スマホ世代の若者が最も携帯を使っている夜9時を狙いました。中国版ツイッターと呼ばれるウェイボーに投稿したところ、わずか3日間で快看漫画アプリは100万ダウンロードされたのです。これは、中国でも珍しいことで、漫画では類を見ない出来事でした。

これを見ていたベンチャーキャピタルの「セコイア中国」は、快看漫画に大規模な投資をすることを決定。中国の漫画市場が本格的に立ち上がるきっかけとなりました。

また、陳さん自身としても、この成功のおかげで基本フォーマットが定まりました。自らの苦労話を綴った作品による仮説検証によって、快看漫画に掲載する作品は、すべて「縦スクロールでフルカラー」、そして「テンポ良く短時間で読めるコンテンツ」とすべきだとわ

図1-1　スマホ最適化によって好循環が始まる

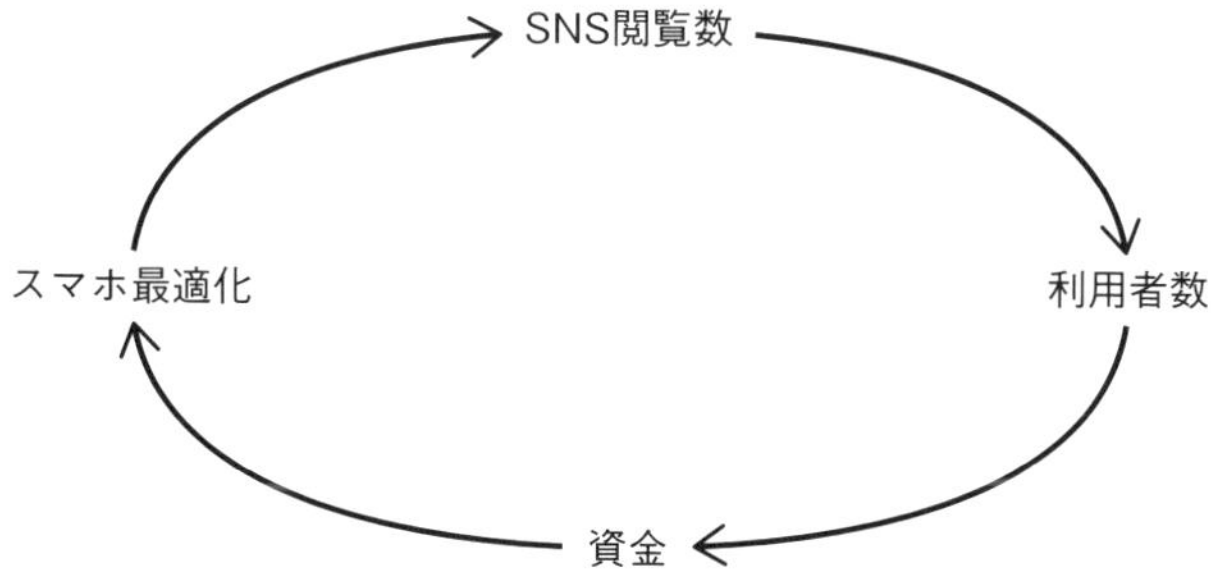

かったのです。[03]

快看漫画のはじまりを図に描いてみましょう（図1－1）。資金を集める段階では、実績づくりが大切です。陳さんは、まず自らの信念を形にして、スマホ向けにフルカラーの漫画を作り、縦スクロールで読めるようにしました。「スマホ最適化」された漫画は大評判を呼んで拡散され、「SNS閲覧数」が増えてアプリの「利用者数」を増やすことになります。

「利用者数」が増えれば、事業としてさまざまな可能性が生まれます。コンテンツの閲覧から課金するにしても、広告収入を得るにしても、収益ポテンシャルは高まるので、ベンチャーキャピタルから「資金」が集まるようになりました。（収益モデルについては第2部の図Ⅱ－4参照）

まだこの段階ではバリュードライバーは明確ではありませんでしたが、「スマホ最適化」が従来の漫画のあり方を一変させるきっかけを作ったのです。

03 日本ではLINEマンガが同様の工夫によって大躍進していますが、提供しているコンテンツが書籍からの流用であることも多く、「スマホ最適化」といえる縦スクロールや短時間で起承転結する構成ではありません。

ビッグデータの利用 2

メインターゲットを女性に

自らの体験談を描いた漫画はプロトタイプの役割を果たし、陳さんはそこから多くのことを学びました。彼女の「スマホ最適化仮説」は見事に検証されました。コンテンツ自体をスマホの利用者に合わせて作らない限り、膨大な閲覧数は確保できません。彼女は確信を得て、サービスのあるべき姿を考え始めました。

サービスにおいて大切なのは、主なターゲットをどこに絞るか、どのような状況で読んでもらうかです。顧客の利用シーンが明確になれば、そのためのコンテンツのあり方も定まります。じっくりと腰を据えて読んでもらうのか、あるいは退屈させずにテンポよく読んでもらうのか[04]、陳さんは考えをめぐらせました。

その結果、陳さんがターゲットとして選んだのは女性です。既存の漫画サービスの読者は男性中心でしたが、陳さんは読者を女性に絞ることで新しい市場を生み出すことができると考えたのです。

作品は、女性にも人気のあるテーマを多く取り揃えました。身近な職場や学園が舞台の恋愛物語を扱い、多くの共感を得ました。個々の作品は、壮大な物語である必要はありません。むしろ、隙間の時間1分~10分ぐらいで気軽に楽しめるものが望まれています。その時代の流行を取り入れつつ、物語はドラマチックにしてエンターテインメント性を追及しました。

また、読者に作品の内容を覚えてもらうために、漫画の主人公のキャラクター作りも入念に行いました。初期の段階から、主人公の性格、物語の背景、その後の成長のあらすじに徹底的にこだわり、物語の進行とともに磨き上げていきました。

優れた作品が見つかれば、その作者に声をかけて作品の提供を求めました。大ヒット作となる『兄に付ける薬はない!』は、まさにその典型です。2016年当時、作者の幽・霊（ヨウ・リン）さんのウェイボーアカウントのフォロワーは2000人に満たなかったそうですが、作品は魅力的でした。実生活に近い描写でありながらも、漫画主人公のキャラクターの設定はとても面白く、喧嘩しあったり、殴り合ったりして、読者を飽きさせません。これを見た陳さんは作者に声をかけて一大ブームを巻き起こしたのです。

04 複数のストーリーが同時並行的に展開し、しかも起承転結のテンポが早くなってきた背景に、アメリカの『ER緊急救命士』というドラマがあります。これはグランドホテル方式という伝統的な表現方式の1つで、ERが登場して以来、主人公級の人物が複数登場して同時並行でめまぐるしくストーリーが展開するドラマが増えました。スマホの時代になり、このようなコンテンツに慣れ親しんだ若者を飽きさせないようにするためには、小気味良い展開が不可欠なのです。

制作の最適化

コンテンツを最適化して利用者が増えると、漫画の閲覧情報が集まります。誰が、いつ、どのように漫画を読むのか、詳細な情報がリアルタイムでわかるのです。

陳さんはこの情報をもとに、利用者たちが求める作品を作っていきました。アメリカの動画配信サービスのネットフリックスを模倣して、リアルタイムに集まるビッグデータから、コンテンツを最適化できるようにしたのです。陳さんは次のように語っています。

「わたしたちは『漫画版のネットフリックス』のように利用者のデータを大量に蓄積し、そのデータから逆算して、より人気のあるコンテンツを作り出していきたいです[05]」

漫画の絵が素晴らしい一方で、作品に力がない場合もあります。このような場合は、データから判断して、ヒットしそうな別のテーマに変更して制作していきます。

快看漫画では、アプリ内でのユーザー行動データをすべて蓄積し、分析しています。そのデータに基づき、ユーザーの好みに合わせて内容を作っ

05 快看漫画は、ネットフリックスを模倣した閲覧履歴や市場動向の分析によって質の高いコンテンツ作りを実現していますが、すべての漫画において「人間性の探索と理解」という共通テーマのもとでストーリーを作り、制作を進めています（『刺蝟公社』2017年12月02日）。

たり、修正したりできます。ビッグデータによる裏づけがあるので、制作プロセスにおいて、シナリオ、キャラクターの設定、あらすじなどについて、作者に専門的なアドバイスをするのです。

このようなビッグデータによる解析は、ネットフリックスを徹底的に研究して模倣したものです。ネットフリックスは視聴者の閲覧履歴から監督、俳優、ストーリーの組み合わせを最適化して新しいコンテンツを制作しています。どのような作品がヒットするのかを予測して、作品作りに役立てているのです。

快看漫画においても、掲載された作品についてのさまざまなデータが集められます。読者の反応から、作者がどのようなキャラクターを使ってどのような物語を描けばヒットするのかが見えてくるのです。

レコメンドの最適化

ネットフリックスからの模倣は制作のみにとどまりません。CTOの李潤超(リー・ルンチャオ)さんはネットフリックスのレコメンドについて研究し、快看漫画に応用したと言います。[06] 一般にそのポイントは次のようなものだと言われます。[07]

06 ネットフリックスのレコメンドを漫画に応用するのは容易ではありませんでした。漫画は連載の形式で1話ずつ読者に読まれ、しかも中国では漫画の作品数は20万点程度しかありませんでした。データや人工知能の活用方法は映像作品とは異なるので、漫画コンテンツの性質やデータ数に合わせてレコメンド技術を開発しました。

07 ネットフリックスのアルゴリズムについてはUX Planetの記事がわかりやすいです。Workship MAGAZINEで日本語訳されているので、そこから4つのポイントを抜粋しました。

○90秒以内にユーザーの心をつかまなければ興味が失われるので、すばやく、かつ効果的にユーザーを引きつける画像が必要
○1つの作品に対して複数のタイトル画像を表示することが有効
○大多数の人に効果的なタイトル画像だけでなく、それぞれのユーザーに効果的なタイトル画像を表示
○過去に視聴した映画の俳優やジャンルから適切な画像を選択

せっかく優れたコンテンツが揃っても、それが人の目に留まらなければ意味がありません。漫画を読んでもらうためにも、見た目のとっつきやすさ、好奇心を煽るようなデザインによって視覚的な体験を最適化することも大切です。快看漫画はアプリ上の漫画に利用者を引きつけるために、作品のキャラクターや内容だけでなく、そのコンテンツのトップ画像、フォント、キャッチコピーを最適化していきました。

快看漫画は、利用者の履歴を反映させたレコメンドをするにあたって独特のインターフェイスを設計しました。利用者が快看漫画のアプリを開くと、オススメの作品が示されます。その作品は、たった2つに絞られるのです。

なぜ、たくさんの作品をリストできるのに2つだけしか示さないのでしょうか。それは、データに基づく「最適化された視覚的な体験」をユーザーに届けるためです。アルゴリズムによる解析でユーザーの好きそうな漫画を見極め、それを勧めることで選択のストレスを大幅に軽減したのです。

利用者の履歴から2つの作品だけオススメ

画像提供：快看漫画

これは、一般的な漫画サイトの逆を行きます。

中国の他の漫画サイトの場合、画面を開くとさまざまな作品が目に入ります。利用者は、たくさんの選択肢が与えられるというメリットがある反面、何を読むべきかを選ぶのに苦労します。カテゴリーに分けたり、ランキングを示したりすることによって選びやすくしていますが、作品数は絞らず、カスタマイズ的なレコメンドはしないのが基本です。

快看漫画は、これらのサイトとは一線を画したレコメンドを提供しました。

◎利用者の性別や年齢によって、カスタマイズされたトップ画像とキャッチコピーでレコメンドを行う。
◎快看漫画の作品点数は少ないので、1つの作品の魅力を1話1話ごとに、さまざまな角度からアピールする。
◎短い漫画の場合、何度もユーザーにレコメンドせず、画像やコピーを工夫してクリックを促す。
◎長い漫画の場合、続きを読んでもらえるようにレコメンド回数を増やす。

SNSでの拡散を促す工夫もなされています。作品ごとにプロモーション方式も工夫しました。たとえば『兄に付ける薬はない！』の場合、作品専用のウェイボーアカウントを新たに立ち上げ、一晩で9万のリツイートを得ました。映画化するにあたっても、快看漫画は、脚本やキャスティングのみならず、宣伝やプロモーションなどすべてに参画し、主人公の

図1-2　制作とレコメンドの最適化によって好循環が広がる

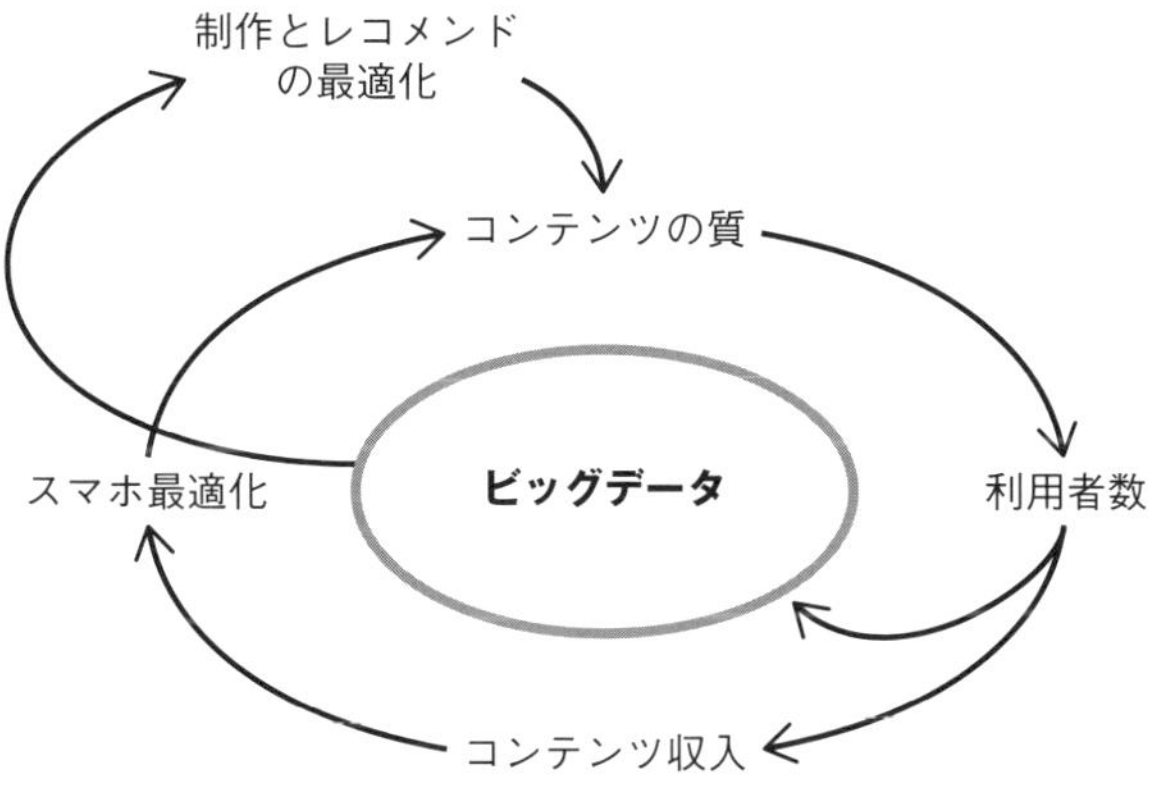

キャラクターやコンセプトを忠実に再現しました。

もはや、スマホ最適化は、縦スクロールとフルカラーにとどまるものではありません。プロモーションのうまさも手伝ってSNSで話題となり、利用者はさらに増えていきました。

以上のように、快看漫画はビッグデータを起点にさらなる好循環を築き上げることに成功しました。まず、ビッグデータの扱い方をネットフリックスから模倣して「制作とレコメンドの最適化」を行いました。その結果「コンテンツの質」も上がり、ますますたくさんの「利用者」を呼び込みました。

「利用者数」が増えれば、「コンテンツ収入」が伸びると同時に、閲覧データも集まります。バリュードライバーとしての「ビッグデータ」は量も質も高まり、さらなる「制作とレコメンドの最適化」へと結びつきました（図1－2）。

漫画家を職業として成り立たせる 3

マネージャーとプロデューサーをつける

「中国最高の漫画プラットフォーム」を築くための次なるステップは、漫画コミュニティの活性化です。陳さんは、ほかの漫画プラットフォームには見られない、2つの支援サービスに乗り出しました。その1つが漫画家の制作支援です。

漫画が作品として完成するまでにはいくつかの工程があり、売れっ子になるまでは漫画家自身がすべての業務（打ち合わせ、資料集め、ネーム、下絵作成、原稿作成）を行います。その業務を快看漫画が支援することにより、漫画家の負担が軽減され、よりよい作品が期待できるようになりました。

具体的には、それぞれの漫画家に、マネージャー、プロデューサーをつけました。マネージャーは作品制作をサポートするアシスタントを探すほか、漫画家の生活設計も支援します。

アプリにツイッターのような機能があり、漫画家とファンが気軽に交流できる

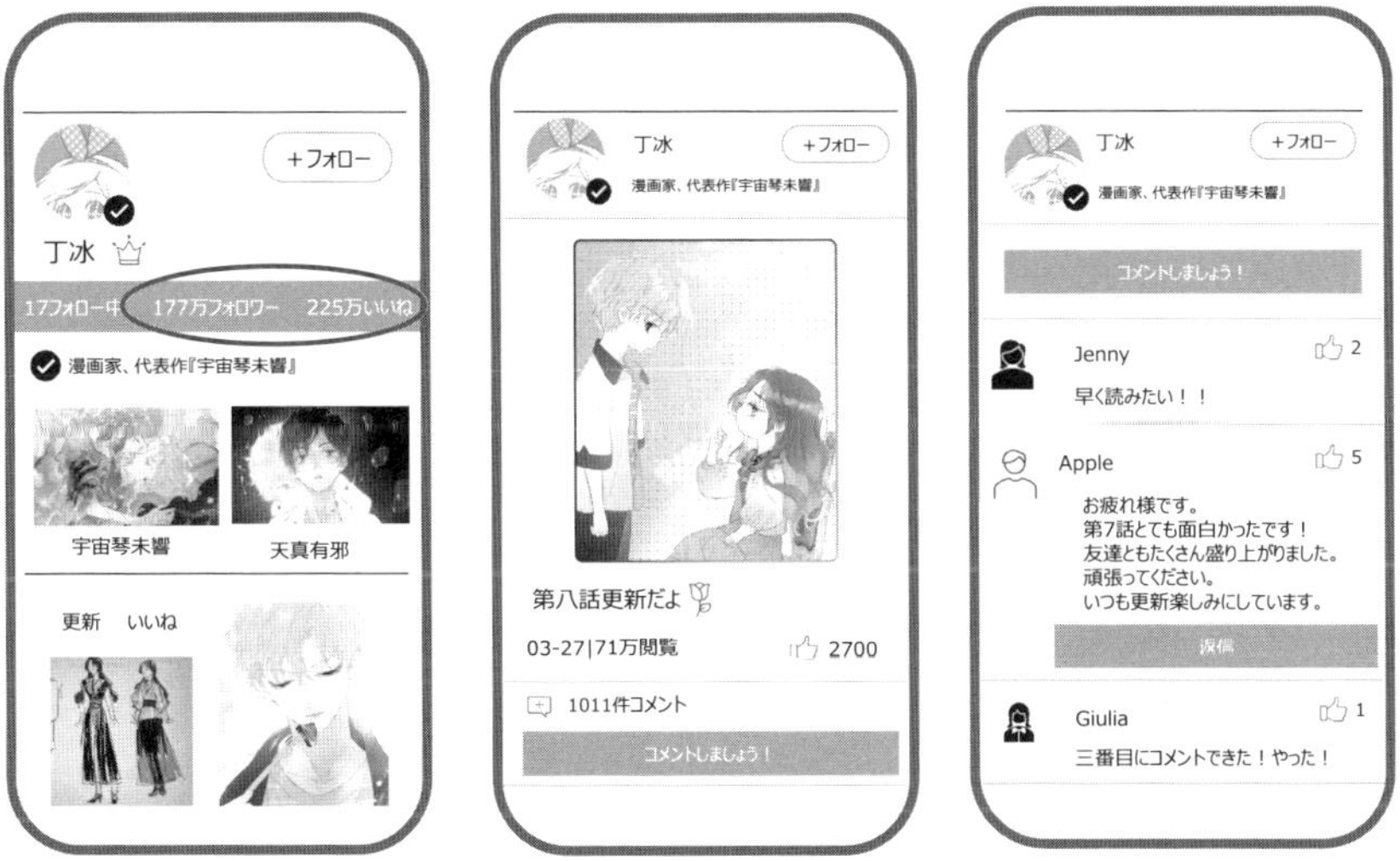

（実際のアプリを単純化したイメージ画像。漫画は快看漫画提供）

プロデューサーは市場調査やテーマ選定などを手伝います。

漫画家のタレント化

そしてもう1つの支援サービスが、漫画家のタレント化です。SNSを整備してイベントを組み、漫画家をアイドルのように育て上げるのです。漫画家としての社会的認知度が高まれば、作品の価値も高まります。

陳さんは、漫画家の人気を維持するために、アプリの中でファンが漫画家と密に交流できるように工夫しました。アプリにツイッターのような機能を備え、ファンが漫画家をフォローすることができるようにしたのです。

漫画家が何かつぶやけば、それに対するコメントが投稿できます。ライブ配信機能とオンライン・コミュニティも生まれ、ファンと漫画家との交流は活発になりました。

快看漫画で人気が出た漫画家であれば、数百万人のファンにフォローされるのは珍しくありません。アプリ上で日常の生活について何気ないつぶやきをファンと共有するだけで、数万件のコメントも得られます。漫画家がサイン会を開催すると、中国全土から1万人以上が集まって声援を送ります。

コミュニティの活性化

ファンへの影響力が高まれば、それだけ作品の人気は上がりますし、関連グッズや出版物も売れるようになり、漫画家とWin-Winの関係を築くことができます。日本でも作家がセルフプロデュースして自らのタレント価値を高めていますが、これを出版社などが「アイドル化」するような形で本格的に支援することはありません。[08] 快看漫画は、漫画をリードしてきた日本のコミュニティを上回るプラットフォームを形成しつつあります。

快看漫画のプラットフォームによって中国の漫画業界は活気づいています。同社が参入する前は、中国にプロの漫画家はごく少数でした。しかし現在、快看漫画のプラットフォームには5000人以上の漫画家が参加しています。契約の方式はさまざまで、漫画家の多様なニーズに応えています。

08 LINEマンガは利用者が漫画を投稿できるプラットフォーム「LINEマンガインディーズ」を立ち上げ、「LINEマンガ大賞」を開催するなどして新人を発掘していますが、ファンのコミュニティ運営までは行っていません。

2020年快看漫画オリジナル投稿支援プログラム

①マネジメント契約
漫画家にはマネージャーとプロデューサーがつき、福利厚生や作品の２次利用の開発などの支援が行われます。また、その漫画家の作品が広く読まれるように、アプリ内における閲覧者のトラフィックを誘導します。

②独占配信契約
投稿した作品は快看漫画に独占的に掲載され、他のプラットフォームに掲載されることはありません。この契約でも、漫画家にはマネージャーとプロデューサーがつき、２次利用の開発やアプリ内でトラフィックの誘導などの支援が行われます。

③報酬保証契約
この契約は、実績のある漫画家を対象としています。漫画家は、創作の初期段階から一定の報酬を得ることができます。たとえば、１話投稿するごとに1000元以上の契約金が保証されます。さらに課金が始まると同時に、売上の一部の収益が漫画家に配分されることになっています。

④収益分配契約
快看漫画で独占配信することを前提に、課金から得られた収益を、快看漫画と漫画家で分配するという契約です。一定の条件を満たすと、作品を作るための補助金を毎月1500元（４カ月間）提供し、利用者への宣伝も行なってくれます。

⑤先行配信契約
制作した作品を他のプラットフォームに掲載することができる契約です。当該作品は快看漫画で先行配信されることになっており、得られた収益の一部が漫画家へと分配される方式です。漫画家は、毎月400元（4カ月間）の補助金を受け取ることができます。

＊③～⑤の契約方式は快看漫画のサイトに自主的に投稿する方のみを対象にしています。

出典：快看漫画ホームページ https://www.kuaikanmanhua.com/web/comic/303633/（筆者翻訳・編集）

図1-3　漫画家のタレント化で好循環がさらに広がる

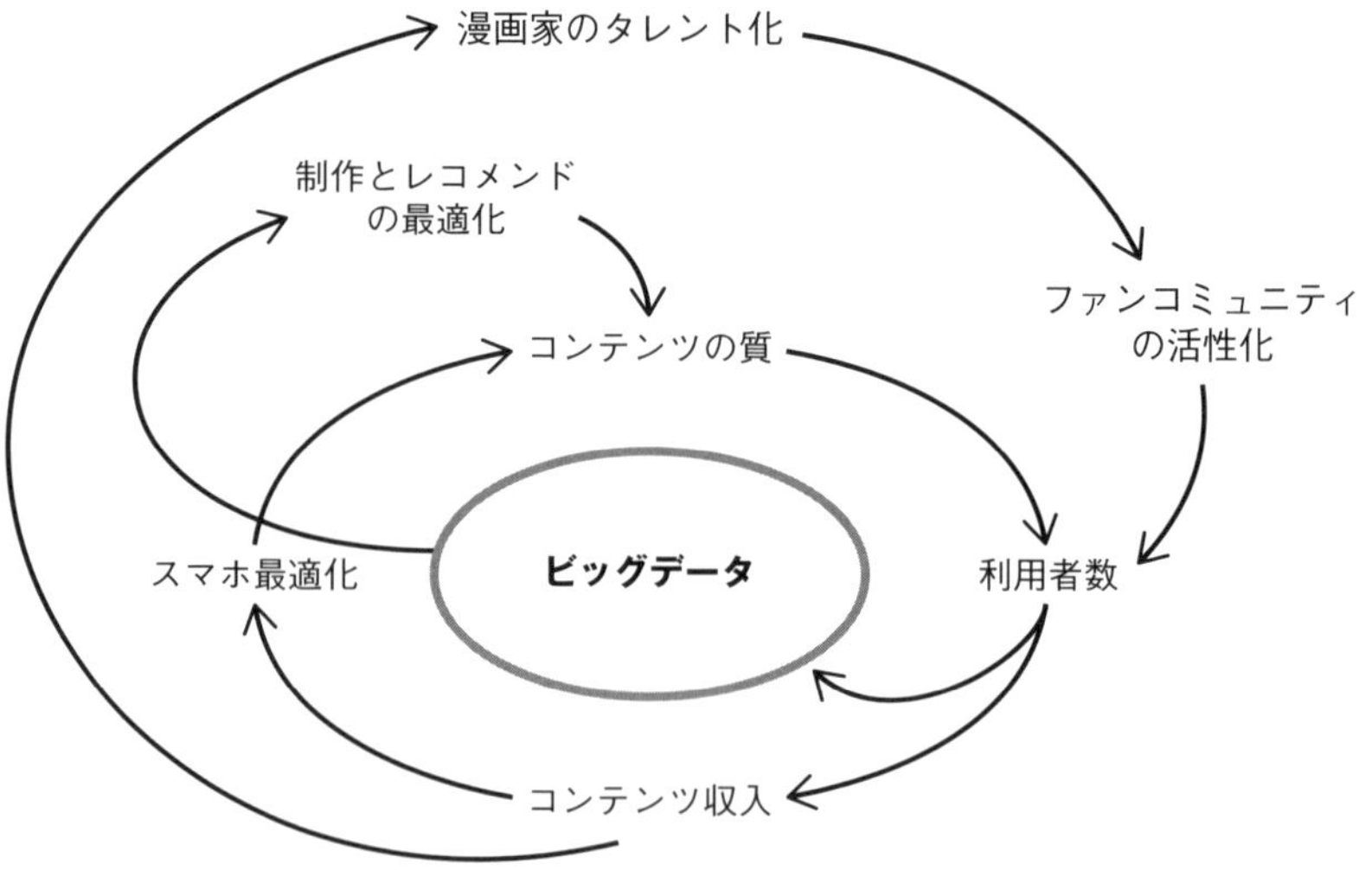

快看漫画は漫画を常に公募していて、漫画家は投稿することができます。投稿された漫画は、審査を経て編集され、アプリに掲載されます。また、定期的にコンテストも開催されていて、そこで優勝した漫画家の作品も、審査、契約、編集を経て掲載されます。

快看漫画と契約を結ぶ漫画家は増えてきました。漫画家の収入も何倍にも増えて、一部の漫画家は年収100万元（約1600万円）を超えています。

以上で説明したように、漫画家に対する支援によって好循環は強化されます。図1－3の外側のループで示されるように「漫画家のタレント化」を積極的に支援することで、「ファンのコミュニティの活性化」は実現し、「利用者数」が増えて「コンテンツ収入」が伸びていくのです。

今後の可能性 4

様変わりする中国の漫画

中国のアプリコンテンツといえば、漫画も含めて日本や海外の作品の転用がほとんどだと思われがちです。実際、中国にはネット配信する漫画のプラットフォーム企業が数多くあり、いずれもコンテンツを購入してビジネスを展開しています。中には悪質な業者もいて、原作者や出版社の承諾を得ずに剽窃したり、海賊版を出したりしているところもあります。

しかし、このような状況は変わりつつあります。少なくとも快看漫画のアプリにおいては、人気が高い作品のほとんどが自社制作の漫画なのです。中国に多数存在する漫画配信プラットフォーム業者とは異なり、快看世界科技有限公司は、漫画作品の提供だけでなく、漫画作品に携わる人材の発掘から、作品制作、そしてプロモーションとマーケティングまで支援しているのです。

快看漫画は、SNSのファンコミュニティが大きいので、ヒット作1本で、一夜にして漫画家をプロにすることができます。また、閲覧パターンからデータ解析できるので、科学的なアプローチから読者の望む作品作りがしやすくなります。その展開の速さや規模の大きさがすさまじいのです。

日本の大手出版社でも同様のことは行われてきましたが、紙媒体がベースとなっているため、スマホに最適化した快看漫画のようにはいきません。

魅力ある職業にする

快看漫画は、2017年12月に追加資金を調達し、中国の漫画産業のエコシステムの発展に注力していくと発表しました。[09] 漫画家を憧れの職業の1つにし、より多くの人材に漫画産業に参入してもらうために、政府や学校とタイアップして漫画コンテストを開催したり、漫画の講座を開いたりして新人を発掘するというのです。

さらに、魅力ある職業にするために、福利厚生にも目を向けます。漫画家はフリーランスなので、社会保険などがなく、病気になったら治療費を負担できず、創作もできなくなり、収入源も断たれる恐れがあります。快看漫画は漫画家の生活を保障し、社会保険、健康診断、カウンセリングなどのサービスを提供する予定です。

09 快看漫画は2017年12月にシリーズDで約200億円を調達し、中国の漫画業界における最高調達額を大幅に更新しました（『36Kr』2017年12月14日）。

漫画の知財の2次利用

快看漫画を率いる陳さんは、「将来、漫画は知財（ＩＰ）の源泉になる」と予想しています。

- ◎スマホの普及によって、小説を読むより漫画を見るほうが快適である
- ◎現代社会において時間が細分化される傾向にある
- ◎利用者は小説より漫画のほうが消費しやすい

当然の帰結として、漫画の消費は伸びていき、原作も普及して映画やドラマに2次利用しやすくなります。原作のファンが多ければ多いほど、ＳＮＳでも話題となります。そして、話題を呼べば呼ぶほど映画やドラマが成功する確率は高まるというわけです。

２０１８年の年末には、アニメーション業務に進出すると表明し、漫画・アニメ制作ベンチャー「月蝕動漫（Yueshi Anime）」に投資して、資本と業務の提携を図りました。グッズ開発、出版、アニメ、ドラマ、映画への展開にも積極的で、そこで生まれた価値を、漫画家やその制作に協力したステークホルダーたちとともに分け合おうとしています。

起業家としての強い想い

以上、システムシンキングを用いて、快看漫画の好循環を描いてきました。快看漫画のサクセスストーリーを読み解くと、その好循環の根本に、起業家の陳安妮さんの強い想いがあることがわかります。彼女が起業したときに掲げた目標を思い出してください。

「1000万ユーザーのアプリを作る！」
「漫画作品をすべてゲーム、ドラマ、映画にする！」
「中国最高の漫画プラットフォームを作る！」

周囲からは失笑を買い、「1％しかチャンスがない」と言われ続けますが、決して諦めませんでした。粘り強く取り組み、とうとう自らの夢を実現するだけでなく、漫画のエコシステムまで作り上げてしまったのです。

母親に反対されても1％の可能性にかけて漫画を描き、失敗すると言われても1％の成功確率にかけて北京で起業し、そしてダウンロードする人が1％だとしても、スマホに最適化されたアプリを開発したのです。漫画が大好きで、中国においても漫画家を職業として成り立たせ、スターにしたいという熱い思いがなければ、できることではありません。

覚悟を決めてやりきる。自らの理想に向かって進もうという姿勢が、ものごとに対する熱量に変わっていきます。

既存のあり方とは逆を行く場合も徹底する。海外のビッグデータ解析の模倣も徹底する。そして、社会のためにエコシステムを広げていくときも徹底する。

好循環の仕組みづくりはもちろん大切ですが、それを回していくときのエネルギーも大切なのです。

CASE 1の要点

- 中国では漫画市場が過小評価されていました。快看漫画が、スマホに最適化されたアプリを開発し、閲覧データからヒット作品を生み出すという好循環を築き上げ、中国漫画のエコシステムの形成を促進しました。

- 陳さんの起業家活動を支えたのは、中国の先進的なデジタルインフラです。まえがきで述べたように、コミュニケーションを促すSNS、ネットで完結する決済システム、安価なクラウドサービスが揃っていたからこそ、彼女は、限られた資金でビジネスモデルづくりに挑戦できました。

✓ビジネスの成長というのは、ある原因がある結果をもたらして終わり、というわけではありません。むしろ、もたらされた結果が、次のステージの原因となって別の結果を引き起こすというような、円環的な因果関係を念頭におく必要があります。

✓本書では、好循環を描き出すツールとして「システムシンキング」に注目し、その中心に企業価値の源泉としての「バリュードライバー」を置きました。快看漫画の場合、ビッグデータというバリュードライバーがあるからこそ、利用者が求める漫画を制作できますし、利用者にレコメンドすることもできます。

✓快看漫画の成長ステージは3つに分けられます。すなわち①プロトタイプを開発して資金を得るステージ、②ビッグデータを活用して利用者を拡大するステージ、③漫画家を支援してエコシステムを創出するステージです。それぞれのステージにおいて適切な戦略的打ち手をとることで、バリュードライバーの推進力を高め、好循環を実現させることができました。

CASE 2

新氧

So-Young

美容外科の世界最大プラットフォーム

「整形日記」でマッチングのサイクルを広げる

創業者

金星

ジン・シン

「真の起業家は、
業界に迎合するのではなく、
業界を変えていく。」

社　　名：新氧（So-Young）
創　　業：2013年
I P O：2019年（米国ナスダック）
ユーザー数：890万人（2020年Q4のMAU）

悩みや苦しみを分かち合う日記

1

パイプラインとプラットフォーム

CASE1で紹介した快看漫画のビジネスモデルは、作家から漫画コンテンツを仕入れ、それをインターネット上で販売するというパイプライン型（あるいはバリューチェーン型）のビジネスモデルです。[01]

パイプライン型というのは、その名の通り、原材料の調達から配送に至る一直線の流れによって表されるモデルです。このモデルでは、価値の創造は、より少ないインプットからより大きなアウトプットを得ることによって実現します。パイプライン型のモデルで急成長を実現するためには、生み出されたアウトプットを次のインプットに生かすという循環が不可欠です。快看世界の場合、コンテンツから得られる収入や閲覧

01 「パイプライン」のビジネスは、片方に製品・サービスの生産者がいて、別の片方に消費者がいるという、単一の直線的な流れによって示されます。原材料から部品、そして製品へと段階的に価値が付加されるビジネスです。ネットワーク効果のような、幾何級数的な価値創出は見込めません。両者の対比については根来（2017）やReillier & Reillier（2017）が詳しいです。

によって得られるデータを次のインプットに生かすことで業績を伸ばしました。

一方、これとは異なるやり方で好循環を生み出すビジネスモデルもあります。それがプラットフォーム型のモデルです。その代表は、利用者同士を仲介して結びつけるGAFAです。中国ではアリババやテンセントが有名です。これらの企業は、相対的に短い期間で大躍進し、世界の時価総額上位にランクインしています。

プラットフォーム研究の権威であるMITのマイケル・クスマノ教授たちはプラットフォーム型の収益性の高さを確かめるために、同一業界のパイプライン型（非プラットフォーム企業）との比較調査を行いました（プラットフォーム43社と非プラットフォーム100社との比較）。その結果、プラットフォーム企業は、非プラットフォーム企業の約半分の従業員数で同程度の売上を達成していることがわかりました。プラットフォーム型の営業利益率はパイプライン型の約2倍に達し、株式市場における企業価値も2倍以上を示しています。[02]

そこで、このCASEでは、美容整形のプラットフォームを構築して大成功を収めた「新氧（シンヤン、So-Young）」について紹介します。

美容整形を公言する

あなたの身の回りに「美容整形した」と公言する人は、どれだけいるでしょうか。美容整形に対する社会の理解が深まってきたとはいえ、それはまだまだ

02 Cusumano, Gawer, & Yoffie（2019）より。青島矢一監訳『プラットフォームビジネス：デジタル時代を支配する力と陥穽』（2020）有斐閣を参照。

「秘密」にしたいことの１つに思えます。

ところが、美容整形をした事実を積極的に公表している人たちがいます。実際に美容整形の施術を受けた人たちが、あるウェブサイト上で赤裸々にその心境を語っているのです。施術の前と後、ビフォーとアフターの写真も公開しています。自分の施術前後の写真をネットで公開してしまう大胆な行いに、驚かれることでしょう。

このサイトを作ったのが北京に本社を置く北京新氧科技有限公司（以下、新氧）です。新氧は、中国最大の美容医療プラットフォームで、２０１３年に起業家の金星（ジン・シン）さんによって設立されました。彼は、まず口コミを投稿できるサイトを構築し、オンライン上に美容整形に関心のある人たちのコミュニティを作りました。

そして、そのサイトに正規の病院と資格を持った医師に登録してもらったのです。その結果、美容整形したい人は、そのサイトの過去の施術例や患者の評価を見て、自分に合った医師を容易に見つけられるようになりました。

新氧は、グローバル展開にも積極的で、事業を中国、タイ、韓国、シンガポールなどの３５１都市で展開しています。提携している正規の医療美容機関の数は約７０００、登録医師の数は約２万６０００人にも達します。

このサイトで「整形日記」として公開されている、自主的に投稿された施術記録の件数は約４７０万件（２０２０年）に達します。[03] そして閲覧のみも含めた

「整形日記」を見る

（QRコードをスマホで読み込んでください）

03 新氧2020年第3四半期報告書より。

利用者数はこれまで3500万人を超えているのです。

この事業成果が認められ、新氧は2018年9月に資金調達の6回目（Eラウンド）で7000万ドル（78億9000万円）の調達に成功しました。[04] 成長著しい中国といえども、美容医療でこのような規模の投資を受けた前例はなく、「業界初」です。には米国ナスダック市場に上場。時価総額は14億ドルに達しています（2021年2月4日時点）。

整形日記に書かれていること

このプラットフォームでは、医者選びから施術後の経過までの様子が、整形日記として患者自身によって書き綴られます。過去を振り返るのではなく、リアルタイムに記録されるので、迷い、決意、不安、喜びなどがストレートに伝わってきます。[05]

「術後2日目：最も醜いのは鼻、難しい施術になるからこのお医者さんに依頼した」

「術後7日目：まだ腫れてるけど、鼻の先が少し小さくなった。お母さんにも褒められた」

「術後37日目：回復期間は大変、食べられないものがいろいろあるし、傷もまだ痛い」

04 『投資界』（2018年9月4日）は、新氧が1年足らずで合計1億6000万ドルを調達した理由として、美容整形業界の急成長と整形日記による市場の透明化をあげています。

05 ここで紹介した整形日記の内容は、実際に鼻を高く整える「隆鼻術」を受けたある患者の日記のごく一部です。すべて新氧のウェブサイトから引用、要約、翻訳したものです。http://www.soyoung.com/p19629328/（アクセス日：2021年2月5日）。

整形日記

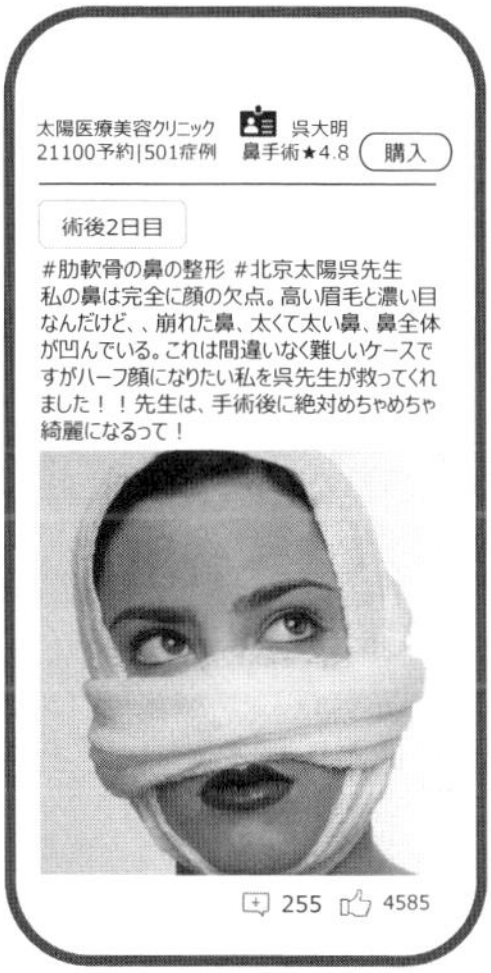

整形日記

写真：Eyecandy Images／アフロ

病院の基本情報、実績が一目瞭然

（実際のアプリを単純化したイメージ画像）

「術後158日目：施術してから半年が経過。自然な感じで大満足！何人かの先生と面談したけど、この先生が一番良かった。先生には3回も面談していただいて決めたの。みんながお医者さん選びに苦労しないように、私の経験をシェアするね（笑）」

新氧のサイトでは、その施術がどの美容医療機関で行われたのか。医者の名前や必要な費用、ならびに評価などがネット上の口コミですべて示されています。これから美容整形を受けようと思っている人には、きわめて貴重な情報が数多く掲載されているのです。

日記の内容は、画像とともに悩みや苦しみ、そして喜びまで多岐にわたります。利用者の中には、毎日記録している人も少なくありません。

経験者の日記が励ましになる

なぜ、美容整形というデリケートなことについて、多くの女性が画像とともにその心境を語ってくれるのでしょうか。その秘密は、コミュニケーションを促すサイトづくりにあります。それぞれの日記には、施術を受けた女性たちへの励ましのメッセージが山のように送られてくるのです。

治療の内容にもよりますが、美容整形をするときに一番不安なのは、施術1週間後だと言われます。出血や傷があったり、むくみが出たりするため、術後の経過が順調なのかが心配になるからです。

このようなときに必要なのが励ましで、整形日記に書かれた同じ道をたどってきた経験者のコメントには説得力があります。

「術後220日目：二重まぶたの施術が終わったすぐ後は他の人から『まだ腫れている』とか『左右で違う』とよく言われるんだけど、みんな我慢して。綺麗になるには時間が必要なの。二重まぶたは時間が経てば立つほど自然な感じになる。時間はかかるけど決して焦らないで[06]」

「術後285日目：脂肪吸引をしたあとに『水が溜まっていた？』とよく尋ねら

06 整形日記の一部を翻訳。http://www.soyoung.com/p20394122/（アクセス日：2021年2月5日）

れます。…水がたまるのが普通だよ。溜まらなかったら逆にその施術に問題がある。術後に先生の話を聞いて、ちゃんと圧迫固定サポーターを着けるようにしてね[07]」

また、整形日記には、これから美容整形を受けようとしている人たちへのメッセージもあります。自分が頑張っている姿を伝えるコメントは、迷っている人たちに夢と勇気を与えます。

「術後190日目…この私がCMに出演して撮影してもらったの。ドラマも撮ってもらったのよ！夢にも思わないことだったわ！以前の私は普通の人で存在感もなかったのに、先生のおかげで仕事も恋愛もうまくいっているわ！[08]」

07 整形日記の一部を翻訳。http://www.soyoung.com/p19176776/（アクセス日：2021年2月5日）

08 整形日記の一部を翻訳。http://www.soyoung.com/p20197560/（アクセス日：2019年8月4日）

急成長のプロセス 2

どのようにして生まれたのか

新氧が創業した2013年当時、中国の医療美容市場は成長していて整形に対するニーズは高まっていました。しかし、この業界は不透明で必要な情報が開示されておらず、さまざまな問題を抱えていたのです。大企業は、医療美容の事故のリスクを恐れ、市場への参入もほとんどありませんでした。

しかし創業者の金星さんは、逆に「そこがチャンスだ」と考え、参入を決めました。

彼がはじめに行ったのは徹底した調査です。過去2回の起業経験を生かし、3カ月をかけて美容整形業界を徹底的に調査しました。その結果、2つの問題点が浮き彫りになりました。

第1がコスト構造です。美容整形業界は広告やプロモーションにあまりにも多くのお金を費やしていたのです。顧客獲得コスト[09]は、1人あたり約3000～5000元（約4万8

000～8万円）にも達します。広告費が高くなると、施術費用も高くなってしまうので、さまざまなところに歪みが生まれます。[10]

もう1つの問題は、病院やクリニックの評価基準がなかったことです。施術が成功しても失敗しても、その事実が表に出ることはありません。腕のいい医師は、その実績をアピールできませんし、ヤブ医者でもその失敗を追及されるリスクが低いわけです。患者は、よほど明確な失敗でない限り、施術がうまくいかなくても泣き寝入りせざるをえません。適切な評価基準がない中で、美容整形を考えている人たちは病院探しに苦労していました。[11]

彼はこれらの課題を解消するために、次の4つのステップでプラットフォームを立ち上げました。[12]

①初期の利用者を獲得するために韓国に倣う
②施術の無料化によって事例を収集
③逆転の発想でプライベートな日記を公開
④患者と病院のマッチングを促す

09 顧客を獲得するのに必要とされる営業やマーケティングにかかる総費用のことで、一定の期間を定めて積算し、1人（ないしは1社）あたりの費用にして示します。

10 2016年の中国のベンチャー向け株式市場に上場している医療美容企業の公開財務諸表によると、11社の平均純利益率は8.7%で、8社が黒字、3社が赤字です。金星さんはこれらの企業のIR情報を分析することでコスト構造の問題点に気づくことができました（中国テック／スタートアップ専門メディアの『36Kr』2018年4月3日）。

11 市場が不透明になる理由の1つは、顧客が自分の体験を隠したがるからです。金星さんが整形日記の構想を投資家に話すときにも、「お金を払って集めているのか？」「捏造しているのか？」といった質問をよく受けたそうです（『36Kr』2018年4月3日）。

12 金星さんがコミュニティを発展させるステップを設計できたのは、大学時代から掲示板やゲームの利用者コミュニティを通じて20年近くコミュニティ運営の経験を積んできたからです（『36Kr』講演録、2018年3月17日）。

韓国に倣い利用者を獲得

金星さんが美容整形のプラットフォームを立ち上げるにあたり、最初に意識したことは初期の利用者の獲得です。

２０１３年当時の中国といえば、美容整形の情報サイトやコミュニティがまだなかった時代です。それゆえ、整形に関心を持っている人たちは、主にインスタントメッセンジャーを用い、テンセントのＱＱやウェイシン（微信、Weixin）のグループ[13]で情報交換していました。

これらの利用者を自社のサイトに集めるにはどうすればよいのでしょうか。金星さんは、美容整形が進んでいる韓国のサイトを徹底的に調査し、患者の声や病院の設備などを紹介することの大切さに気づきました。とはいっても、短期間のうちに中国国内の美容整形の事例を集めることはできません。そこで彼は、韓国のウェブサイトに掲載されているコンテンツを活用することにしました。約８０００件の整形事例のコンテンツを翻訳し、自社のサイトに掲載したのです。

コンテンツの内容は事例だけにはとどまりません。金星さんは、自ら約１００軒の中国や韓国のクリニックや病院に足を運び、病院の環境などを撮影しました。訪問するにあたっては、整形に関心のある人に「医師に聞いて

13 ウェイシン（国際版はウィーチャット）はテンセントが運営するインスタントメッセンジャーです。当時の利用者数は世界で約3億5000万人（2013年時点）、現在は12億2500万人を突破しています（2020年時点）。

図2-1　コンテンツの充実によって好循環が始まる

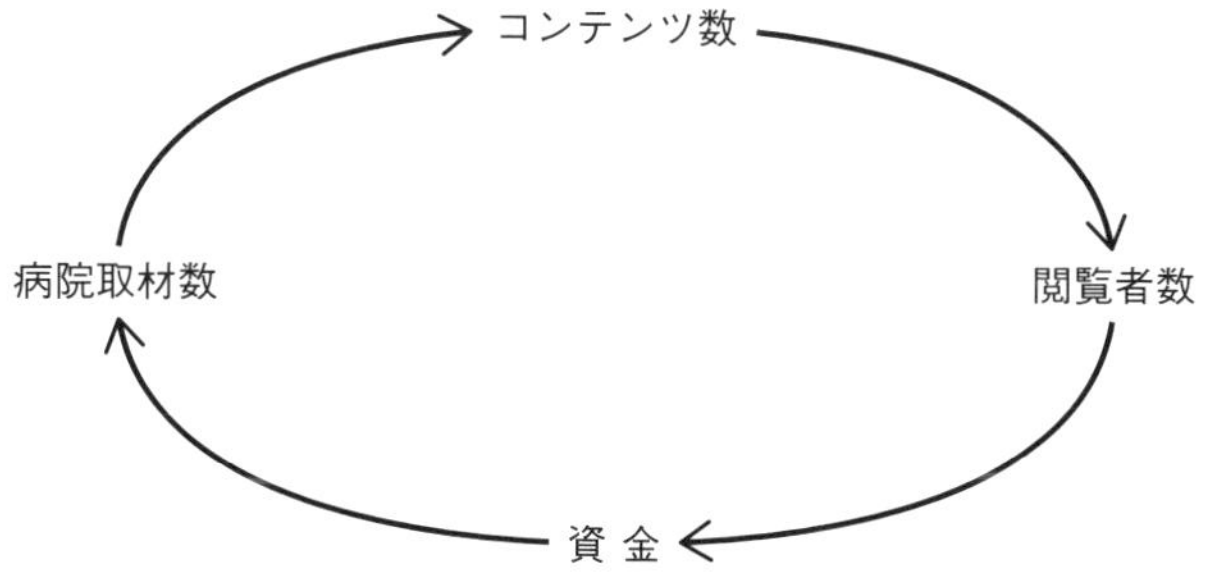

ほしいこと」を前もって尋ね、医師へのインタビューを行いました。その様子は動画などに収められています。金さん自らが動画に出演することで、利用者からの信頼も高まりました。このような地道な活動によって初期の利用者を獲得したのです。

韓国の事例紹介によってコンテンツを充実させれば閲覧者の数を伸ばすことができます。「閲覧者数」が伸びれば収益ポテンシャルが高まるので「資金」を呼び込むことができます。そして「資金」が集まれば、それを使って病院への取材を行い、コンテンツをますます増やすことができます。

無料施術によって事例を収集

こうした努力が実り、新氣のサイトにはさまざまな質問が寄せられ、活発な情報交換が行われるようになりました。その投稿内容を見て、金星さんはあることに気づきます。

積極的に投稿している利用者のほとんどが、かなり大掛かりな美容整形の施術に興味があったのです。

そこで金さんは、中国国内のいくつかのクリニックや病院に対して、無料施術の話をもちかけます。ネットで募集をかけて、そこで選ばれた利用者は無料で施術を受けられる。その代わりに、新氧のサイトで施術やリカバリー（回復）の体験を投稿して、そのクリニックや病院の宣伝をしてもらうというアイデアです。

美容整形の「体験情報」が投稿されれば、それを閲覧しようとする利用者が増えます。利用者が増えれば宣伝効果も高まると同時に、しっかりとした医療機関や腕の立つ医師からも注目されるようになります。提携病院数が増え、自らの医療の品質をアピールするために「無料施術の提供」も増えていったのです。

中国には、将来の夢を叶えるために美容整形したいという女性たちがたくさんいます。大都市や地方都市などに住んでいて、これから活躍して夢をかなえるために施術を受けたいという人たちです。しかし大掛かりな施術はとても費用がかかるので、誰もが施術を受けることはできません。それゆえ無料施術に対する関心は絶えませんでした。1つか2つという限られた枠に対して、最盛期には1000人以上が応募するようになりました。

募集を重ねるごとに、無料施術をめぐる競争は激化しました。応募者は整形の必要性を強調するための写真を添付し、応募理由書には外見によってどれだけ苦労したかが綴られました。選考はコミュニティ内の投票によって行われるので、同じような経験をした人たちの共感を呼びます。このイベントによって利用者の活動が活発になり、コミュニティが盛り上が

図2-2　無料施術の提供によって好循環が広がる

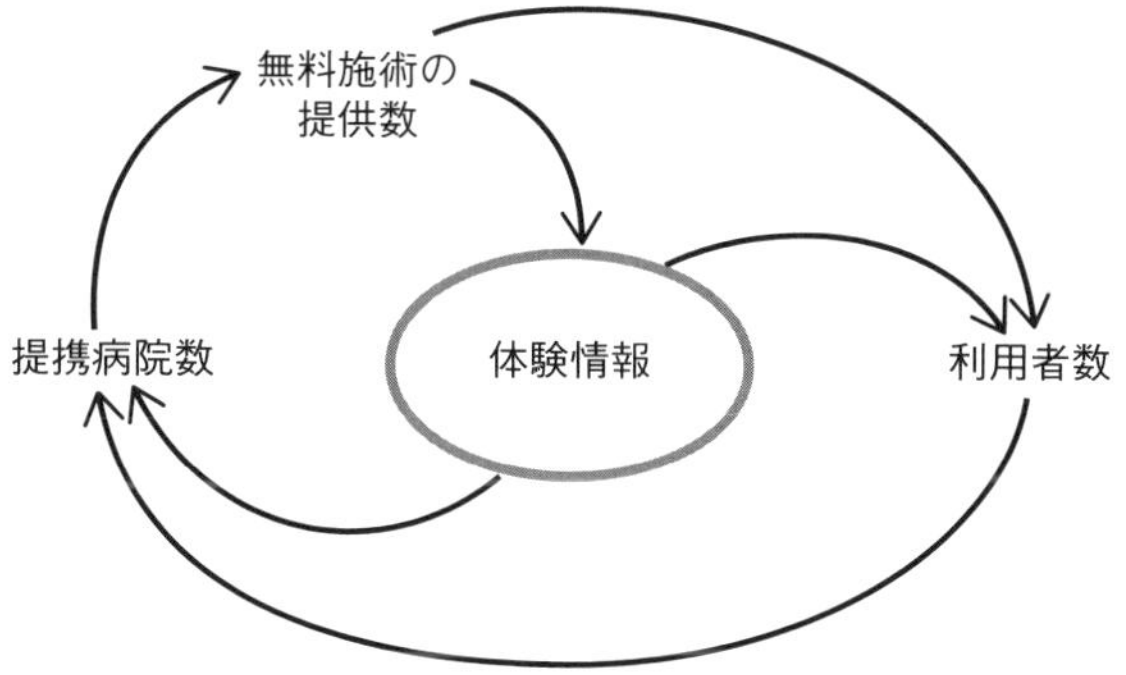

り始めました。

このように「無料施術」のイベントを提供することで「体験情報」の投稿を促し、「利用者数」を伸ばすことができました。「利用者数」が増えることで、新氧の情報提供サイトは有名になり、「提携病院数」は増えていきます。

プライベートな日記を公開

美容整形の体験投稿を集めるプロセスで、金星さんは、ある重大な事実に気づきます。整形した人たちの経験をたどると、施術前から後にかけて典型的とも言えるような「心理的な変化」が読み取れたのです。それは次のようなものです。[14]

14 中国テック／スタートアップ専門メディアの『36Kr』によれば、金星さんは顧客を観察することで美容整形をする患者の独特な心理状態の変化を突き止めました。顧客の心理プロセスを理解できたからこそ、日記を公開して助け合うという価値を創造することができたのです（2017年11月13日）。

◎整形施術をする前は、綺麗になりたいという思いが強く、リスクに対してはあまり敏感ではありません。怖さよりも夢や希望が勝ります。
◎しかし、情報収集を始めてみると、他人の写真や体験談を見てそのリスクに気づきます。緊張感が徐々に高まっていき、ためらいや戸惑いも現れます。
◎そして施術を決断します。施術を行う直前は、運命を変える瞬間として緊張がピークに達します。
◎施術が終わったら、術部の腫れや出血など、今度は不安や心配、恐怖などの感情が頂点に達します。患者は術部を頻繁に撮影し、自分の状況を確認するようになります。

金星さんは、このプロセスとその心理と行動から「整形日記」のヒントを得ました。

整形日記とは、施術前からリカバリーのプロセスを記録するツールです。カレンダー機能が備わっているので、利用者は施術後にも自分の変化を記録することができます。施術体験者の目線から、術部の症状、ケア方法、注意事項などが綴られているのです。

この日記を閲覧している利用者は、今、自分がどの段階にいて、どのような状況なのかを確かめることができます。施術前の人は、多くの経験者がためらいや戸惑いをもっていたことを知ることができます。施術後の人は、自分の経過が良好であるのかを比較しながら参照できるのです。

金星さんは、最初は、とにかく投稿してもらうことが大切だと考え、当面は整形日記を一般公開とはせず、仲間内での公開としました。自分の整形日記を投稿すれば、ほかの施術を

図2-3 「整形日記」の公開によって好循環がさらに広がる

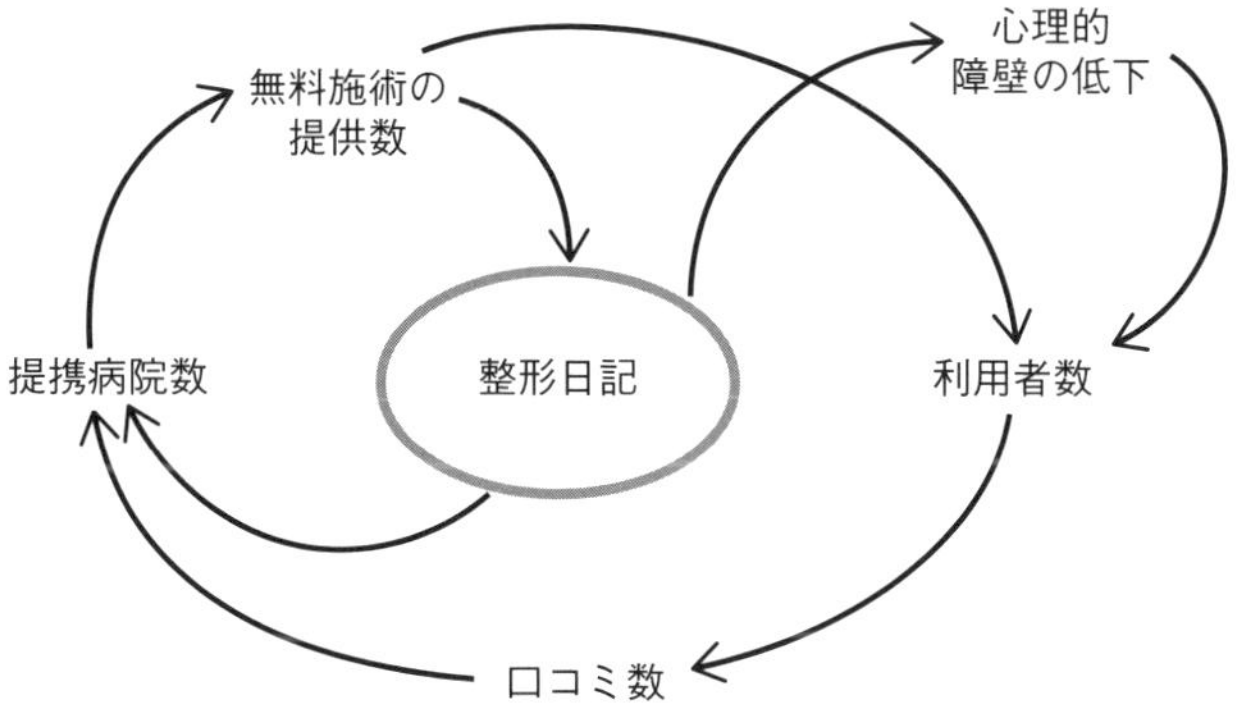

受けた人の日記や、リカバリー段階の日記を閲覧できるようにしたのです。

これは日記を投稿するにあたっての大きなインセンティブとなりました。他人のリカバリー状況と照らし合わせれば、自分は大丈夫かどうかがわかります。自分も投稿すればさまざまな情報が得られるわけですから、投稿のモチベーションは高まります。より多くの人が投稿するようになり、コミュニティが活発になっていきました。

やがて、整形日記を一般に公開する患者も増えていきました。自分たちが励まされたことに感謝し、整形するかどうかに悩んでいる仲間を助けたいという思いから、一般に広く公開して、整形してよかったという実感を伝えたいという人が増えていったのです。

このように、整形日記を相互に閲覧できるようにすることで、整形施術の「心理的障壁」は下がり、日記の公開が進みました。これによって、どの病院でどのような治療を受けることができたのかが一目瞭然となります。「利用者数」はさらに増え、治療に対するポジティブな口コミも活発になりました。このような口コミは病院にとってはよい宣伝になるので、「口コミ数」とともに情報サイトとしての価値も高まります。「掲載病院の数」はさらに増え、「無料施術」のイベントも充実したものとなりました。

患者と病院のマッチングを促す

サイト上に投稿されている整形日記を見れば、どの病院で治療を受けたのかが一目瞭然です。この日記には、治療の内容や患者の様子が写真やコメントとともに掲載されているので、医師の技術や病院のサポートなどを感じ取ることができます。

日記の投稿数が増えればサイトに口コミが集まり、ますます利用者を引きつけることができます。そこで新氧は、2つの方法で収益を上げることにしました。（収益モデルについては第2部の図Ⅱ－5参照）

まず、口コミによる評価の高い治療を行っている病院を紹介するというサービスを始めました（情報サービス収入を得ることができます）[15]。次に、この日記と自ら取材した病院についての情報を活用し、患者と病院を結びつけるマッチングサービスを開始しました（マッチング手数料の収入を得ることができます）。

新氧によって認証されたクリニックや病院は、新氧のプラットフォームに出

15 新氧の「情報サービス」（広告）は、病院情報以外にも、新氧によるオリジナルコンテンツ、専門的な美容整形に関する情報が含まれています。

図2-4　利用者と提携病院のマッチングを開始

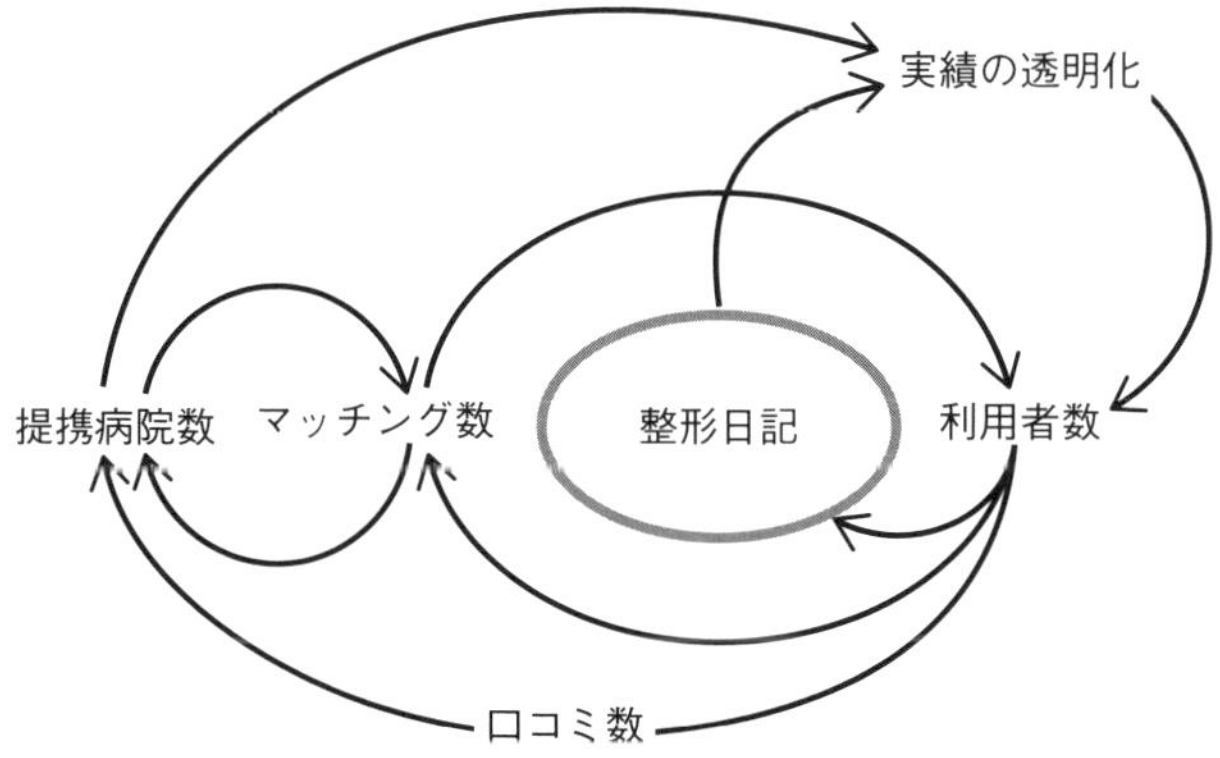

店することが可能になりました。利用者も整形日記を閲覧して、気に入ったクリニックや医師を選んで直接オンラインで施術を予約できるようになりました。これによって、アマゾンドットコムや楽天などのECサイトと同じように、需要と供給のマッチングが実現しました。口コミが商品の売上を影響するという構造によって、質の高いサービスだけが生き残るという仕組みを作り上げたのです。

このECサイトによって、好循環の輪はさらに広がります。「マッチング」がうまく進めば、「利用者数」も「提携病院数」も増えていきます。その取引の実績は「透明化」されているので、「利用者数」はますます増えて、より多くの患者が施術の経過を「整形日記」に記すようになります。また、「利用者」の増加とともに「口コミ数」も増えていくので好循環が強化されていくわけです。

なぜ新氣がこれほどたくさんの利用者と口コミを集められ、整形日記を投稿してもらえたので

コロナ禍でも整形ニーズは健在

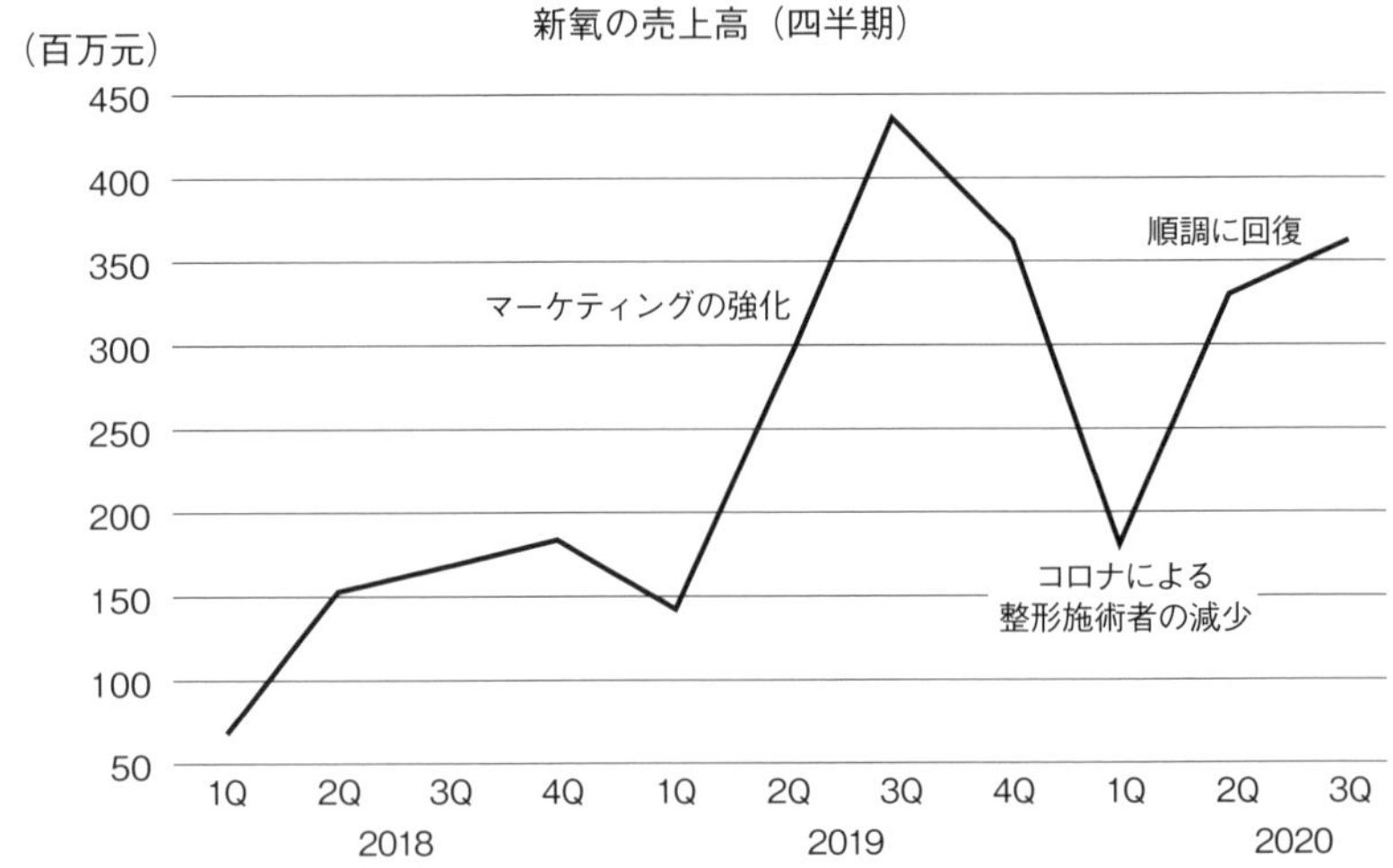

しょうか。それは、利用者心理を正確に洞察できたからだと考えられます。

整形のプロセスにおいて、最も緊張しているのは、整形前ではなく、整形施術の最中でもなく、施術後なのです。自分のリカバリー状況が気になり、それが投稿のモチベーションにつながります。つまり、投稿することによって他人の経歴を参考にできるだけでなく、自分も他人の理解やフィードバックを得られるのです。

このような仕組みを築くことができたからこそ、世界に類を見ない美容整形のプラットフォームを築くことができたのです。

社会的な意義 3

美容整形を変える

「整形日記」の登場によって、中国の美容整形のあり方は大きく変化しました。今まで包み隠されていた施術を「透明化」することによって、業界におけるいくつかの問題を解決したのです。[16]ここでは、その社会的意義について解説しておきます。

①評価基準の構築

中国国内には公立病院と民営病院があります。公立病院はいくつかのレベルに分けられていて、医師の力量は肩書によってある程度は判断できるようになっています。しかし、整形のクリニックや病院は民営がほとんど

16 新氧CEOの金星さんは「WISE 2017新商業大会」の講演で、新氧が医療美容業界の4大問題を解決したと語りました。この4大問題とは、①患者が自分に合った医者を見つける困難性、②価格の不透明性、③医療資源の偏在、④病院運営の4つです（『36Kr』WISE 2017新商業大会講演録、2017年12月12日）。

であり、このような判断ができません。その上、あまりにもたくさんの美容整形クリニックや病院があるため（北京の場合400の病院に1000人以上の医師が在籍）、どの医師が何の施術を得意とするのかがわかりません。たとえ有名であっても、その医師が鼻を綺麗に整える施術ができるとは限らず、どこで治療を受ければよいかの判断がつかないのです。

新氧の整形日記はこのような患者たちの不便を解消しました。美容整形における明確な評価基準を提示することで、判断材料を提供したのです。経験談と術例によって病院や医師の水準が明確になり、適切なマッチングを促しました。

②価格の適正化

かつて美容整形の施術の価格というのは、基準があってないようなものでした。評価基準がなかったため、不透明な価格でも成り立っていたのです。整形病院のサイトは価格をほとんど載せておらず、たとえば二重まぶたの施術は安いところと高いところで667倍（300～20万元）もの開きがありました。

しかし新氧の整形日記が登場して以来、施術の価格がガラス張りになりました。新氧のサイトでは、価格や情報がすべて公開されているので、それぞれの施術における適切な価格がわかります。患者は広告に惑わされることなく、医者や病院を選べるようになりました。

③医療資源の不足を解消

中国では2・8％の都市に53・7％の医師が集中しています。[17] 口コミや情報の公開によって、情報収集は容易になり、美容整形を考えている人の行動範囲は広まりました。患者は、適切な価格で治療をしてくれる病院や医師を探すようになりました。適切な施術をしてもらえるのであれば、遠くまで足を運ぶという消費者行動が促されたのです。

④需要と供給の合致

すべての病院やクリニックがホームページを立ち上げて、自らの診療技術を示すことできるとは限りません。新氧のサイトに登録すれば、病院やクリニックは自らの存在を知らしめることができます。患者による口コミも掲載されるので、適切な治療さえ行っていれば評価も高まります。

また、新氧のサイトを見れば、美容整形を考えている利用者のニーズを把握することもできます。ニーズがわかれば、それに合わせて治療の内容を見直し、施術メニューやサービスを充実させられます。

新氧は、アジア220都市で専門のスタッフを配置し、現地における病院の経営状態を調査し、医師についての審査を進めています。[18] 提携先の病院やクリニックには、運営について病院に細かくコンサルテーションすることで、サービスの水準を引き上げています。

17 中国では、全国的に美容整形の需要が増えていますが、一方で医療資源は都市部に集中しています。医師の中には免許を持たない人や経験を積んでいない人も混ざっているため、優れた医師を見極めるのが非常に困難です（『36Kr』2018年12月19日）。

18 新氧は利用者に安心感を与えるために、病院や医師の審査以外に、整形効果保険の「氧气保」を提供しています。整形効果に関する保険は業界でも初めてのもので、「氧气保」は37件の医療美容項目をカバーしています（『36Kr』2017年12月23日）。

CASE2の要点

「プラットフォーム型」の好循環は「パイプライン型」のそれとは少し異なります。単に、より少ない資金からより大きなアウトプットを生み出し、再投資するのではなく、需要サイドと供給サイドのどちらか（あるいは双方）に働きかけて、循環させるのです。

中国の美容整形の新氧もその成功事例の1つです。まず、美容整形をしたことを積極的に公言してもらうことで情報サイトの価値を高め、閲覧者を増やしました。その上で、施術を受けたい人に適切な治療を行えるクリニックや医師を紹介したのです。

新氧は4つの打ち手によってプラットフォームを作り上げました。①韓国のサイトを参考にして利用者を獲得、②無料施術をオファーしてその体験をサイト上で公開、③施術の不安を取り除くために「整形日記」を公開、④患者と医師とのマッチングを行う。

新氧のバリュードライバーは「整形日記」です。これは施術を受ける患者への観察やインタビューから生まれました。患者が最も不安を感じるのは、施術を受ける前ではなく受けた後です。「整形日記」には体験者の声が画像とともに掲載されており、他の患者たちを励ましてくれます。

「整形日記」の登場により、中国の美容整形のあり方は大きく変わりました。どの医師の施術が優れているのかが一目瞭然となり、美容整形における評価システムが生まれました。価格も適正になり、健全なエコシステムが構築されたのです。

CASE 3

VIPKID

VIPKID

アメリカ人が最も働きたい中国企業

中国の子供と米国の英語教師をオンラインで結ぶ

創業者

米雯娟《ミィ・ウェンジュェン》

「子供たちと世界最高の教師を最高のカリキュラムで結びつけ、子供たちが想像し、探求できる学習体験を創造する。」

社　　名：北京大米科技（Beijing Dami Technology）
創　　業：2013年
I P O：──
生 徒 数：80万人（2020年）

プラットフォーム成長のロジック 1

取引プラットフォーム

先ほど紹介した新氣は、患者と医師をマッチングさせて取引手数料をとるという「取引プラットフォーム」です。

取引プラットフォームというのは、製品・サービスの売買を促す仲介の場のことです。イーベイ（eBay）やメルカリのように売りたい人と買いたい人をマッチングさせたり、エアビーアンドビーやスペースマーケットのように宿泊スペースをシェアしたりするのがその典型です。ツイッターやＬＩＮＥのようなＳＮＳもこれに含まれます。

取引プラットフォームが急成長するのは、売り手が買い手を呼び、買い手が売り手を呼ぶというような好循環を引き起こすからです。イーベイやメルカリの場合も、出品者が多ければ多いほど、購買者も集まり、そして購買者が集まれば、出品者もさらに増えていきます。

実は、取引プラットフォームの好循環は、2つの種類に分けられます。1つは、需要サイドないしは供給サイド内に閉じる好循環で、「同一サイド効果」と呼ばれるものです。たとえば、LINEは利用者が増えれば増えるほど、コミュニケーションできる相手が増えるので、利用者がさらに増えます。

新氧の場合、整形日記のコミュニティは同一サイド効果により活性化しました。日記への投稿数が増えれば増えるほどそれを閲覧したいという利用者数が増えたからです。

もう1つは「クロスサイド効果」と呼ばれるもので、需要サイドと供給サイドの間をまたがるものです。イーベイやメルカリはまさにこの典型です。

新氧の美容整形の施術の場合も、クロスサイド効果により利用者が拡大していきました。施術に関心のある利用者が増えれば増えるほど、施術を提供する医師や病院も増え、逆に、提携する医師や病院の数が利用者を拡大していったのです。

需要ドリブンと供給ドリブン

通常、好循環というのは自然に生まれるものではありません。プラットフォーム型のビジネスモデルを構築するときに、意図的に供給サイドや需要サイドに働きかける必要があります。[01]

新氧の場合、先に需要サイドに働きかけました。施術を検討している人たちに「整形日記」への投稿を促してコミュニティを作り、それをテコにして提携先となる医師や病院の参加を

図3-1　需要ドリブンと供給ドリブン

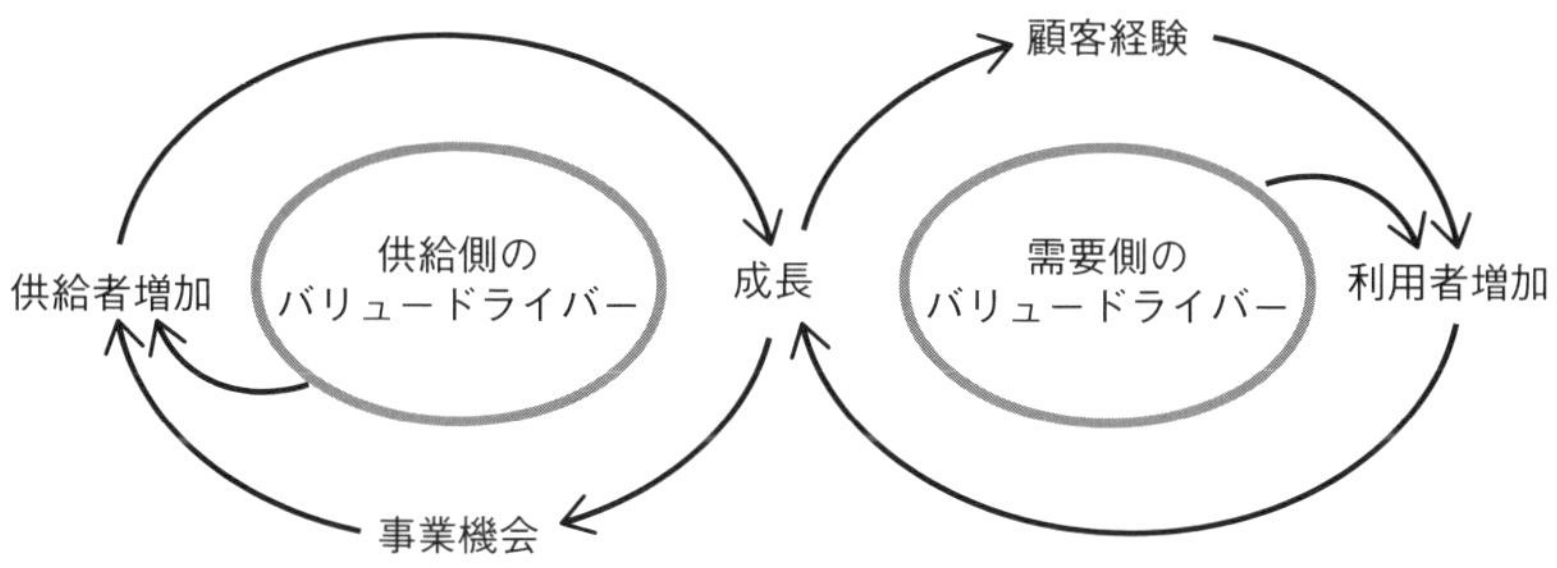

促したのです。需要サイドをバリュードライバーにするという意味で、これは「需要ドリブン」といえます。

一方、供給サイドにボトルネックがあり、そこに働きかけて推進力を得なければならない場合もあります。この場合、プラットフォーム企業は供給サイドに働きかけて参加者を増やす必要があります。このCASEでは「供給ドリブン」の事例を紹介します。

01 Parker, Van Alstyne, & Choudary (2016) は、プラットフォーム立ち上げの8つの戦略を提示しています。供給ドリブンの典型としては、供給側をエバンジェリスト（伝道師）にし、供給側が自分の顧客にプラットフォームの利用者になるように働きかけてくれる「生産者エバンジェリズム戦略」があげられます。一方、需要ドリブンの典型としては、プラットフォーム側が最初に供給者として価値を生み出し、需要側を引きつける「種蒔き戦略」があげられます。
鄭・井上 (2020) はコアとなる好循環に、それを補完する好循環を重層的に加えることでプラットフォームの成長が実現するという考え方を示しています。

2 フォーブスが認める会社

アメリカで在宅勤務人気1位に

ここでクイズを出します。アメリカ人が、今、最も働きたい中国企業はどこだと思いますか。アリババ、テンセントといった巨大企業でしょうか。あるいは、中国版グーグルと称されるバイドゥ（百度）や中国版ツイッターのウェイボー（微博）でしょうか。

いずれも違います。正解は、VIPKIDというオンライン英会話サービスの会社です。日本ではあまり知られていませんが、アメリカのメディアでは高く評価されています。

◎経済誌『フォーブス』では、アマゾンやデルなどを抑え「在宅勤務2018」（Work from Home 2018）ランキング1位に輝く（2019、2020年ランキングは3位）。
◎ビジネス誌『ファストカンパニー』では、「世界で最も革新的な企業」（2018年、2019

アメリカの英語教師と中国の子どもを結ぶ

（写真提供：VIPKID）

生徒数は80万人に達した

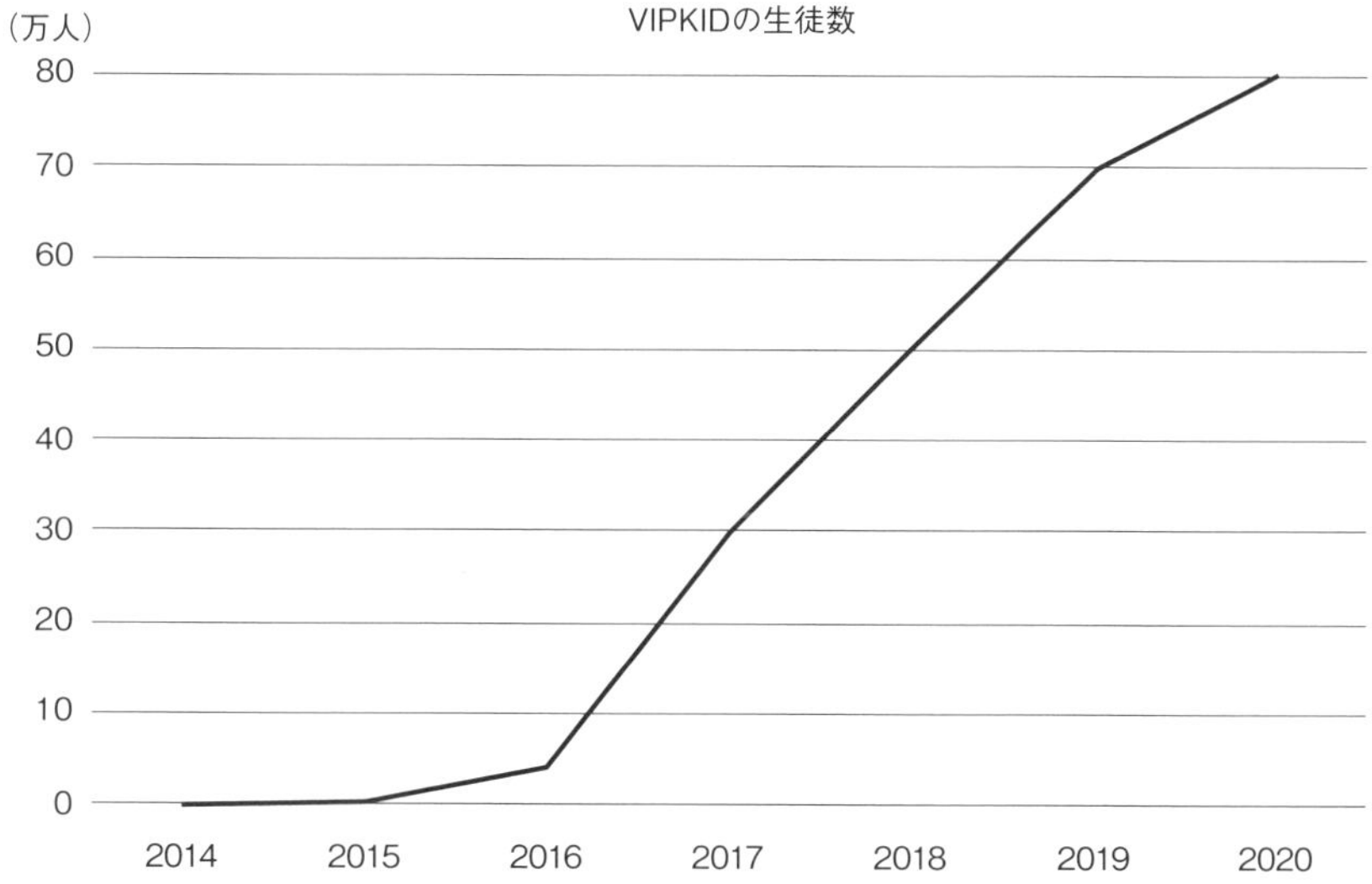

年）に選出される。

◎アメリカ企業の口コミサイト『グラスドア』では、２０２０年の「アメリカで最も理想的な職場」のランキングで９位にランクイン（中国企業として唯一で、グーグル、ボストン・コンサルティング・グループ、マイクロソフト、アップルよりも順位が高い）。

「英会話サービス会社がどうして？」と不思議に思われるかもしれません。しかし、ＶＩＰＫＩＤのサービス内容と事業の仕組みを知っていただければ、「なるほど！」と納得してもらえるはずです。

教師は１００％ネイティブ

ＶＩＰＫＩＤが設立されたのは２０１３年10月のことです。当時はオンライン教育はまだ普及していなかったので画期的な試みです。創業者の米雯娟（ミィ・ウェンジュェン）さんは、顧客ターゲットを３～15歳の子どもに絞り、１対１のオンライン英会話としてスタートさせました。

この会社の最大の特徴は、教師を１００％北米ネイティブにした点です。ハーバード大学、イェール大学、スタンフォード大学などの有名大学の卒業生からの協力を得て、教育の質を高めました。

２０２１年現在、ＶＩＰＫＩＤに登録しているネイティブ教師

「VIPKID」の授業風景を見る

（QRコードをスマホで
読み込んでください）

は10万人を超えています。生徒は世界63の国と地域に広がっており、その数は80万人にも達します。世界中で、毎月500万回以上の授業が行われているのです。

設立してから7年しか経ってないVIPKIDですが、なぜここまで急成長できたのでしょうか。中心にバリュードライバーを位置づけたシステムシンキングを使って好循環を描き出してみましょう。

VIPKIDは3つのステップを経て急成長を遂げてきました。[02]

①小さく作って素早く検証
②口コミの拡散と教師コミュニティの活性化
③国際教育機関との連携とグローバル化の推進

02 米雯娟さんはVIPKIDの発展段階を「サービスを磨く」「口コミの広がり」「グローバル化の推進」という3つの時期に分けています（『36Kr』2017年12月12日）。このCASEでの区分はそれに準ずるものですが、需要と供給の双方の視点から整理しました。

小さく作って素早く検証

3

需要と供給のアンバランスを解消

はじめに、米さんがどのような経緯で起業に至ったのかを紹介しましょう。彼女は17歳のときに高校を中退し、英語を独学し、北京で叔父と英語教室を始め、成功を収めます。対面で1対多で教えるという典型的なものでしたが、生徒数2万人という北京ではとても有名な教室でした。しかし、十数年間の経験から、中国の英語教育に疑問を感じ始めました。

中国での教育熱は、日本同様、世界的に見ても高い水準にあります。教育費は家計支出の15%を占め、アメリカの2%をはるかに凌駕します。とくに、英語教育が重視されており、国全体で年間150億ドル以上が使われています。数学などの他の科目と比較すると、英語教育の市場規模は4倍にも達するのです。

英語教育への需要が高まっていくのは明らかでした。中国では毎年1500万人ほどの新生児が生まれますが、国内には、北米ネイティブの英語教師は2万7000人しかいません。北京には100万人以上の小学生がいるわけですから、ネイティブ教師は、たった1つの都市のニーズを満たすことすらできないのです。しかも、その教師たちは全員が専門的な英語教育トレーニングを受けてきたわけではありませんでした。

このような需要と供給のバランスの悪さが、さまざまな問題を引き起こしていました。供給が追いつかない状況では、価格の高騰に歯止めがかかりません。対面式の1対1の英会話授業は1回につき600元（9600円）もかかります。教師の数は限られていたため、遠くまで通わなければなりません。送迎の時間が授業の時間よりも長いということも珍しくなく、質のよい授業を必要なだけ受けることはできなかったのです。

米さんは、自らも英会話の教室を営む中で、中国における需要と供給の不均衡の問題を痛感するようになりました。

そこで思いついたのが、オンライン英会話です。2013年といえばオンライン教育はまだ普及していませんから、これは画期的な試みだったといえます。

オンライン英会話のメリットは1対1の形式で、在宅で、リアルタイムで英会話を学べる点です。通学する必要はないので、早朝から深夜まで、都合がいい時間に授業を受けることができます。授業内容は生徒1人ひとりのレベルにぴったりのもので、質問すればすぐに答えてもらえます。

ネイティブ教師の採用

さて、その教師についてですが、米さんは教育の質を高めるために、北米ネイティブの教師しか採用しない方針をとりました。

一般に、アメリカやカナダといった北米ネイティブ教師の人件費は、非ネイティブと比べて高くつくものです。それゆえ、多くの英会話教室がフィリピンなどの非ネイティブ国の教師を採用し、コスト削減を行っています。フィリピンであれば、英語を公用語としているので通常のコミュニケーションには問題ありません。アジアの各国と時差も少なく、人件費も安いので活用しやすいのです。

しかし、英語が話せるとしても、やはり発音はネイティブのものとは違います。専門の英語教育のトレーニングを受けているとも限らないので、教育の質も担保できません。

中国では子どもの教育がとても大切にされます。「安かろう悪かろう」の教育は好まれません。米さんは、米国基準に基づく現地と同じような授業を提供するためにも、北米ネイティブの教師にこだわりました。

アメリカやカナダでは、幼稚園から高等学校まで、無料で教育が受けられる期間があります。幼稚園（Kindergarten）のKから始まるのでK12と呼ばれ、従事する英語教師は北米に約500万人います。その一方で、現地で教育を受けるべき生徒数は限られています。需要と供給のアンバランスが、ちょうど中国とは逆だったのです。とくに、地方ではこの傾向が顕著で、英語の教師は仕事を探していました。

また、北米の英語会話の教師の年収は、専門職としては決して高いとは言えません。月給にすると3000～4000ドルで、ニューヨークなどの大都市を除くと、時給は16ドル程度だったそうです。

そこで米さんは、インターネット特有のコスト構造をいかして、より高い時給で彼らに仕事をオファーしようと考えました。在宅勤務であれば、育児休暇中の女性でも働くことができます。隙間の時間を利用して、プラスの収入を得ることができるので十分なメリットがあります。

米さんは、推薦や紹介に頼り、メールやSNSなどを用いて、ネイティブ教師を1人ひとり口説いていきました。

米国基準の教材と授業内容

教材については、適切なものがなかったので、専門家を雇い、新たに開発することにしました。アメリカには「各州共通基礎スタンダード（Common Core State Standards）」があります。これは日本でいえば「学習指導要領」に相当するものです。米さんはこれに依拠しながら中国の子どもたちに興味を持ってもらえるような教材を作りました。

現地で採用された英語教師にとっても、これはありがたい話です。いつも使い慣れた教材で、いつもと同じ授業スタイルが歓迎されるわけですから、余計な手間はかかりません。

1回の授業は25分です。事前の予習のために、短い動画などが用意されることもあります。授業中はインタラクティブな会話が重視され、授業後にはゲーム形式で復習していきます。

子ども思いの親であれば、誰もが受けさせたくなる授業ではないでしょうか。英語そのものだけでなく、アメリカやカナダの文化、自然なども伝えられるように工夫されています。毎回の授業が関連し、系統的に学んでいくことができます。

成功を確信した出来事

しかし、このビジネスは最初から順風満帆というわけにはいきませんでした。北米ネイティブの教師を揃え、米国基準に基づく教材で現地のような授業を提供できるようにしたのですが、肝心の顧客が集まりません。

米さんは関心を示してくれた人たち1人ひとり面会し、何時間もかけて丁寧に説明していきました。最初の生徒はたったの4人。そのうちの3人は投資家の子どもで、残りの1人は起業パートナーの友人の子どもでした。

それでも米さんはサービスを磨き「教育の質」を高めることに専念しました。両親たちと頻繁に意見交換し、生徒を少しずつ増やしていきました。毎月10人ずつぐらいしか増えませんでしたが、最初の試みで集めた40人のうち28人が残ってくれたのです。

この「継続率」の高さが認められて事態は好転します。子どもの学習している様子を映像に収めたり、データをとったりしました。学習効果が非常に高いことを見える化することで

図3-2　ネイティブ教師を口説いてプロトタイピング

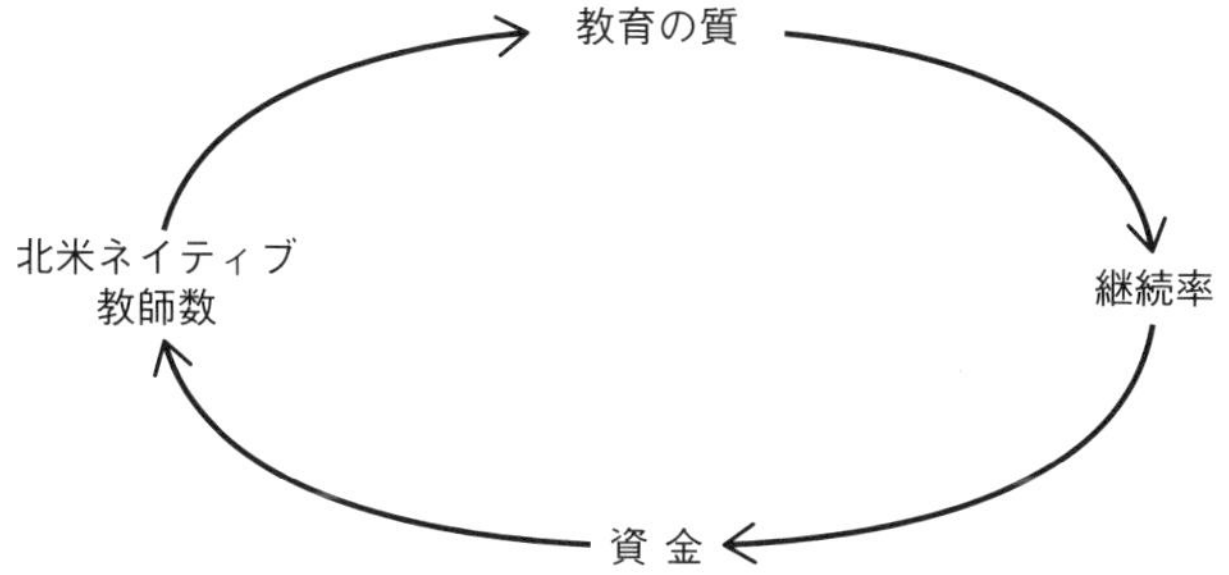

ようやく投資家に認められ、「資金」を受けることができたのです(図3－2)。

そして、このサービスの価値を象徴するような出来事が起こります。

ある日のあるご家庭でのお話です。授業が終わり、教師がパソコンの通信を切断したのですが、生徒の子どもはなかなかパソコンから離れようとしません。通話が切断されてもパソコンの前で数分間、「先生戻ってきて！先生戻ってきて！もっと話したいです！」と呼び続けて再開を願ったそうです。この様子を見た米さんは「次のステージにいける！」という確信を得ました[03]。

03 子どもオンライン英会話は2014年の中国では新しい市場であり、サービスの認知や信頼の獲得には時間がかかりました。米さんは子どもの幸せそうな様子や学習時間が伸びているというデータ、子どもたちが学んだことを投稿する保護者のSNSに励まされました(『36Kr』2017年12月12日)。

口コミの拡散とコミュニティの活性化 4

「教育の質」の高さがSNSで伝わる

VIPKIDは、プロトタイプの検証を経て、2015年3月に市場に本格的に参入しました。価格は対面の授業の半分に抑え、コストパフォーマンスをアピールしました。1年半にわたる徹底的な作り込みが功を奏し、評判は上々でした。

教育の支援サービスも充実させました。1人ひとりの生徒に対して中国人のスーパーバイザーが割り当てられ、授業の前にはリマインド通知を行い、授業後には学習データに基づいてフィードバックをするという徹底ぶりです。学習データに基づく教育サービスが「教育の質」を高め、生徒の両親たちの心をつかみ、安心感を与えることができました。[04]

04 学生数の増加に伴い、VIPKIDはシステムの機能を継続的に向上させると同時に、教育支援を充実させています。利用者は、授業前のリマインド、教師のレコメンド、授業の予約、子どもの学習状況などすべてアプリから確認できます。

「口コミ」は、あっという間に広がっていきます。当時、すでに中国ではＳＮＳが発達していたので、マス広告に劣らない影響力をもっていました。幸運にも、中国版ツイッターのウェイボーで20万人のフォロワーをもつインフルエンサーが、自分の子どもの授業の映像を投稿してくれました。その効果は絶大で、翌週には数千人のフォロワーたちからの問い合わせがＶＩＰＫＩＤに殺到しました。

利用者の生の声というのは、マスメディアによる広告よりも信憑性があります。米さんは、紹介すれば手数料を支払うというインセンティブを与え、生徒が楽しく学習している映像を編集しました。その映像はＳＮＳで簡単にシェアできるように工夫されているので、利用者たちはこぞって投稿します。

口コミは途絶えることはなく、「生徒数」はどんどん伸びていきました。初年度に１００人しかいなかった生徒数は、わずか3年で30万人に達しました。実にその70％が紹介による入会だというから驚きです。

こうして口コミによって利用者が増え、その利用者がまた口コミで拡散するという好循環が生まれました。

教師を引きつける報酬

もっとも、需要ばかりが先行しても、それに対応できる供給がなければ、好循環は止まってしまいます。需要と供給は車の両輪です。より優れた教師を安定的に確保するためには、

図3-3　マッチングビジネスの成立

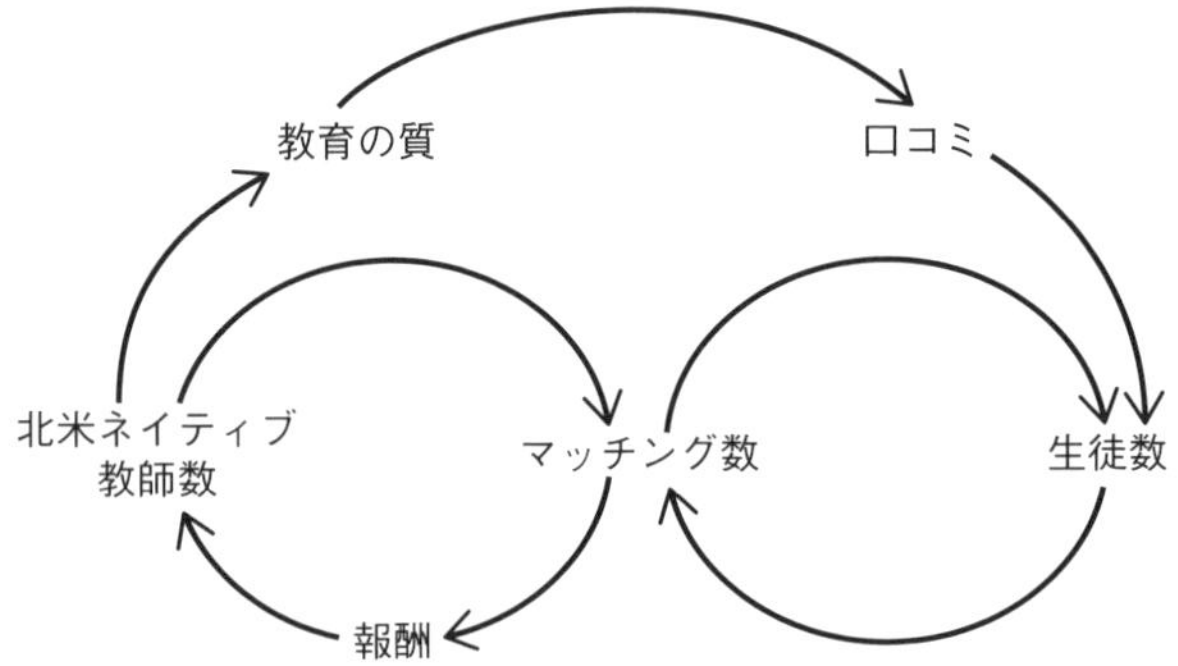

彼らを引きつけるインセンティブが必要です。

ＶＩＰＫＩＤは、時給にして約20ドルという高い「報酬」を約束しました。おおよその相場が時給16ドルだったので、十分な対価といえるでしょう。[05] しかも、ＶＩＰＫＩＤは在宅勤務であり、隙間の時間に働いてプラスアルファの収入が得られます。平日と土日に教えれば、副収入として月に２０００ドルぐらい稼げる計算です。月給が３０００～４０００ドルの英語の教師にとってこれは大きなメリットです。

05 VIPKIDはオンライン授業です。通勤せず自宅から授業を行うだけで時給20ドル以上を稼ぐことができます。また、時差があるので、北米の早朝に授業を済ませてから、自分の家族たちと有意義に過ごすことができるのです（『テンセントテック』2019年1月25日）。

教師コミュニティの活性化

教師にとってのメリットは、これにとどまりません。VIPKIDはオンラインサービス企業としてはきわめてユニークな方法で彼らのやる気を高めています。

その最たる取り組みが、コミュニティづくりとその活性化です。アメリカやカナダの各州で定期的に集会を開き、実績を上げた人たちを表彰します。[06] その中でも大々的に行われたのが、北京本社への訪問です。レッドカーペットを敷いて5人の教師を招き、従業員全員が拍手を送るのです。教師たちは涙を流しながら次のように語りました。[07]

「私は、アメリカでは誰からも注目されない存在なのですが、VIPKIDではまるでスーパースターになった気になります」

ほかにも数多くのイベントやパーティが開催され、お互いに楽しく情報交換ができる場が生

06 たとえば、VIPKIDは2019年にワシントンD.C.で第6回地域教師大会を開催し700人の教師を集めました。参加者たちは、授業に関するワークショップを受けて、EduTech（エデュテック）業界の著名人たちと会って親睦を深めました。その様子はQRコードで示したhttps://www.youtube.com/watch?v=pPPyY9xewFYで閲覧できます。

07 オンラインのマンツーマン教育の重要なポイントの1つは、優れた教育システムやサービスによる教師へのサポートです。VIPKIDはイベントによって教師のモチベーションを高めると同時に、教育研究チームを編成してコンテンツの開発を行い、授業前には標準化された学習計画を送るといった仕組みも整えています（『36Kr』2016年8月15日）。

図3-4　ネイティブ教師コミュニティの活性化

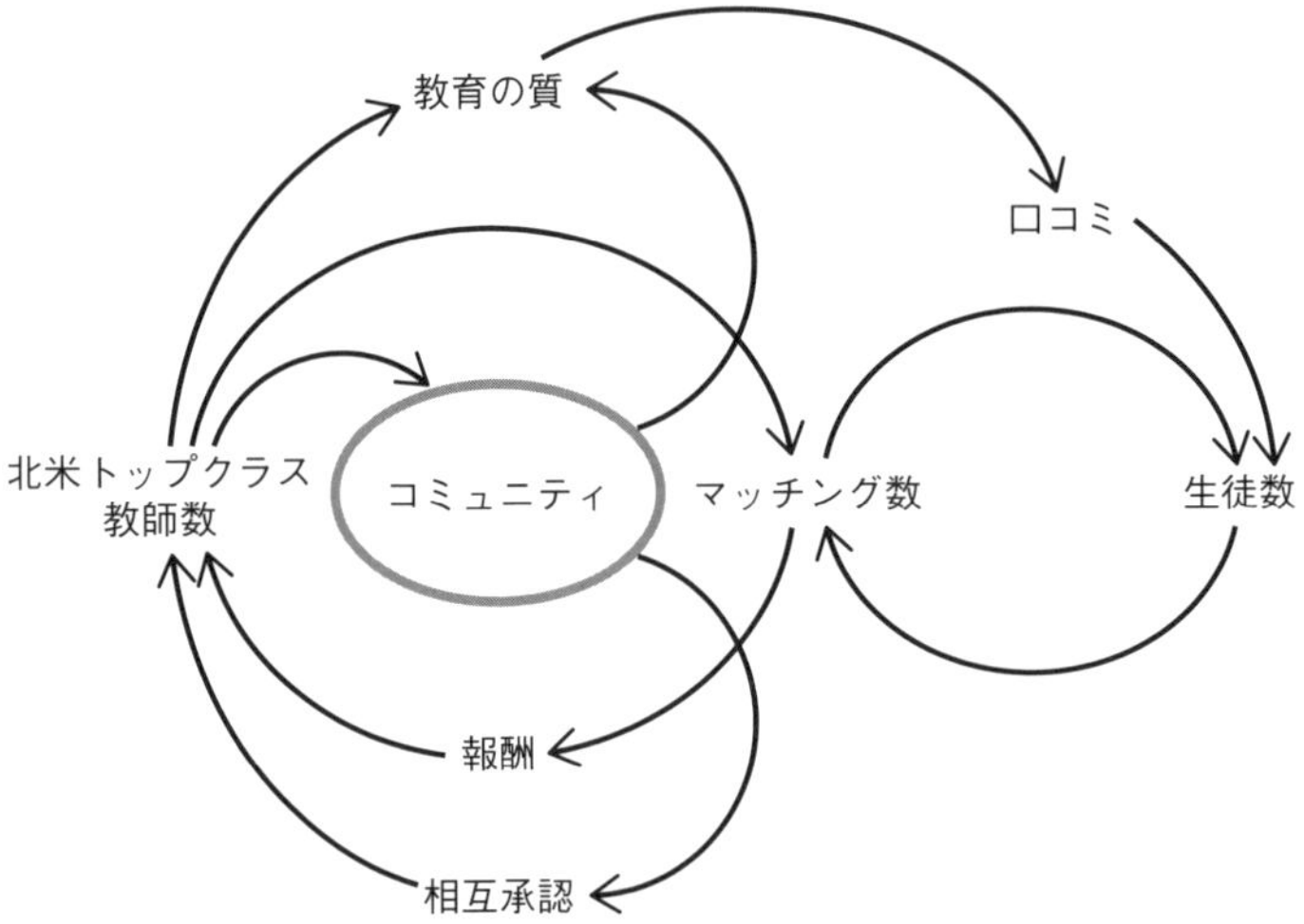

まれました。やがて、教師たちは自発的に集まり、オンラインでもオフラインでも教育方法や経験について語り合うようになりました。その盛り上がりは他に類を見ないもので、数百人規模のものはもちろん、1万人規模の「コミュニティ」も形成されています。

教師たちにとって、このコミュニティは「相互承認」の場となります。このような切磋琢磨の場が整えられることで、「北米トップクラスの教師の数」が増えていき、「教育の質」はますます高まっていきました。

以上の努力が実り、VIPKIDは「アメリカ人が、今、最も働きたい企業」として注目されるまでになりました。2019年時点では毎月約10万人の応募がありますが、採用されるのはますます難しくなり、合格率はわずか5%です。

応募にあたっては、アメリカかカナダの国籍を持ち、大学以上の学歴を備え、2年以上の教育経験がなければなりません。面接を受け、２回の模擬授業を行い、その評価がなされます。その人柄も含めて採否が決められるのです。

応募に対する関心も高まり、面接や模擬授業対策についての映像がネットに流れるようになりました。ユーチューブには、やる気があふれる教師たちが自らの売り込みもかねて投稿を続けています。数万件もの動画がネット上に蓄積され、どうすればＶＩＰＫＩＤの面接に対応し、うまく模擬授業ができるかが語られているのです。[08]

狭き門をくぐり抜けてきた教師の多くは有名な大学で学士以上の学位を取り、平均７・５年という教歴の持ち主です。まさに、アメリカやカナダのトップクラスの教師が、遠く離れた子どもたちのために集うプラットフォームになったのです。

（収益モデルについては第２部の図Ⅱ－６参照）

08 「こんにちは！みんなに面接に合格するためのコツを教えます！まず、模擬授業では楽しくて元気でいること！オンラインでは、あなたはスクリーンの向こう側にいる存在です。元気よく子どもたちを励まして集中させないといけません…次に、ゆっくり話すこと。自分が中国語を学んでいると想像してください。もし先生が早口だったらとても聞き取れないはずです。…最後に、簡単な言葉を使うこと。子どもたちの英語の語彙がとても限られているので、言葉をシンプルにする必要があります」。QRコードで示した教師Nancy Taylorのユーチューブ動画「VIPKID Demo Tips: How to Pass Your Interview」から抜粋、翻訳。

グローバル化の推進 5

さらなる成長を目指して

ＶＩＰＫＩＤの躍進がメディアでも目立つようになると、新規参入も活発になってきます。ライバルの参入によって競争がしだいに激しくなる一方で、ＶＩＰＫＩＤの組織は大きくなり、管理も難しくなってきました。成長のプロセスで避けられない混乱も起こりますが、それでも米さんは成長の手綱を緩めません。ナンバーワンになるために、多くの優秀な人材を雇い、マスメディアの広告も積極的に行い、成長に向けて全力で突き進みました。

そのプロセスで、バスケットボールのスーパースター、コビー・ブライアント[09]からの投資も受けました。彼が投資した最初の教育企業ということで、メディアでも話題になりました。広告には有名な中国人女優の劉濤（リウタオ）さ

09 Kobe BryantはNBAのロサンゼルス・レイカーズで活躍した。各界の著名人から慕われる超越した存在でしたが、引退後の2020年にヘリコプター墜落事故で亡くなりました。

んを起用し、ブランドの認知を広げていきました。

国際教育機関との連携

米さんはさらなる成長を目指して、グローバル化も進めました。世界で信頼されているトップレベルの教育機関と連携し、サービス内容をさらに向上させたのです。教師がより良い教育を行えるようにするため、米国基準で編集された教材だけでなく、さまざまなツールやマニュアルを提供しました。CourseraやTESOL international associationなどの国際教育機関と連携して、英語教育の研修も提供しています。

システムの整備も進め、1回目の授業から蓄積されたデータを必要に応じて教師に提供し、いつでも教え方を修正できるように支援しました。教師は毎日の授業で生徒に教えながら、自分の能力を日々高めることができます。

これらの努力が実り、2016年の売上は10億元を突破し、市場のシェアを50%にまで伸ばすことができました。2017年には、1対4のクラスも始め、わずか半年で1000万元の営業収益を上げました。

2017年8月には1対1の中国語教育「Lingo Bus」にも着手して、英語以外の言語教育にサービスを拡張しました。2021年現在では10万人以上の教師がVIPKIDに登録していて、その生徒数は80万人にも達しています。

CASE3の要点

- プラットフォームのビジネスには、供給を起点に好循環がもたらされる「供給ドリブン」と需要が起点に好循環がもたらされる「需要ドリブン」の2つがあります。オンライン英会話のVIPKIDは、供給サイドのボトルネックを解消することで生まれた「供給ドリブン」のビジネスモデルです。
- 日本ではあまり知られていませんが、VIPKIDはアメリカ人が、今、最も働きたい中国企業の1つです。現地メディアによる評価も高く、教師にとっても生徒にとっても評判の高い、革新的な企業だと言われます。
- アメリカでは英語教師の供給がオーバーフローしている一方で、中国では英語教師への需要がオーバーフローしていました。アメリカと中国とでは、英語教師への需要と供給のアンバランスが、ちょうど逆転していたのです。創業者の米雯娟さんは、ここに目をつけて、アメリカの教師に好条件で働いてもらえる環境を準備しました。
- VIPKIDは3つのステップを経て急成長を遂げました。①小さく作って検証し投資をしてもらう、②口コミを拡散し教師コミュニティを活性化する、③国際教育機関と連携しグローバル化を進める。小さな投資で大きく成長した、まさにSNS時代のスタートアップ企業です。

VIPKIDのプラットフォームのおかげで、アメリカやカナダの教師たちは、自信を持って働ける職場を得ることができました。学習データや教育支援によって良質な「教育体験」をすると同時に、教師のコミュニティ活動を通じて互いに励まし合える環境が整えられたからです。オンラインのグローバルエコシステムが生まれたといっても過言ではありません。

CASE 4

Pinduoduo《ピンドゥオドゥオ》

SNS共同購入でアリババ超えの神速成長

年間流通総額
23兆円に達する
ECの新星

創業者

黄峥《ホァン・ツェン》

「拼多多の成長は時代のおかげです。」

社　　名：拼多多(Pinduoduo)
創　　業：2015年
I　P　O：2018年(米国ナスダック)
流通総額：1兆4576億元(約23兆円、2020年9月までの1年間)

超低価格を実現する共同購入の仕組み

需要と供給の両サイドに働きかける

プラットフォームビジネスというのは、需要サイドと供給サイドの間をまたがるものです。取引プラットフォームの場合、供給者が多くて製品やサービスが充実していれば需要サイドの利用者は増えます。また、利用者が多ければそのプラットフォームに提供したいという供給者も増えていきます。

CASE2の新氧は、需要サイドにバリュードライバーがあって供給サイドを引きつけるという好循環が描かれました。対照的に、CASE3のVIPKIDは、供給サイドにバリュードライバーがあって、需要サイドを引きつけるという好循環を示しました。

先に述べたように、好循環というのは自然に生まれるものではありません。需要サイドか供給サイド、場合によっては双方のサイドに参加を促す必要があります。

CASE 4では、需要サイドと供給サイドの双方に積極的な働きかけを行うことで成功した事例を紹介します。

タオバオを凌駕する

中国のEC企業といえば、多くの人の頭に浮かぶのは、アリババが運営するタオバオ（淘宝網）ではないでしょうか。あるいは、2番手のJDドットコム（京東商城）」の名を上げる人もいるかもしれません。

ところが、これらを凌駕する勢いで成長しているEC企業があります。その名はピンドゥオドゥオ（拼多多）、2015年9月に創立されたECによる共同購入のプラットフォームです。とにかく値段が安いということで、新規参入してからわずか3年で利用者を3億人にまで伸ばしました。

この成功は、中国国内でも驚きをもって受け止められました。なぜなら、中国のEC業界は長年アリババとJDドットコムによって8割近くのシェアが占められていて、新規参入の余地はないと思われていたからです。ピンドゥオドゥオは2強支配という構図を覆したのです。

さらに、その成長スピードにも注目が集まりました。タオバオは利用者を3億人にするのに7年、JDは10年かかりました[01]。

01 JD Mall（豊富な品揃えで商品を販売するECサイト）が始まったのは2008年であり、2018年にアクティブユーザー数が3億を超えました。

わずか3年で中国ナンバー2のECサイトに

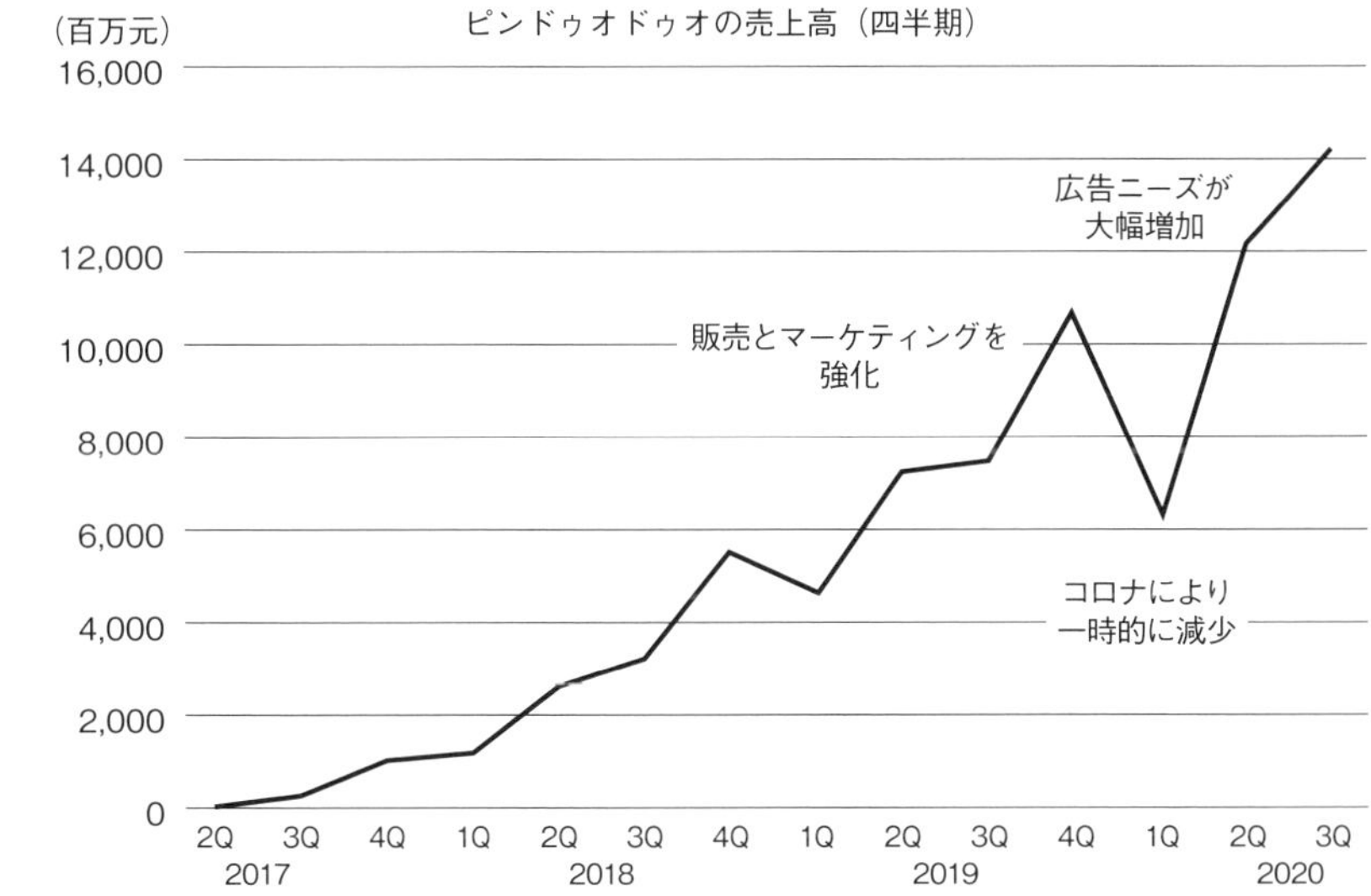

利用者が共同購入者を募る

ピンドゥオドゥオのアプリは、一見すると特別なものには見えません。アプリを開くと、それぞれの商品のページに商品紹介、価格、口コミが書かれており、一般のECサイトと同じように思えます。ほかのサイトと違うのは、「共同購入」を選択可能な点で、その価格が圧倒的に安いのです。

陳列されている商品は、ティッシュペーパーからブランド品までさまざまですが、品質のばらつきはありません。自分1人で買うよりも共同購入の方が安いわけですから、誰もが共同購入を選びます。

ただし、共同購入を実現するためには、仲間が必要です。自分で共同購入のグルー

共同購入者をスマホで集める

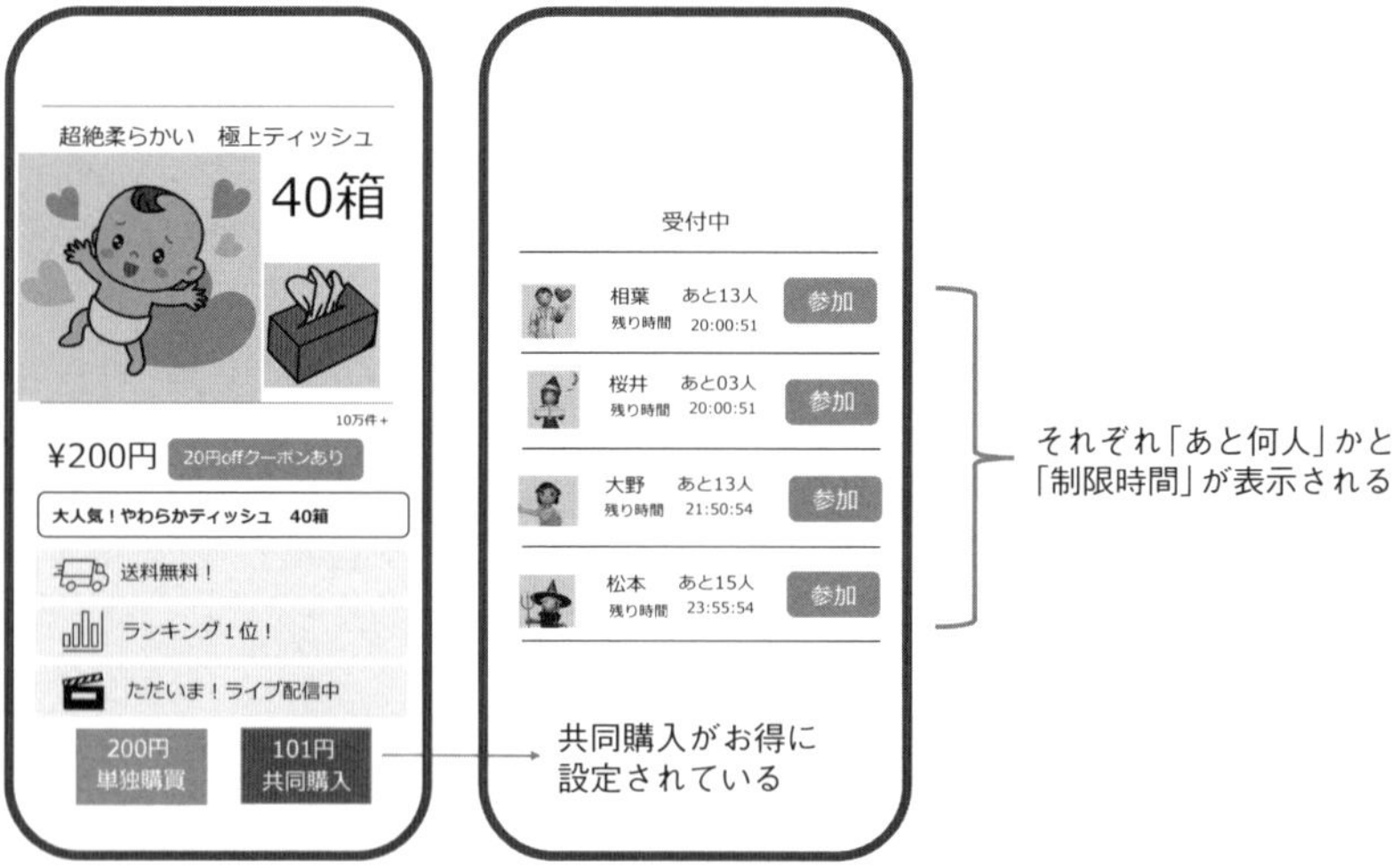

（実際のアプリを単純化したイメージ画像）

プを立ち上げて声をかけていくこともできますが、すでに立ち上がっているグループに後から参加することも可能です。それぞれの共同購入には「あと何人」という募集がなされているので、そこに参加すればいいだけです。

ただし、一定時間内に一定数の注文がなければキャンセルされてしまいます。それゆえ、利用者は懸命になって共同購入を呼びかけます。インスタントメッセンジャーの「ウェイシン（微信）」[02]などを通じて、自発的に、友人や親戚に呼びかけるのです。

利用者が積極的に呼びかけてくれるので、広告や宣伝に費用をかける必要はあ

02　テンセントが開発したスマホ向けのメッセンジャーアプリで、中国国外ではWeChat（ウィーチャット）として利用されています。

りません。これが低価格を実現するための1つの工夫です。

「拼工場」による大量生産

しかし、超がつくほどの低価格はこれだけでは実現しません。ピンドゥオドゥオの安さは格別で、たとえばTシャツであれば9・9元（158円）、桃であれば15個で15元（240円）、そしてスマートフォン充電器であれば29元（464円）と破格の安さです。しかも、ほぼすべてが送料込みとなっており、ほかのECプラットフォームの10分の1の価格で売られているものも少なくありません。あまりにも安いので、消費者は価格を比較しなくて済みます。

この超低価格を支えているのが、「拼工場（ピンこうじょう）」と呼ばれる協力メーカーによる大量生産です。「拼工場」については後述しますが、これらの工場は、基本的に、出品する商品の種類を2つか3つに絞り込み、大量生産を行っています。受注規模が大きいのでスケールメリットを十分に生かしてコストダウンできるのです。

大量生産で怖いのは、売れ残りのリスクです。大量に作って安くしても、大量に売れ残れば赤字になります。しかし、ピンドゥオドゥオでは共同購入の購買履歴から利用者のニーズを把握して、人気商品だけに絞り込みます。競争力の高い売れ筋ばかりなのでリスクは最小限に抑えられます。

グルーポン式の共同購入との違い

インターネットにおける共同購入といえば、2008年にアメリカで創設された「グルーポン（Groupon）」が有名です。これは出店者によって発行された割引クーポンを利用者が購入し、割引価格でサービスを受けるというものです。売上は、サービスを提供した店と集客を手伝ったグルーポンで分け合うことになっていました。

元祖グルーポンは、主に、レストラン、エステ、旅館などのクーポン券を扱っていました。クーポンを発行する店としては、広告宣伝を兼ねてかなり大胆な割引料金を設定します。原価スレスレだったり、ときに原価を割るような割引価格を設定したりすることもありました。それゆえクーポンの発行枚数は限られており、期間限定となることがほとんどでした。

ピンドゥオドゥオはサービスではなくモノを扱っています。割引価格であっても利益が出るような価格設定なので、販売数を制限する必要はありません。期間限定となることもなく安定的に収益を上げることができます。

グルーポンの場合、ウェブサイト上で一般公募するので、縁もゆかりもない人たちが不特定多数集まっていました。一方、ピンドゥオドゥオはＳＮＳで声を掛ける仕組みとしてスタートしたので、当初は友人や親戚と共同購入することが多かったようです。[03]

03 初期はSNSで繋がっている友人や親戚との共同購入が目立ちました。しかしピンドゥオドゥオの利用者が急速に拡大したため、現在ではSNSを使わずともアプリ内で知らない人と共同購入ができるようになっています。

創業のきっかけ 2

果物に目をつけた理由

ピンドゥオドゥオを創業したのは、グーグルにも就業経験のある、黄峥（ホァン・ツェン）さんです。黄さんは、1980年に杭州に生まれ、2002年に浙江大学を卒業し、米国ウィスコンシン大学の大学院に留学しました。2004年に修士号を取得し、エンジニアとしてグーグルに入社。2007年まで3年間働いて退職して、連続起業家のキャリアを歩み始めました。

退職と同時に起こした会社は、携帯電話に特化したECサイトでしたが、3年ほど運営して売却しました。売却で得た資金をもとに、2009年には2度目の起業を果たして、ECサイトの代理運営会社「楽其ラーチー」を創立しました。2013年には、3度目の起業として、ゲーム会社の「上海尋夢信息技術有限公司」を立ち上げました。

ゲーム事業は好調だったのですが、黄さんは体調を崩し、1年間の休養を余儀なくされます。そして、この休養期間中に、彼はSNSの膨大なトラフィックを活用して収益を上げているビジネスがないことに気づきます。

そこで黄さんは、2度目の起業で設立した「楽其ラーチー」の新サービスとして、新鮮な果物に特化した共同購入のECサイトを始めました。それが、ピンドゥオドゥオの前身となるピンハオフォ(拼好貨)です。

黄さんが果物を扱ったのには理由があります。中国では、果物の流通網が未発達であり、消費者から不評を買っていました。果物は、まだ熟さぬうちに摘み取られ、多段階の長い流通チャネルを経て店頭に並べられます。仕入れてから、スーパーなどの小売店に並べられるまでに約1カ月かかっていたそうです。

自然の環境で熟す前に摘まれるわけですから美味しいはずもありません。しかも、産地から消費者に届くまでの間に流通業者がたくさん入っているので、流通コストもかかり、価格は割高でした。

そこで、黄さんは、果物が熟してから直接仕入れ、新鮮なうちに消費者に届けるためのビジネスモデルを考案しました。流通業者へのマージンをなくし、物流費を減らします。仕入れから納品までのリードタイムも、1カ月かかっていたものを3~5日にまで短縮して、鮮度を保ちました。しかも、産地直送なわけですから、詰め替えによる果物の損耗も抑えられます。

ピンハオフォ（ピンドゥオドゥオ）との取引によって躍進したレモン農園

写真：PinduoduoのMedia Assetsより

需給の両サイドに工夫

果物は鮮度が肝心です。それゆえ、このサービスを実現するために、黄さんは、需要側と供給側のそれぞれについて、ある工夫を行いました。

まず需要側では、共同購入によって注文を受けることにしました。「1人」よりも「共同購入」のほうが安くなるように価格を設定し、制限時間を設けることで、時間内に一定の発注数が集まるようにしました。狙い通り、利用者はSNSを使って仲間に呼びかけてくれたので、安定的に受注できるようになりました。

次に供給側では、自分たちで倉庫を整備し、検品・梱包して、ダイレクトに消費者に届けることにしました。ダイレクトに個配できるのは、中国での物流コストが著しく安いからです。全国に100人規模のバイヤーチームを編成し、彼らに全国の産地で旬の果物を仕入れさせました。具体的なプロセスは次の通りです。

①共同購入の参加者を24時間以内に集めてもらう
②共同購入の注文数と過去の成約率から、その日の夕方に翌日の注文数を推測
③産地にいるバイヤーに注文数を伝え、農園と価格を交渉してもらう
④交渉が終わりしだい、農園に果物を採取してもらう
⑤産地で1回目の品質検査を行い、各地域の倉庫で2回目の検査を行う
⑥倉庫でパッキングし、倉庫から現地の物流会社に直送してもらう
⑦宣言通り、注文から48時間以内に利用者に届ける

果物の鮮度を重視するピンハオフォは、共同購入が成立するかどうかを24時間以内に見極めます。利用者が24時間以内に集まらなければ、注文はキャンセルです。注文が定まれば、ピンハオフォはそれぞれの果物をどのくらい仕入れるべきかを見積もります。そして、農園と価格交渉して、仕入れコストを下げるのです。

倉庫のキャパシティ問題

最初は順調にスタートを切ったピンハオフォでしたが、注文が集まるにつれてある問題にぶつかります。注文が殺到し、倉庫のキャパシティを超えてしまったのです。生鮮食品は腐りやすいので少しでも滞留するとダメージを受けます。たくさんの注文を抱えたピンハオフォは、新鮮な果物を届けることが難しくなっていきます。

ピンハオフォの倉庫は、とても高度な物流拠点です。果物は、産地から倉庫に届くやいなや、検査を受け、パッキングされ、すぐに利用者に配送されます。それに要する時間は数時間から半日ときわめて短く、倉庫は果物を貯蔵するというより、梱包のための空間となっていました。

見通しの悪さも品質劣化の原因となりました。たとえば、ライチの注文が1日に20万件もあったときのことです。[04] 倉庫の梱包や貯蔵のキャパシティを大幅に超えていたにもかかわらず、会社は受注を打ち切らずに続けてしまいました。利用者には「配送が遅れる」とだけ伝えて対応したのですが、届けられる頃にはほどんど腐りかけの状態で、不評を買ってしまいました。

物流にも問題がありました。1日に20万件の配送となると、現地の物流業者すべての協力を得たとしても追いつきません。この事件があってから、ピンハオフォは数カ月をかけて全国20の地域に倉庫を増設し、物流を強化しました。

04 競合である国内生鮮食品ECサイトでは1日の平均注文件数が1万～3万件でしたが、ピンハオフォでは、ピーク時には100万件の注文が入ることもありました（『36Kr』2016年9月13日）。

図4-1　共同購入による大量購買の好循環と問題

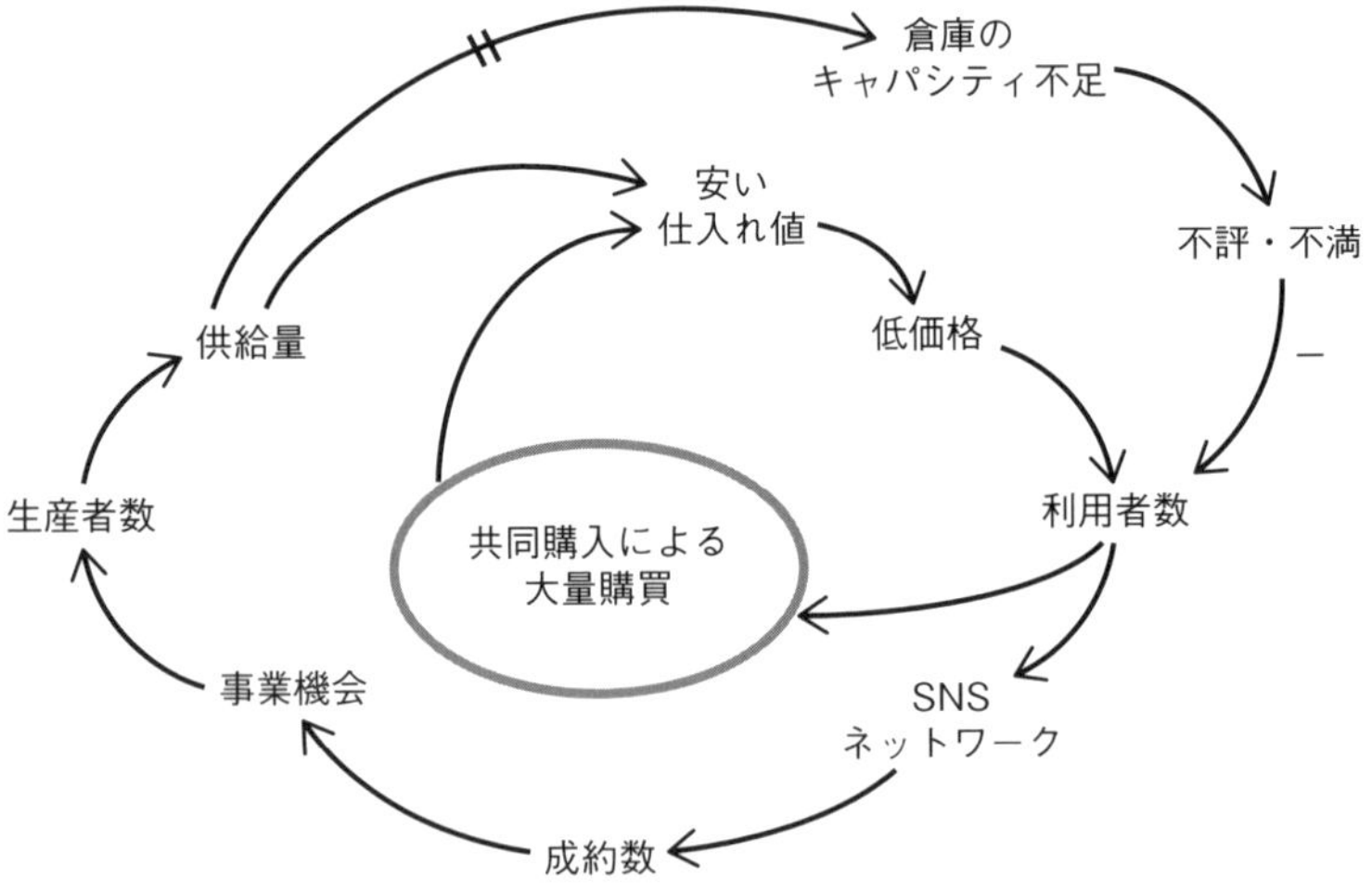

好循環とその限界

ピンハオフォの好循環をシステムシンキングで描いてみましょう（図4－1）。

共同購入によって集められた注文というのは、売れ残りのリスクのない確実な需要です。この需要を後ろ盾にすれば「安い仕入れ値」での調達が実現し、価格を抑えることができます。「低価格」となれば「利用者数」も増え、「SNSネットワーク」で友人や親戚を誘ってくれます。

こうして共同購入が活発になり「成約数」が増えれば、「事業機会」が高まるので、協力してくれる「生産者数」も増大します。多くの生産者がピンハオフォに製品を卸すようになり、「供給量」も増えて「仕入れ値」が安くなります。さらなる「低価格」が実現して「利用者数」が増え、「大量購買」がますます活発になるのです。

ただし、「供給量」が一定水準を超えると「倉庫のキャパシティ」が不足し始めます。それがきっかけで、品質が保てなくなると「不評・不満」を招き、利用者が離れていってしまいます。この問題はタイムラグ（時間の遅れ）を伴って生じますが、対応を誤れば、悪循環に陥るので、早期に解消する必要があります。

プラットフォーム化 3

フェイスブックのECバージョン

ピンハオフォの立ち上げからわずか1年足らずで、利用者は1000万人に達し、日々の注文数も100万件を超えるようになりました。業績が好調なことから、黄峥さんは次の手に打って出ます。2015年9月、ゲーム会社の「上海尋夢信息技術有限公司」から、「拼多多（ピンドゥオドゥオ）」のアプリをリリースしたのです。このビジネスを推進するために、シリーズAで800万ドルの資金調達を行い、さらなる成長への足がかりをつみました。

ピンドゥオドゥオは、ピンハオフォを進化させたECサイトです。需要サイドについては、これまでと同様に、共同購入として大量の受注を確保しました。その一方で、供給サイドについては商品の仕入をとりやめ、ECプラットフォームを準備して、取引先のメーカーに直接出店してもらうことにしました。取扱商品は果物だけに限らず、日用品を幅広く扱うことにしました。

ピンドゥオドゥオの将来性について、黄さんは興味深いコメントを残しています。「フェイスブックのECバージョンの可能性があると思いますが、それができるかどうかはまだわかりません。しかし、それができれば大きいビジネスになります[05]」

タオバオやJDドットコムの従来型のECサイトはグーグル式にたとえられます。ターゲットは最初から欲しいものがあり、インターネット上で検索して購入する人たちです。それゆえ、商品のレビューや販売実績を見比べて購入できるように工夫されています。

これに対してピンドゥオドゥオは、フェイスブック式にたとえられるものです[06]。つまり、SNSを通じて友人から商品のリンクが送られる。それがきっかけで購買意欲が刺激されるというものです。「このチャンスを逃すと、こんなに安く買えないかもしれない」という心理を働かせるのがポイントです。

こうして安さ目当てに購入しているうちに、利用者は欲しいものがなくても暇つぶしの感覚でサイトを見て回るようになります。ピンドゥオドゥオは常にセールを行っているので、ユーザーは欲

05 『第一財經』インタビュー記事、2018年7月27日。

06 タオバオやJDドットコムなどの従来のプラットフォームはすべて検索エンジン式であり、利用者が商品を探すという意味でグーグルにたとえられます。一方、ピンドゥオドゥオは商品が人を探すという意味でフェイスブックに近いとも言われます。収益モデルに関しても、タオバオの広告はグーグルのクリック報酬型広告なのに対し、拼多多の広告はフェイスブックに類似したフィード広告です。

しいものがなくてもセール品を探して回るようになるのです。

「拼工場」と直取引

ピンドゥオドゥオが、きわめて安い仕入れ値で、メーカーと直取引を行うことができたのには理由があります。ちょうどその頃、タオバオやJDドットコムは出店企業の品質にこだわり、低品質の商品しか提供できないメーカーやニセモノを扱うメーカーとの取引を見直し始めていました。

タオバオやJDドットコムの支配力は圧倒的で、もともとの取引店舗数も多かったので、締め出されたメーカーの数は膨大です。行き場をなくしたメーカーは広告費を投じて集客せざるをえませんが、その余裕はありません。有名ブランドと戦えない中小のメーカーは、第3のECサイトを探し求めていたのです。

そこにピンドゥオドゥオが救世主のように現れたわけですから、一気に流入したのは当然のことです。[07] その中には優れたものづくりができるメーカーも多数含まれていました。

新しいECサイトであっても、たくさん売れればメーカーに対する影響力も高まります。ピンドゥオドゥオの共同創業者である達達（ダダ）さんは、メーカーに対してコンサルテーションを行い、彼らのブランド構築に向けて助言し

07 『TechNode』2018年7月27日の記事が示唆するように、これが追い風になりました。

ました。[08] ポイントは次の3つです。[09]

①商品数を絞って大量生産
②C2M（Customer to Manufacture）
③低コストでメーカーのブランド構築

まず第1に、商品数を絞って品質を向上しつつ大量生産してもらうことにしました。タオバオなど検索型のECサイトの場合、商品の品揃えは多ければ多いほどよいとされます。しかし、ピンドゥオドゥオは、人気商品を1つに絞って、生産量を確保することを重視します。その方が、大量生産が容易になり、コストも下げられるからです。ピンドゥオドゥオでは取引メーカーに人気商品を2つか3つに絞るようにアドバイスしています。これによって低価格の人気ブランドが誕生するのです。

たとえば、「可心柔」というブランドの人気商品である「28個パックティッシュ」は、ピンドゥオドゥオだと29・9元で売られています。他では同じような商品が57・9元で売られていたりするので、半額です。

08 コンサルティングにかかわる「新ブランド実験室」は、データ分析のエンジニアと産業の専門家830人によって構成されていいます。彼らの仕事は、膨大なデータを分析して、商品や価格などをコンサルすることです（『澎湃新聞』2020年10月26日）。ピンドゥオドゥオの従業員数は5828人（2019年年末）なので、かなりの人員がこの業務に携わっていると考えられます。

09 2018年頃には「メイド・イン・チャイナ」が世界的に普及したことで、中国国内の人件費や原材料費が高騰していました。これが1つの原因となり、海外からの受注が減り、工場の稼働率が落ちて原価が上がってしまうという悪循環が生まれました。この状況でピンドゥオドゥオは、コスト削減やブランド構築のコンサルテーションをすることで工場を救ったのです（『鈦媒体』インタビュー記事、2018年4月2日）。

第2に、顧客とメーカーを直結するC2Mを構築しました。共同購入によって、利用者のニーズが集まれば、それを直接メーカーに伝えることができます。そして、そのニーズをもとに、メーカーは商品を大量に作って顧客に直接届けることができます。両者の間に卸や問屋は介在しないので、メーカーの粗利益が高くなると同時に、利用者により低価格で提供できるのです。

第3に、メーカーで作られる製品のブランド構築を手助けしました。ピンドゥオドゥオの取引先には、タオバオやJDドットコムでは勝ち残れなかったメーカーが少なくありません。メーカーといっても、強力なブランドがあるわけではなく、他社ブランドの製品を製造するOEM[10]生産がほとんどです。

その典型は、下記の5つのように表すことができます[11]。

①強いサプライチェーンを持ち、地域市場での競争力があり、全国展開が急務である
②海外一流ブランドのOEMを長期間行い、国際市場での競争力を持っている
③生産能力が高い割に自社ブランドの影響力が低い
④リスクに耐える力が相対的に弱く、国際的な経済状況の変化（景気変動）に対して脆弱である
⑤業界における伸びしろが大きく、国内市場に注力しても安定した成長

10 Original Equipment Manufacturingの略語。自社ブランドを持たず、他社ブランドの製品の受託製造を行なっているメーカーのこと。

11 『21世紀商業評論』2019年9月6日の記事より引用

図4-2　共同購入によるマッチングの好循環

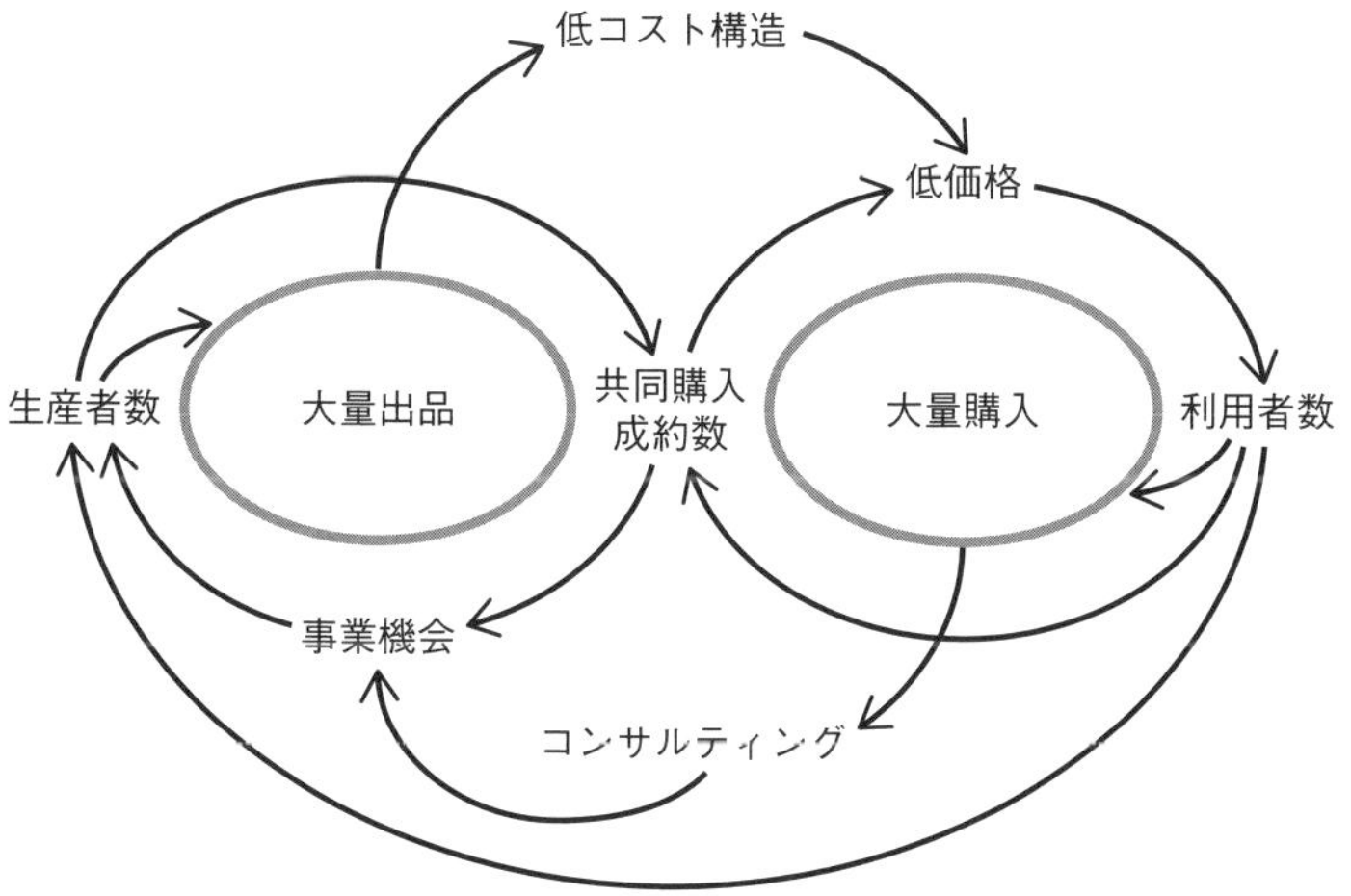

が見込める

　彼らは、自社ブランドで消費者に販売する場合、広告を打たなければ注文が入りませんが、その予算はありません。しかし、人気商品を1つでも打ち出すことができれば、共同購入を通じて、利用者が自発的に口コミを広げてくれます。ピンドゥオドゥオの取引実績のおかげで、今まで1500社近くのメーカーがブランドを築き上げることができました。

　このような「コンサルティング」によって「事業機会」は高まり、多くの生産者がピンドゥオドゥオの共同購入プラットフォームに参加するようになりました。

　一方、需要サイドには、すでに「低価格」に価値を感じる利用者がたくさんいました。こうして「大量出品」と「大量購入」が結びついて「成約数」が高まるという好循環が生まれたのです。

「大量出品」が前提になれば、スケールメリットが働き「低コスト構造」に磨きがかかります。それがますますの「低価格」につながり「利用者数」を伸ばすことになります。

利用者が増えて「大量購入」が進めば、購入データが集まり、的確な「コンサルティング」ができるようになります。利用者が求める商品、ブランド価値を高める商品を見極め、それを「事業機会」として生産者に伝え、さらなる供給を促すことができるのです。（収益モデルについては第2部の図Ⅱ－7参照）

年間の購入利用者は7億人

ピンドゥオドゥオがリリースされて1年後、流通総額は月に10億元を突破しました。2016年7月には、シリーズBでテンセントなどから1・1億ドルを調達することができました。そして、同年9月、黄さんはピンハオフォとピンドゥオドゥオとを合併して自らCEOに就きました。

2018年7月にピンドゥオドゥオは米国ナスダックに上場しました。成長は止まっていません。2020年9月末までの1年間の流通総額は1兆4576億元（約23兆円）であり、同期間の購入利用者は7・31億人（前年同期より36％の増加）に達します。[12]

ピンドゥオドゥオは、高い生産力を持ちながらも、そこからブランド価値を生

12 2020年第3四半期の、売上は142億1000万元（約2300億円）であり、広告収入は売上の約90％を占めています。

み出せないメーカーに事業機会を与えることで、中国国内の製造業のエコシステムを活性化させました。

CASE4の要点

- プラットフォームビジネスの中には、需要サイドと供給サイドの双方に積極的な働きかけを行うビジネスモデルもあります。利用者が増えればそれが呼び水となって供給者も増えます。また供給者が増えればサービスも充実し利用者も増えるのです。
- SNSと共同購入を組み合わせたピンドゥオドゥオも両サイドに積極的に働きかけた会社の1つです。同社は設立からわずか3年で3億人に利用されるまでになりました。
- 創業のきっかけは、中国で普及していたSNSにあります。テンセントのウェイシンなどSNSのトラフィックが膨大であったにもかかわらず、そのトラフィックを有効活用しているビジネスがなかったのです。創業者の黄さんは、SNSのトラフィックを購買力に結びつければ商機があると考えました。
- 共同購入を前提にできれば、大量生産も可能になります。SNSによって膨大ともいえる注文を集めれば、規模の経済性を働かせて超低価格で販売できるようになります。超低価格が前提となれば、集まってくる注文も桁外れになります。

ピンドゥオドゥオは、売れ筋商品のデータを生かして生産者側にコンサルティングを行い、中小のメーカーの経営を手助けすることによって供給サイドを固めました。その一方で、共同購入と積極的なSNS活用によって需要サイドを固め、エコシステムの構築を実現しました。

第2部

全社レベルの急成長の論理

企業価値を高めるビジネスモデルの展開

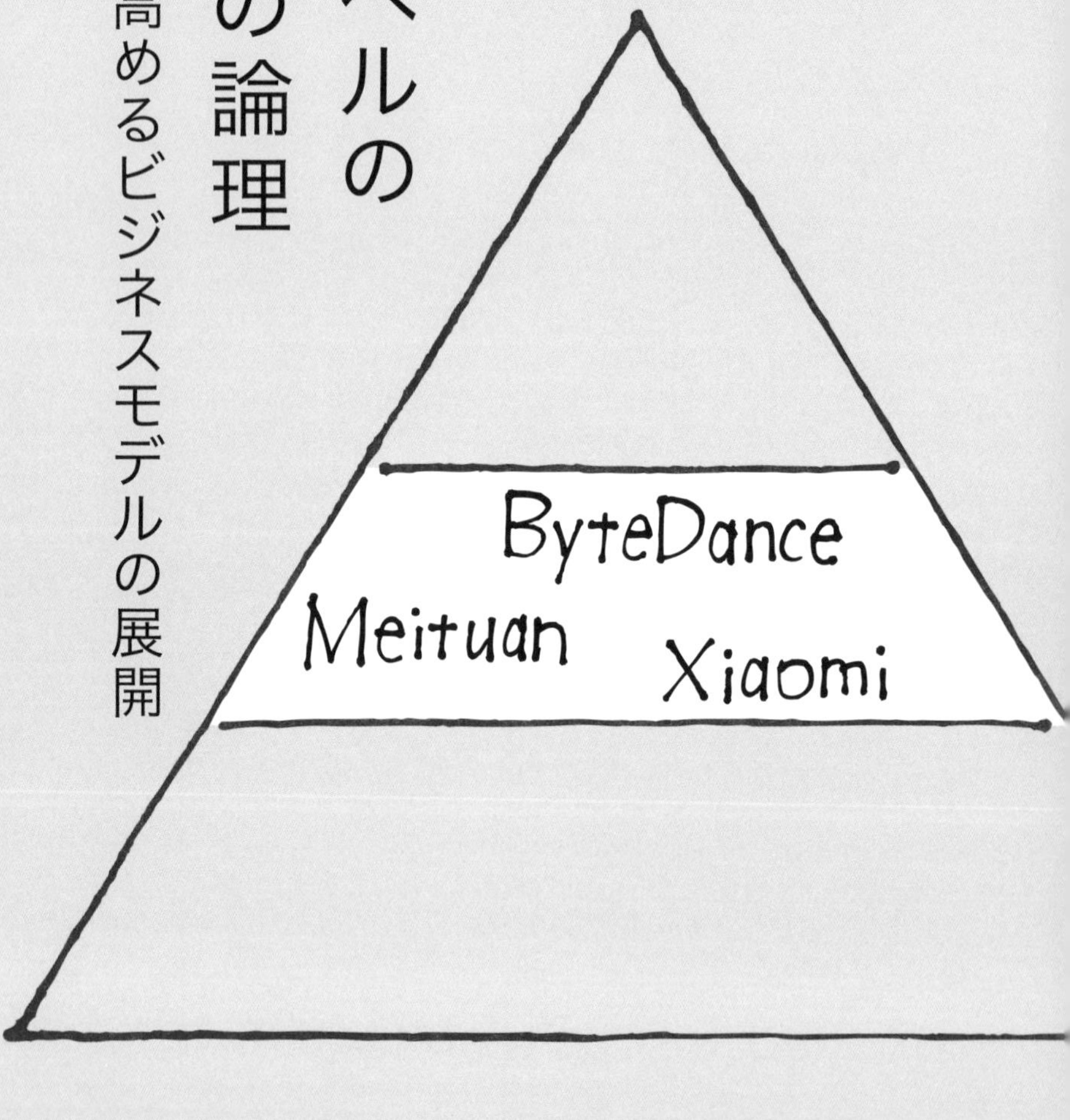

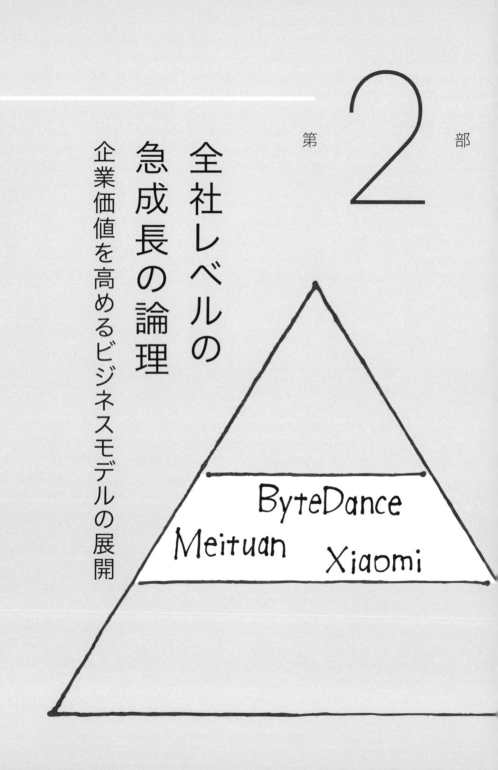

第2部に登場する3社

張一鳴《ツァン・イーミン》

ByteDance

王興《ワン・シン》

Meituan

雷軍《レイ・ジュン》

Xiaomi

第2部では、第2世代の中国スタートアップ企業の成長の論理について考察します。

第1部で紹介してきた第3世代のスタートアップ企業は、いずれも単一のビジネスで急成長を実現しました。快看漫画はスマホ時代に最適なエコシステムを構築することで成長しました。美容整形の新氧は需要ドリブンのプラットフォーマーとして、オンライン英会話のVIPKIDは供給ドリブンのプラットフォーマーとして、それぞれ躍進しました。そしてピンドゥオドゥオは需要と供給の両サイドを駆動して成長した代表です。それぞれバリュードライバーに違いはあるのですが、いずれも個別事業の成長の論理として読み解くことができます。

第2世代の企業群は、スタートアップとしてはもう少し長い歴史をもっています。さまざまな事業を立ち上げ、うまく組み合わせながら成長しました。それゆえ、これらの企業の成長を読み解くためには、単一のビジネスモデルではなく、複数のビジネスモデルに注目する必要があります。個別の事業ではなく全社レベルで、どのような市場にどのようなビジネスモデルで挑んだのか、その組み合わせについて考えなければなりません。

そこで第2部では、「ビジネスモデルのポートフォリオ」という考え方を紹介します。その上で、限られた経営資源しかもたないスタートアップにとって望ましい好循環について考えていきたいと思います。

急成長をもたらすポートフォリオ

1

プラットフォームであればいいのか

第1部で紹介してきたプラットフォーム型のビジネスの特徴は、いったん軌道に乗ると急速に成長する点です。サービスの提供が充実すれば利用者が増える。利用者が増えればますますサービスを提供しようとする人が増える。このような好循環が働くからです。新氧、VIPKID、そしてピンドゥオドゥオもこうして成長してきました。

それでは、プラットフォーム型であれば成長するのかというとそうでもありません。スタートアップ企業に投資するベンチャーキャピタリストたちは言います。

「プラットフォームビジネスというのは、当たり外れが大きい。人が集まれば大成功となるが、往々にして集まらないので、うまくいかない」

それゆえ、あまり投資したがらないベンチャーキャピタリストも少なくありません。それでは、どのようなビジネスモデルが成長をもたらすのでしょうか。

この点については海外でも研究が進められていて、『Long Range Planning』という経営系の学術誌に興味深い論考が掲載されています。[01]

その先鋒がフランスのビジネスモデル研究者、バレリー・サバティィエ准教授たちの研究です。彼女らは、企業がさまざまなビジネスモデルを組み合わせて成長することに注目し「ビジネスモデルのポートフォリオ」という概念を提唱しました。それは、「どれだけ多様な方法で顧客に価値を届けるのかの範囲」(p.432、筆者意訳)と定義されます。企業が戦略を実現するためにどれだけ多様なビジネスモデルを組み合わせるかが問題となるのです。

彼女らが欧州のバイオベンチャーについて詳細な事例研究を進めた結果、成長が期待され、企業価値を高めていたビジネスモデルの組み合わせパターンは次の2つであることがわかりました。

①同じターゲット市場で異なるビジネスモデルを組み合わせる
②異なるターゲット市場に同じビジネスモデルを複製して展開する

01 Sabatier, Mangematin, & Rousselle(2010)はビジネスモデルと料理のレシピの特徴を対比させることでビジネスモデルポートフォリオを説明しています。ビジネスモデルにも前菜やデザートのようにカテゴリーがあり、適切な素材の量や手順があります。料理人(経営者)がそれぞれの料理のレシピ(ビジネスモデル)を組み合わせてディナー(ポートフォリオ)を作り上げることでゲストをもてなすことができるのです。

興味深いのは、新しい市場で慣れないビジネスモデルを展開すると企業価値に悪影響を及ぼすという点です。その理由は、投資回収までに時間がかかり、多岐にわたる関係者との調整が困難になり、リスク分散に見合ったリターンが得られないからです。この分析結果から、多くの市場に複数のモデルを展開する「多角化型」のようなポートフォリオは、資源の限られたスタートアップ企業には向かないとされます。

彼女らの研究は、少数の事例を詳細に調べて論理的に仮説を導き出したものです。よりたくさんの企業の傾向を見て、妥当であるかどうか確認する必要があります。

2

ビジネスモデルを見える化する

儲け方を読み解くピクト図解

サバティエさんたちの仮説が気になったので、早稲田大学大学院商学研究科の近藤祐大さん、坂井貴之さん、劉慰健さんたちとデータを集めて調べてみました。どのようなビジネスモデルが成長をもたらすのか、儲け方のパターンを分類して調べてみたのです。中国のスタートアップの事例研究のほかに、日本の成長市場である東証マザーズでの実証調査も行いました[02]（コラム参照）。

たとえば第1部で紹介したVIPKIDの場合、それがマッチングプラットフォームであり、授業料から継続的に収益を上げています。それゆえ「マッチングモデル」というパターンに分けられるのです。

02 井上達彦研究室ではビジネスモデルのデータベースを構築しています。今回の調査（2019年）においては山田拓史さん、根本瑞希さん、齋藤健介さんたちの協力を得ました。2014年の調査では田中佑樹さん、野口颯士さん、齋藤怜那さん、槇本萌さんたちの協力を得ました。

図Ⅱ-1　VIPKIDのピクト図解（マッチングモデル）

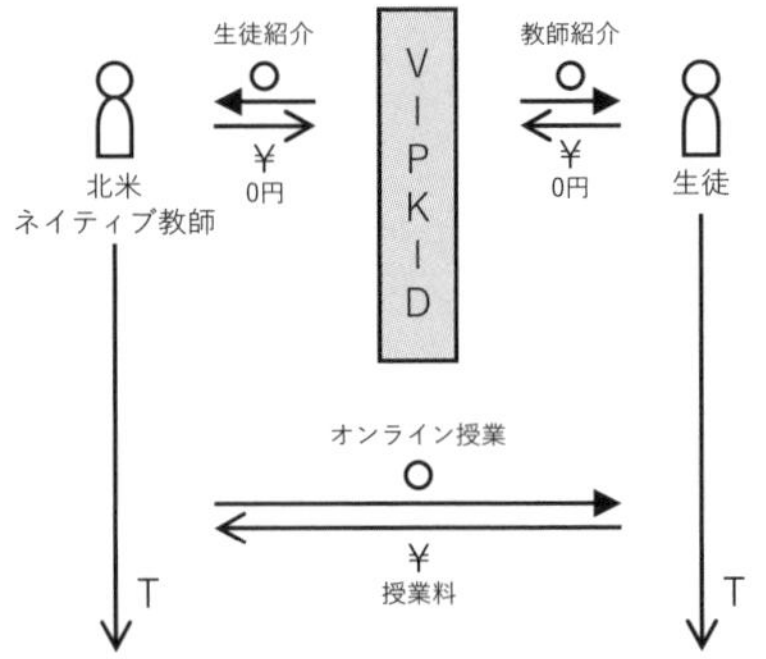

私たちはビジネスモデルのパターン分けをするにあたって、板橋悟さんが開発した「ピクト図解」を用いました。ピクト図解というのは、ピクトグラムという絵文字や吹き出しを使ってビジネスモデルを「見える化」するための手法です。これによって儲けの仕組みをパターン分類して収益化の仕組みを明確にできます。

たとえば、ＶＩＰＫＩＤのビジネスモデルをピクト図解で単純化すると図Ⅱ－１のようになります（詳細な図は後述）。ＶＩＰＫＩＤは、北米の教師であれば誰もが教えやすいという環境を整えて参加を促す一方で、利用者が安心して子どもを任せられるように、教育サービスを評価するシステムを整えています。また、子どもの学習データを集めることで教育サービスの質を高め、継続的な関係が結べるように工夫しているのです。

この図において下方向に伸びているＴの矢印は、継続性を示しています。教育サービスには一定の継続性が必要ですし、教師も利用者も繰り返しこのマッチングサービスを利用するのでＴの矢印がつけられています。

ピクト図解の名前の由来は、ピクトグラムという「絵文

図Ⅱ-2　ピクト図解

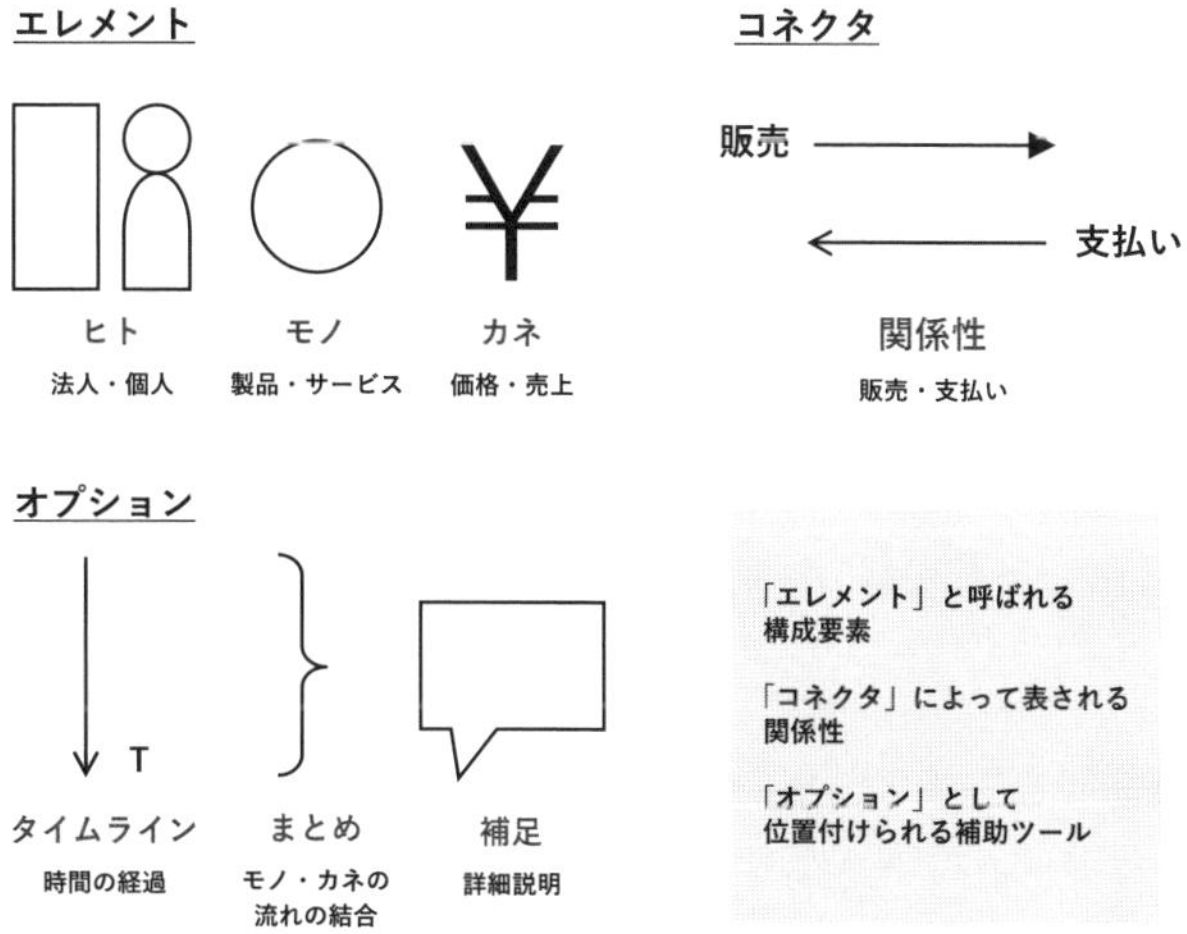

（出所）板橋悟「ビジネスモデル構築講座」テキスト資料

字」にあります。いわば、情報を伝えるための視覚記号ですが、これを使えばビジネスモデルを「見える化」できます。この図解で用いられるのは次の3つです。

◎「エレメント」と呼ばれる構成要素：個人は〝人型をしたアイコン〟、企業に代表される法人は〝□〟、製品やサービスは〝○〟、金銭の流れは〝¥〟マークによって示されます。

◎「コネクタ」によって表される関係性：関係性は2種類の矢印によって表されます。製品・サービスの〝販売〟は、先端を黒く塗りつぶした矢印を使います。一方、〝支払い〟のカネの流れは、先端を塗りつぶさない普通の矢印で表されます。

◎「オプション」として位置づけられる補助ツール：関係が継続するような場合は〝T〟をつけた矢印〈タイムライン〉を使います。

また、同一顧客に対して複数の製品を合わせ買いしてもらう場合は〝}〟〈まとめ〉で束ねます。

構成要素や関係性について詳細説明する場合に使われるのが〈補足〉と呼ばれる〝フキダシ〟記号です。具体的なモノ・サービスと切り分けて価値提案の内容を明記するときや経営資源、活動内容、顧客との関係性などを補足するときに使われます。

このフレームワークを考案した板橋悟さんは、ビジネスモデルの基本パターンを9つに整理しています。複雑に見えるビジネスモデルでも、たいていの場合は基本パターンの組み合わせです。事業系統図をみれば、その企業が基本パターンをどのように組み合わせているかがわかるのです。

図Ⅱ-3　板橋悟さんのピクト図解9分類

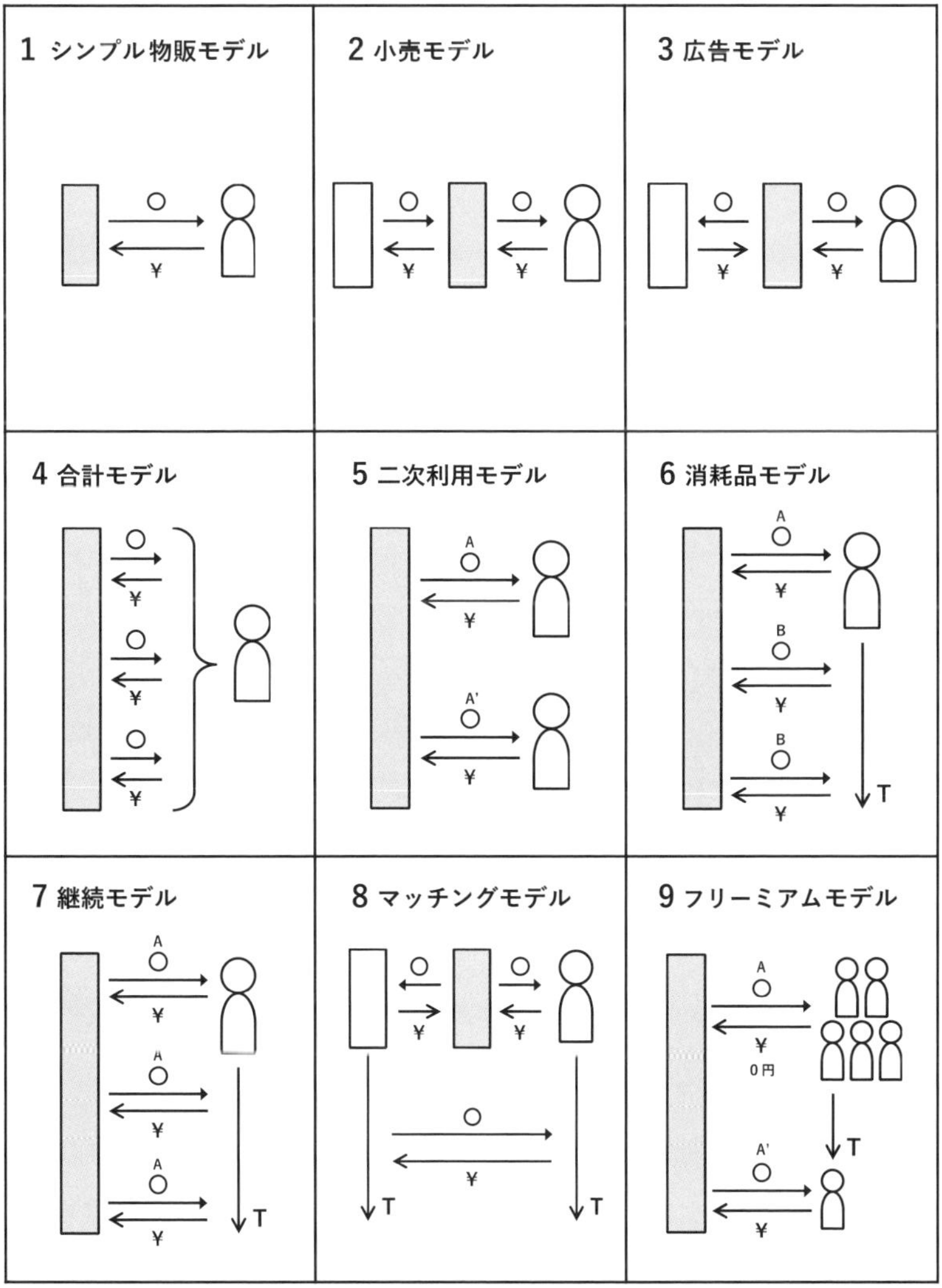

（出所）板橋悟「ビジネスモデル構築講座」テキスト資料

第3世代の事例を読み解く

3

快看漫画

本書で紹介してきた第3世代のスタートアップ企業について、ピクト図解によってビジネスモデルを「見える化」してみましょう。

たとえば、快看漫画は、スマホの「アプリ」を無料にしつつ、デジタルネイティブの世代の利用者を引きつけました。同社の魅力は「スマホ時代に最適化された漫画」コンテンツです。隙間の時間に気軽に読める漫画を「最初の数話は無料、続きは有料」というフリーミアムで提供しました。

利用者が増えれば「閲覧履歴」のデータが集まるので、人気の出やすい物語構成やキャラクターも見えてきます。作品づくりについての助言を漫画家に行い、「制作支援」できるようになるのです。

図Ⅱ-4　快看漫画のピクト図解

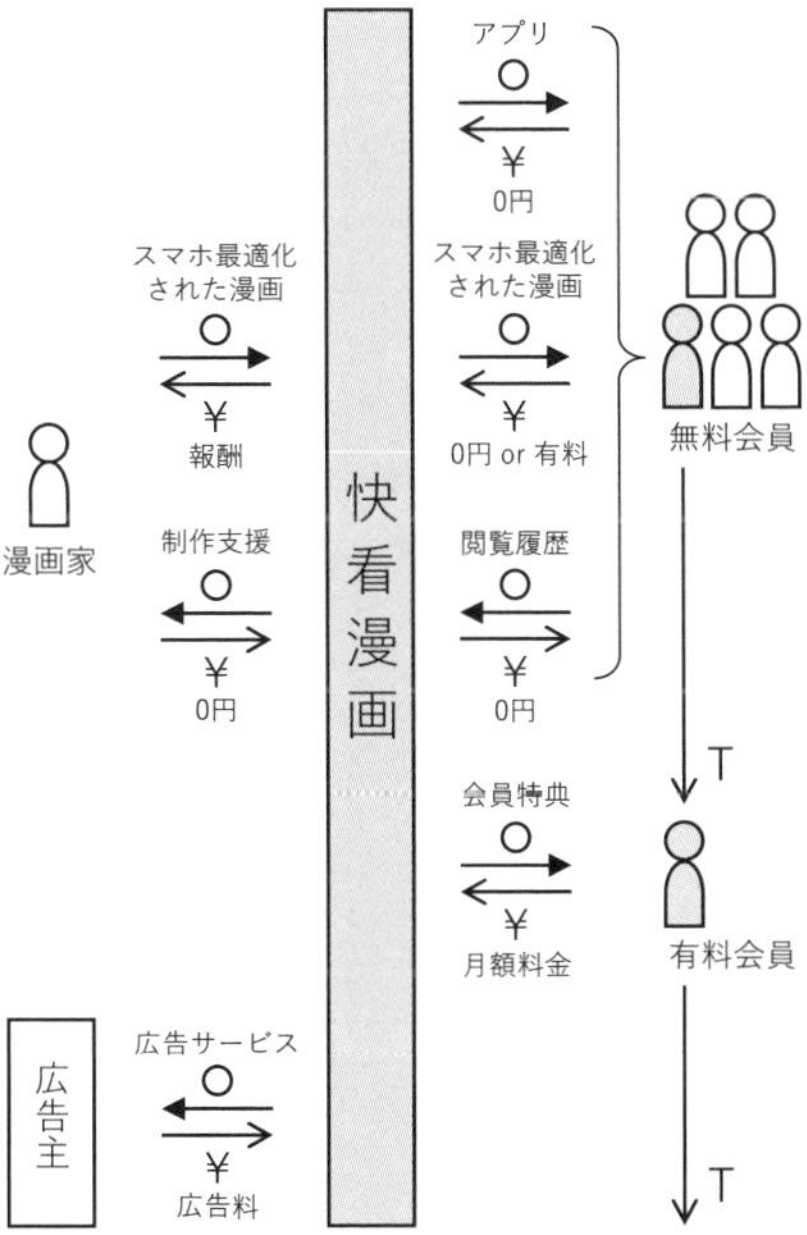

人気作品が揃えば、利用者の囲い込みも可能になります。一定の月額料金さえ支払っておけば割引価格で漫画を購入できるという「会員特典」によって事業を安定化させました。

さらに、漫画のキャラクターを使ってクライアント企業のプロモーションを手伝ったり、イベントを開催してスポンサーを募ったりして広告料収入を得ています。[03] バナー広告や動画リワード広告なども含めた「広告サービス」を提供します。

03 広告事例にはマクドナルドやメルセデスベンツなども含まれます。公式ウェブサイトにおいてそれぞれどのような広告が行われているかが参照できます（快看漫画ウェブサイト「快看漫画広告事例」）。

図Ⅱ-5　新氧のピクト図解

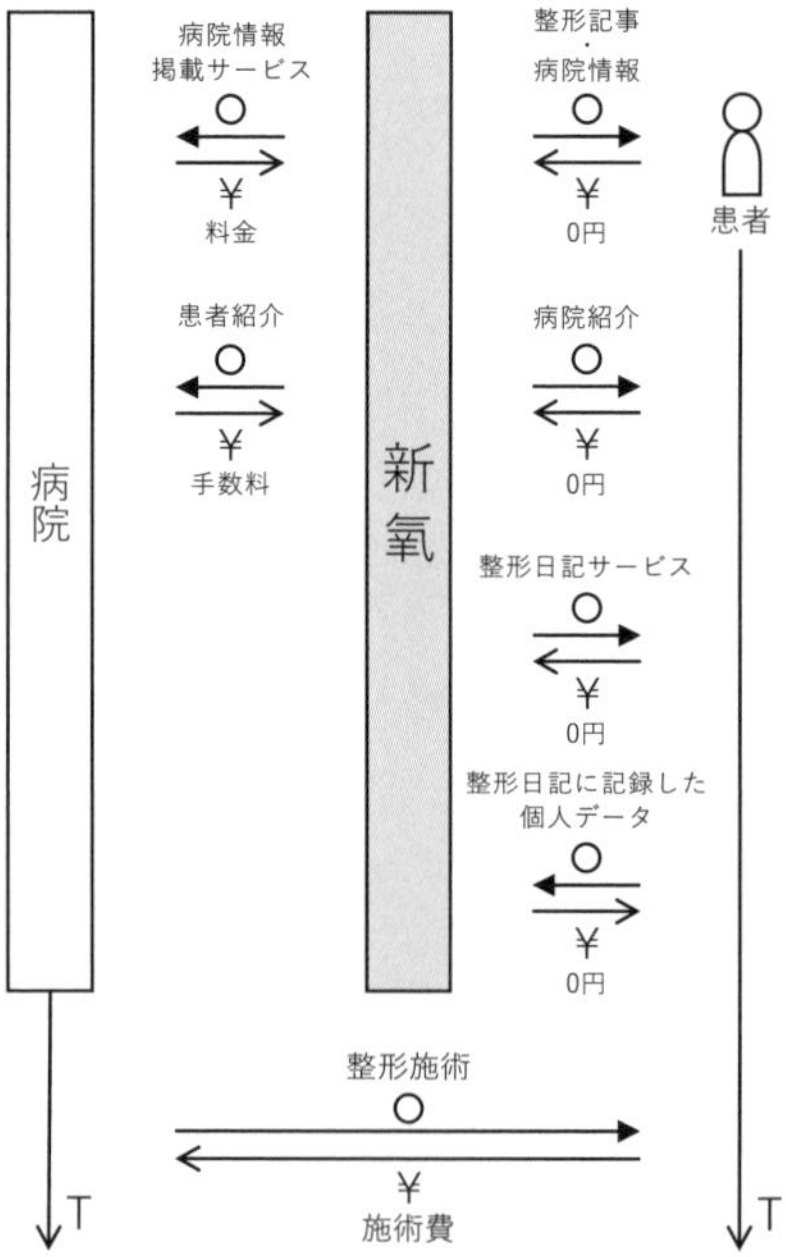

作品数自体は大手競合よりも少ないのですが、「フリーミアムモデル」と「広告モデル」の組み合わせによって、急成長を果たしました。

新氧

美容整形プラットフォームの新氧は、美容整形に関心のある人たちに、「整形記事」や「病院情報」を提供することで利用者を増やします。病院の紹介動画を流したり、医師による施術の解説を配信するなどの「病院情報掲載サービス」を行い、その対価を得ています（紹介広告に近い）。

これから施術を受けようとす

る利用者は、自分にぴったりの病院や医師をサイト上で探します。利用者たちに「病院紹介」し、病院に「患者紹介」できればマッチングが実現します。新氧は、オンラインで施術の予約ができるようにして、支払総額（施術や治療）の10％を「手数料」として徴収することにしました。

新氧は、実際に施術を受けた患者に「整形日記サービス」を無料で提供しています。そして患者は、自身の施術体験を整形日記に記録して、その「個人データ」を公開することができます。「整形日記」は、病院や医師にとっては、自らの施術の適切さを紹介し、信頼性を高めてくれるものです。「整形日記」があるからこそ、紹介ビジネスや広告ビジネスが成り立つのです。

新氧は「マッチングモデル」と「広告モデル」の組み合わせによって、安定的に収益を伸ばしています。[04]

VIPKID

オンライン英会話教室のVIPKIDは、北米のネイティブ教師を中国の子どもたちに紹介するマッチングプラットフォームです。

アメリカやカナダには、経験豊かな教師がたくさんいるので、コストパフォーマンスが高いサービスが実現します。生徒との相性をみながら「教師紹介」を行い、授業をスタートしてもらいます。

04　2019年の売上高は「予約サービス」が1億1971万USドルであるのに対し、「情報サービス」（広告）が4570万USドルとなっています。

図Ⅱ-6　VIPKIDのピクト図解

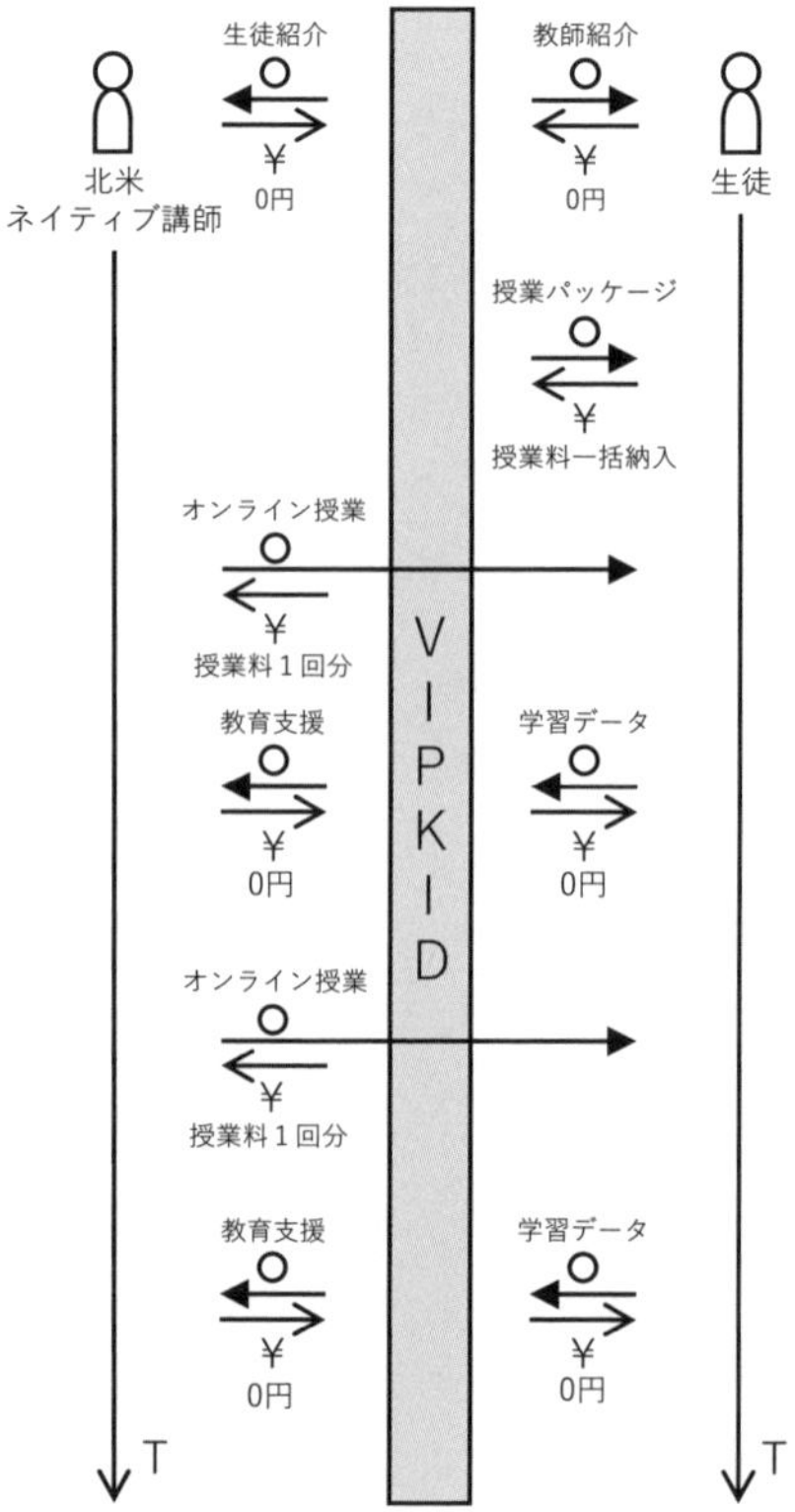

教育には継続性が不可欠なので、年齢や習熟度に合わせた「授業パッケージ」を準備し、生徒側にはVIPKIDに前払いで「授業料一括納入」してもらいます。生徒は、そのときどきの目的に合わせて教師を選び、授業を受けることができるという仕組みです。「オンライン授業」が提供されれば、「授業料1回分」が教師に支払われます。教師の収入は授業をした回数に比例するので、工夫して改善していこうという意欲も高まります。「学習データ」はVIPKIDに集められ、さまざまな「教育支援」がなされます。教師のコミュニティづくりも活発なので、自然に切磋琢磨するようになるのです。

このビジネスモデルは「継続モデル」と「マッチングモデル」の組み合わせだといえます。

ピンドゥオドゥオ

ピンドゥオドゥオは、共同購入のプラットフォームビジネスです。良いものを安く買いたいという購入者をたくさん集めて「共同購入グループ」を作り、一定の数が集まれば「出店者」とマッチングさせます。この意味で、基本はマッチングから「取引手数料」をとるビジネスモデルだと言えるでしょう。[05]

プラットフォームとして興味深いのは、購入者のニーズを吸い上げ

05　ピンドゥオドゥオの手数料は、メルカリのように1回の取引で一定の率のマッチング手数料を取るのではなく、決済手数料やその他手数料を含めて徴収しています。基本的には、オンラインマーケットプレイスで完了した販売取引について、取引サービス手数料を出品者に請求します。商品の価格に応じた取引サービス手数料を請求しますが、特定の出品者に対しては手数料が優遇されることもあるようです。

図Ⅱ-7　ピンドゥオドゥオのピクト図解

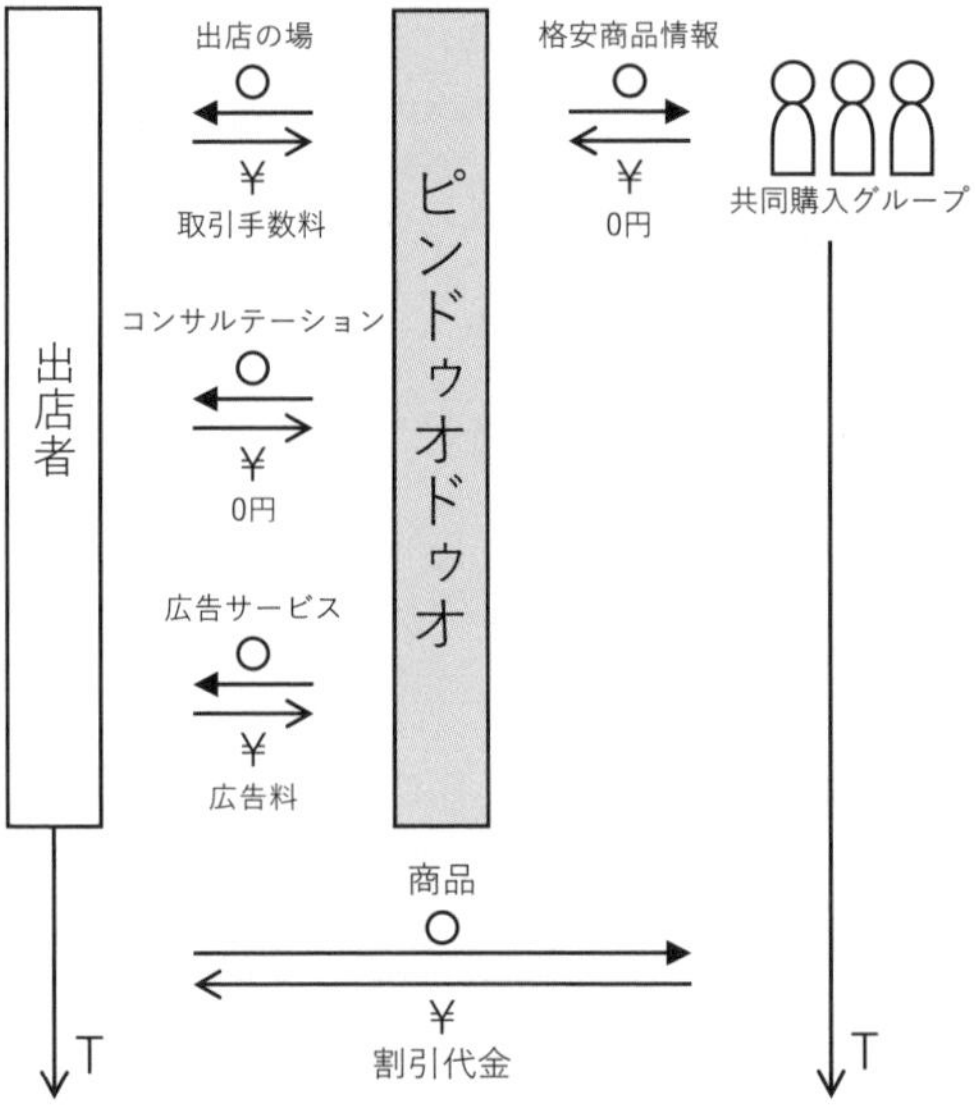

てそれを製品開発に生かすという点です。「出店者」である中小企業レベルの製造業者を、全国規模のメーカーに育てるために、「コンサルテーション」を行っています。製品の絞り込みを徹底させ、ナショナルブランドに負けない「商品」に仕立てていくのです。

　これによってコストパフォーマンスが桁違いに向上するので購入者は増えます。出店者たちは、少しでも売り上げを伸ばそうと、こぞってこのECサイトに自社の商品の広告を載せるようになるので、ピンドゥオドゥオの「広告料」収入が伸びていくのです。

　2020年の第3四半期では広告料収入は129億元に達し、手数料収入の約10倍です。ビジネスモデルは「広告モデル」と「マッチングモデル」の組み合わせだと考えられます。

4 企業価値を高める展開パターン

4つのタイプ

私たちは、ビジネスモデルと企業の成長性との関係を見るために、サバティエさんたちの考え方を発展させてビジネスモデルのポートフォリオを4つに分類しました。「市場への展開のあり方」と「ビジネスモデルの組み合わせ」とを掛け合わせ、ビジネスモデルのポートフォリオを4つのタイプに整理したのです。

a．特化型

「特化型」（少市場／少モデル）は特定の市場で、特定のビジネスモデルで勝負をかける企業です。プラットフォームなどで大成功を収めた企業は、経営資源をそこに集中して、急成長を果たすことができます。急成長するかどうかは当該事業の強さと直結します。

b. 融業型

「融業型」（少市場／多モデル）は、少数の市場に対して多くのビジネスモデルを展開している企業です。自社が活躍できる事業領域がすでに定まっているので、そこから様々なサービスを派生させられます。当然、成長性が見込まれます。投資家からみても、非常に魅力的な展開パターンであり、企業価値も高まっていくはずです。

c. 横展開型

「横展開型」（多市場／少モデル）は、たくさんの市場で事業活動をしていますが、得意なビジネスモデルは確立済みです。得意な儲け方をさまざまな業種セグメントに展開しているという点で、意図的かつ戦略的といえます。勝ちパターンを使い回すという意味において、成長が見込まれるビジネスモデル展開といえそうです。

d. 多角化型

「多角化型」（多市場／多モデル）というのは、たくさんの市場（あるいは業種セグメント）でさまざまなビジネスモデルを展開するタイプの企業です。安定性は高まりますが、経営資源を分散させることになります。スタートアップ企業のように、経営資源が限られている場合には急成長は期待できないかもしれません。戦略的に多角化しているというよりも、強みが明確

ビジネスモデルのポートフォリオの4類型

展開する市場の数＼組み合わせるビジネスモデルの数	少ない	多い
少ない	特化型	融業型
多い	横展開型	多角化型

に定まっていない可能性もあります。

横展開と融業

サバティエさんたちの事例研究と私たちの実証調査によれば、企業価値をもたらすビジネスモデルのポートフォリオは2つのタイプがあると考えられます。1つは、たくさんの業種に得意とするビジネスモデルを展開する「横展開型」のポートフォリオです。そしてもう1つは、特定の業種においてビジネスモデルを組み合わせて進化させる「融業型」のポートフォリオです。

「横展開型」と「融業型」のポートフォリオが、なぜ成長を期待させて企業価値に結びつくと考えられるのか。その論理について説明していきましょう。

横展開は「型」をリユースする

「横展開型」と「融業型」のポートフォリオの成長が見込めるのは、資本効率が高いからだと考えられます。「横展開型」の場合、自社が得意とするビジネスモデルを、そのまま他の市場（業種セグメント）に持ち込んで使い回します。

その典型は、ＡＩ（人工知能）によるソリューション提供企業です。まず、ＡＩのアルゴリズムとビッグデータによって、継続課金できるビジネスモデルを作ります。次に、そのビジネスモデルを多様な市場（業種セグメント）に展開して収益を伸ばします。優れたアルゴリズムで良質なデータを大量に読み込めば、競合他社から模倣されるリスクも低くなります。データが豊富でアルゴリズムが使える業種さえ見つけられれば、追加的な投資を最小限に抑えられるので効率的です。ビジネスモデルをそのまま使いまわすという意味で「リユース型」といえます。

日常生活でも、一度使ったものを何度も使いまわすことは少なくありません。スーパーのレジ袋を次の買い物で利用したり、ゴミ袋に活用したりして、そのまま（その形状を壊すことなく）何度も活用するということです。

ビジネスモデルもこれと同じように再利用して「横展開」することができます。もっとも、同じモデルを多様な業種で再利用するわけですから、その方向は横であるとは限りません。むしろ、多方向、多市場に展開するというイメージで描き出したほうが適切でしょう。

図Ⅱ-8　横展開型の「リユース」モデル

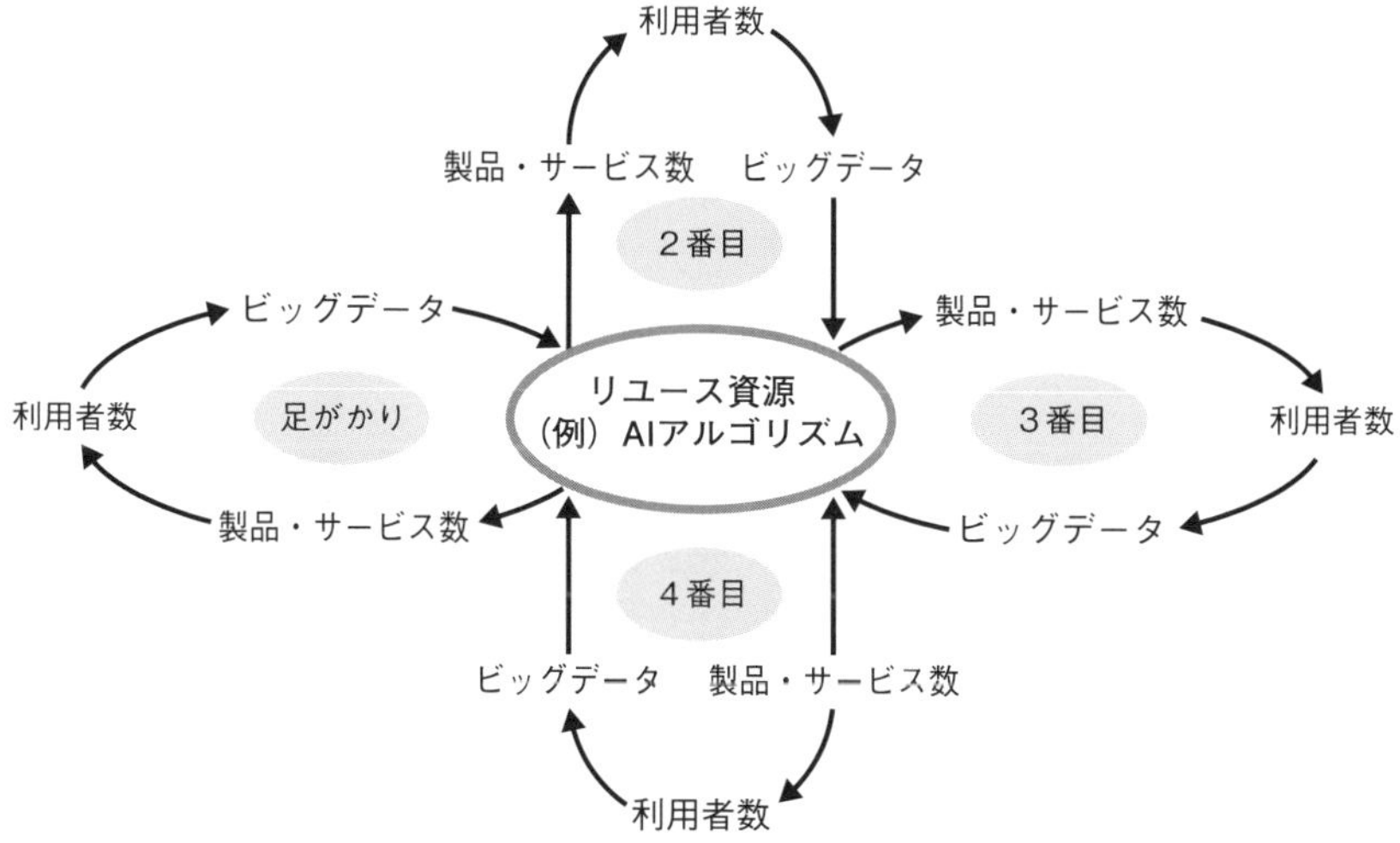

「横展開型」の典型的な好循環を描き出すと図Ⅱ－８のようになります。ＡＩソリューション企業でいえば、データを集めやすい「足がかりの業界」で製品・サービスを提供して利用者を増やし、ビッグデータを蓄積します。そこで磨き上げたアルゴリズムを用いて、「２番目の業界」で同様のソリューションを提供します。たとえば、金融市場の予測サービスはその典型といえます。ここでデータを集めて実績を上げ、さらにアルゴリズムの精度を上げていきます。これを「３番目の業界」や「４番目の業界」でも繰り返すことで収益を伸ばしていきます。

　このような横展開によって、リユースされるアルゴリズムの価値は高まっていきます。関連するアルゴリズムの開発なども進み、バリュードライバーの力はますます強くなっていくことでしょう。ＣＡＳＥ５で紹介するバイトダンスはその典型事例です。

融業は「要素」をリサイクルする

「融業型」は、特定の市場領域や業種セグメントに足場を固め、多種多彩なサービスを矢継ぎ早に展開して企業価値を高めるという方法です。顧客のことをよく知り、その顧客が抱えるさまざまなニーズに対して、複数の製品やサービスを組み合わせて提供することで収益を伸ばしていきます。サービスごとに適切なビジネスモデルは違うので、その組み合わせは多様になります。

たとえば、法人向けにビジネスを支援するクラウドサービスを考えてみましょう。最初に経理や人事の作業負担を軽減するサービスを提供します。ここで自社のサービス基盤が広がれば、利用状況がビッグデータとして蓄積されるので、コンサルティングなどの関連サービスが提案しやすくなります。利用者のニーズを埋め尽くすような形で関連するサービスを提供し、ビジネスモデルのポートフォリオを構築することができるのです。

「融業型」のポートフォリオも資本効率は高いと考えられます。得意な市場ドメインや業種セグメントで得られた顧客の情報を活用すれば、関連サービスにおいても適切な提案ができるようになります。さまざまなビジネスモデルを組み合わせて収益を伸ばすことができるのです。

これは、情報的経営資源を素材レベルまで還元して多重利用するという意味で「リサイクル型」といえます。レジ袋のたとえでいえば、それを溶解して素材レベルにまで分解し、そ

図Ⅱ-9　融業型の「リサイクル」モデル

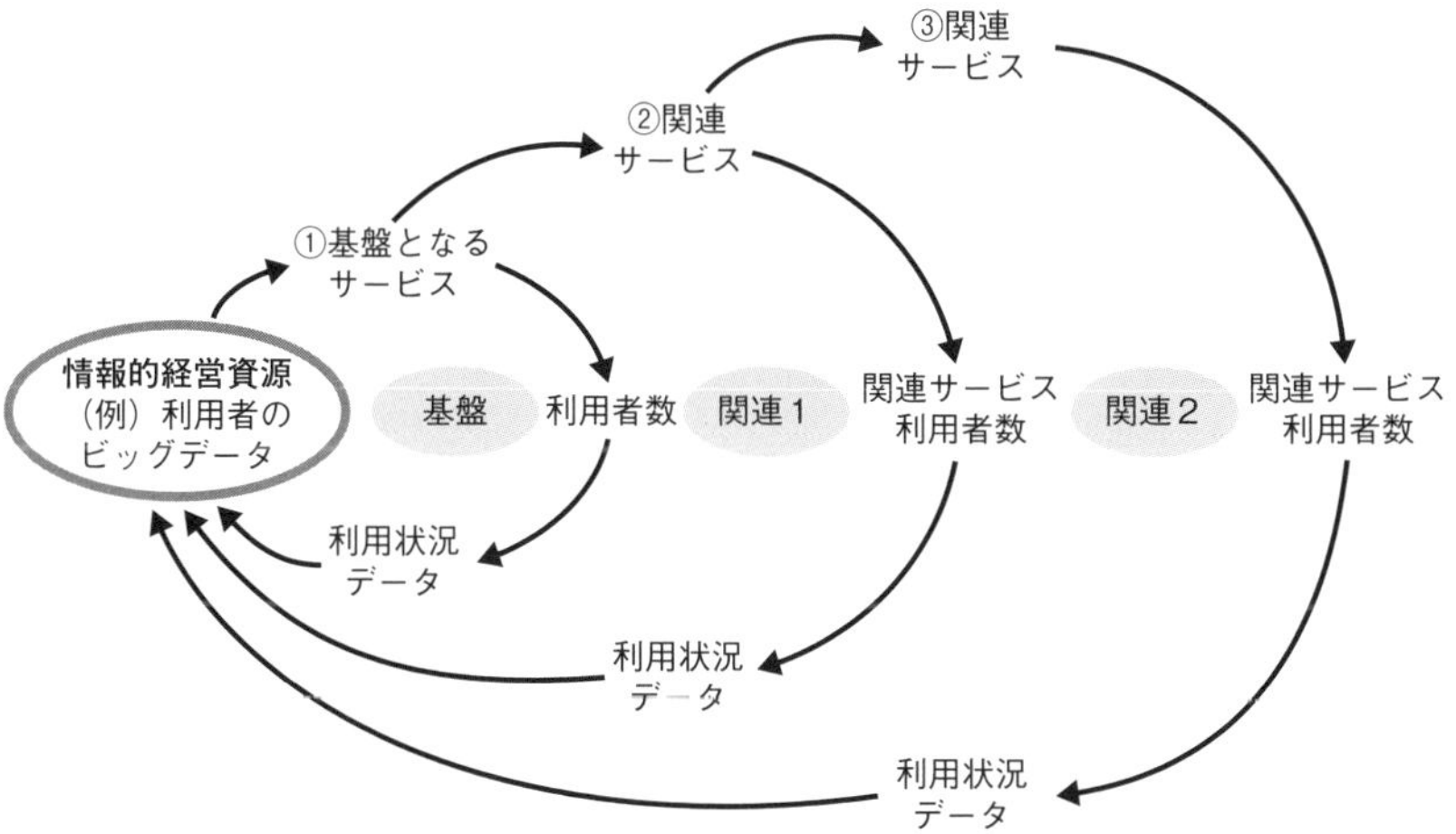

れを別の形で結合して別のプラスティック製品を作っていくイメージです。

「融業型」の成長の循環を描き出すと図Ⅱ－9のようになります。法人向けの業務支援クラウドサービスでいえば、「①基盤となるサービス」の領域で魅力的なプラットフォーム製品やサービスを立ち上げて利用者を増やし、利用者の行動情報（閲覧、利用、購買など）を集めます。

次に、そこで集めた利用者の行動情報を用いて、「②関連サービス」において利用者が求める提案を行います。それは、売上を高めるための営業支援かもしれませんし、節税するためのコンサルテーション・サービスかもしれません。ここで利用者の行動データを集めることができれば、利用者のニーズや行動パターンへの理解が深まり、新しく「③関連サービス」の提案がしやすくなります。

このような融業を繰り返すうちに、プラッ

トフォームに蓄積される情報的経営資源の価値はますます高まっていきます。閲覧情報、利用情報、行動情報などが有機的に結びつき、中心にあるバリュードライバーの力はますます強くなっていくことでしょう。

本書で紹介する中国企業としては、CASE6のメイトゥアンが融業の典型事例だといえます。

方向と距離

以上、ビジネスモデルの横展開と融業とをそれぞれ「リユース」と「リサイクル」にたとえて説明してきました。どちらも好循環の成長の論理を示すという共通点を持ちながらも、好循環の形において明確なコントラストがあります。

全社レベルのビジネスモデルの組み合わせを見るにあたって、このコントラストはとても大切です。本書の表記様式において、どの方向に向かうかは、どの市場をターゲットにするかということを示しています。それゆえターゲット市場が多様であればあるほど横展開する方向は多様になります。また、ターゲット市場の数が多ければ多いほど横展開する市場数も多くなるのです。

一方、ループの距離や大きさはもともとのビジネスモデルの構造からどれだけ離れているかを示しています。既存のノウハウをできるだけ活用しつつ、新しいノウハウを少しずつ組み合わせていくのが効率的なので、もともとの構造から徐々に遠ざかっていくように、ループが重層的に形成されていきます。

続く各CASEでは、ピクト図解によってビジネスモデルの進化を示すとともに、横展開と融業の循環図を描き出すことによって成長のロジックを明確にしていきます。実際の企業は、横展開と融業のどちらかの性質しか持ち合わせていないということはほとんどありません。程度の差はあるにしても双方の側面が備わっているものです。それゆえ、本書では、その違いが際立つように描き出していきたいと思います。

第2部の要点

- 好循環をもたらすビジネスモデルはプラットフォームに限りません。投資家によっては、プラットフォームは参加者が集まれば急速に拡大するが、当たり外れが大きく失敗するケースが目立つと評価する声も少なくありません。
- スタートアップ企業の成長を評価する上では、単一のビジネスモデルばかりではなく、どのようなモデルを組み合わせるかのポートフォリオという視点が大切です。板橋悟さんが考案した「ピクト図解」を用いれば、当該企業がビジネスモデルの基本パターンをいくつ組み合わせているかを評価できます。
- 本書では、フランスの経営学者のサバティエさんの研究を参照しつつ「パターンの組み合わせ数（多少）」と「展開する市場数（多少）」の2軸から、ビジネスモデルのポートフォリオを４つに分類しました。それが特化型、融業型、横展開型、多角化型、というものです。さまざまな分析の結果、急成長が期待されるのは横展開型と融業型であることがわかりました。

横展開型というのは、自社が得意とするビジネスモデルを、そのまま他の業種に持ち込んで多重利用します。価値創造と獲得の構造をそのまま使い回すという点で「リユース型」と言い表すこともできます。

融業型というのは、特定の市場領域や業種セグメントに足場を固め、多種多様なサービスを矢継ぎ早に展開するというものです。プラットフォームを構築してビッグデータを活用するケースが多く、情報的経営資源を素材のレベルまで還元して多重利用するという点で「リサイクル型」と言い表すこともできます。

日本企業を対象にした実証調査

日本の有価証券報告書には、事業系統図が掲載されています。これを見れば当該企業が、どのようなビジネスモデルを採用しているのかを読み解いてパターン分けできます。そこで筆者らは近藤祐大さんたちとともに、ビジネスモデルのポートフォリオと企業価値との関係を見るために、日本の東証マザーズやジャスダックに上場している企業に注目してパイロット的な実証調査を試みました。

これらの企業は事業構造がシンプルであるため、事業系統図からビジネスモデルを読み取ることができます。また、目先の利益よりも成長を志向しており、どのようなビジネスモデルが企業価値を高めるのかを調べるのに好都合だと考えました。

果たして、どのようなビジネスモデルのポートフォリオが投資家たちの関心を集め、企業価値を高めるのでしょうか。測定方法や分析結果の詳細は省きますが、2019年は情報通信企業170社、2014年は情報通信と流通小売企業208社を対象に、それぞれデータベースを構築して調査しました。分散分析と重回帰分析（規模、市場、セグメントなどを変数化してコントロール）で分析したところ、統計的に有意な結果が得られました。ビジネスモデルの「組み合わせ」と「展開のあり方」の2つを掛け合わせることで、企業価値を高めるビジネスモデルの姿が明らかになってきたのです。

分析の結果、まだ特定市場の調査なので過度の一般化は禁物ですが、私たちの分析もサバティエさんたちの研究を裏付けるものでした。

CASE 5

ByteDance《バイトダンス》

TikTokで世界を踊らせる

アルゴリズムの
強みを生かして
横展開

創業者

張一鳴《ツァン・イーミン》

「個人最適化の問題を解決しないと、
根本的なブレークスルーは不可能であり、
真の価値を生み出すことはできません。」

社　　名：北京字節跳動科技（ByteDance）
創　　業：2012年
I P O：──
ユーザー数：7億人（TikTokのMAU、2020年）

1

嗜好に合わせたニュース配信

150か国、75言語、7億人が利用

このCASEでは、複数の市場でビジネスモデルの「横展開」によって成長を果たしたバイトダンスについて紹介します。

バイトダンスは、2012年に北京で設立された、スマホ時代のメディアプラットフォーム企業です。同社はさまざまなアプリ[01]でサービスを展開しています。その代表は、動画投稿のTikTok（ティックトック）とニュース配信の今日頭条（トウティアオ）です。

TikTokは世界で150の国と地域において、75の言語でサービスが展開され、月間アクティブユーザー数は7億人近くに上ります。アメリカでの利用者も1億人を超え、中国発で最も成功したアプリという評価を

01 バイトダンスのアプリは多岐にわたります。ニュース配信アプリ「今日頭条（トウティアオ）」、ショートムービーの「抖音（ドウイン）」「TikTok」「Xigua Video」などがその代表です。他にもオフィスコラボレーションツールやコミュニティの運営、ならびに子ども向けオンライン英会話の提供も行っています。

得ています。[02]

米トランプ大統領が禁止令

しかしその一方で、利用者の個人情報が中国政府に流れているという疑惑が持ち上がりました。トランプ前大統領がこれを理由に2020年8月に同社との取引を禁止するという大統領令に署名したのです。その後、ペンシルベニア州の地方裁判所が禁止措置の一時差し止め命令を出して、措置の発動は当面見送られましたが、世界中に衝撃を与える出来事となりました。

このような状況においても、バイトダンスの企業価値は高い水準を維持しています。アメリカの調査会社CBインサイツは、バイトダンスの企業価値を約1400億ドルと評価しています(2020年8月)。ユニコーン(企業価値10億ドルを超える未上場企業)としては、中国の配車サービスの滴滴出行(Didi Chuxing)、アメリカのスペースXやストライプを抑えて第1位にランクされています。

横展開の戦略

バイトダンスの基本戦略はきわめて単純です。まず、利用者の閲覧履歴な

02 TikTokの全世界でのダウンロード数は20億を突破しました(2020年8月)。月間アクティブユーザー数(MAU)は約7億人です(2020年7月)。

TikTokは世界で爆発的に人気化。米国では「禁止令」

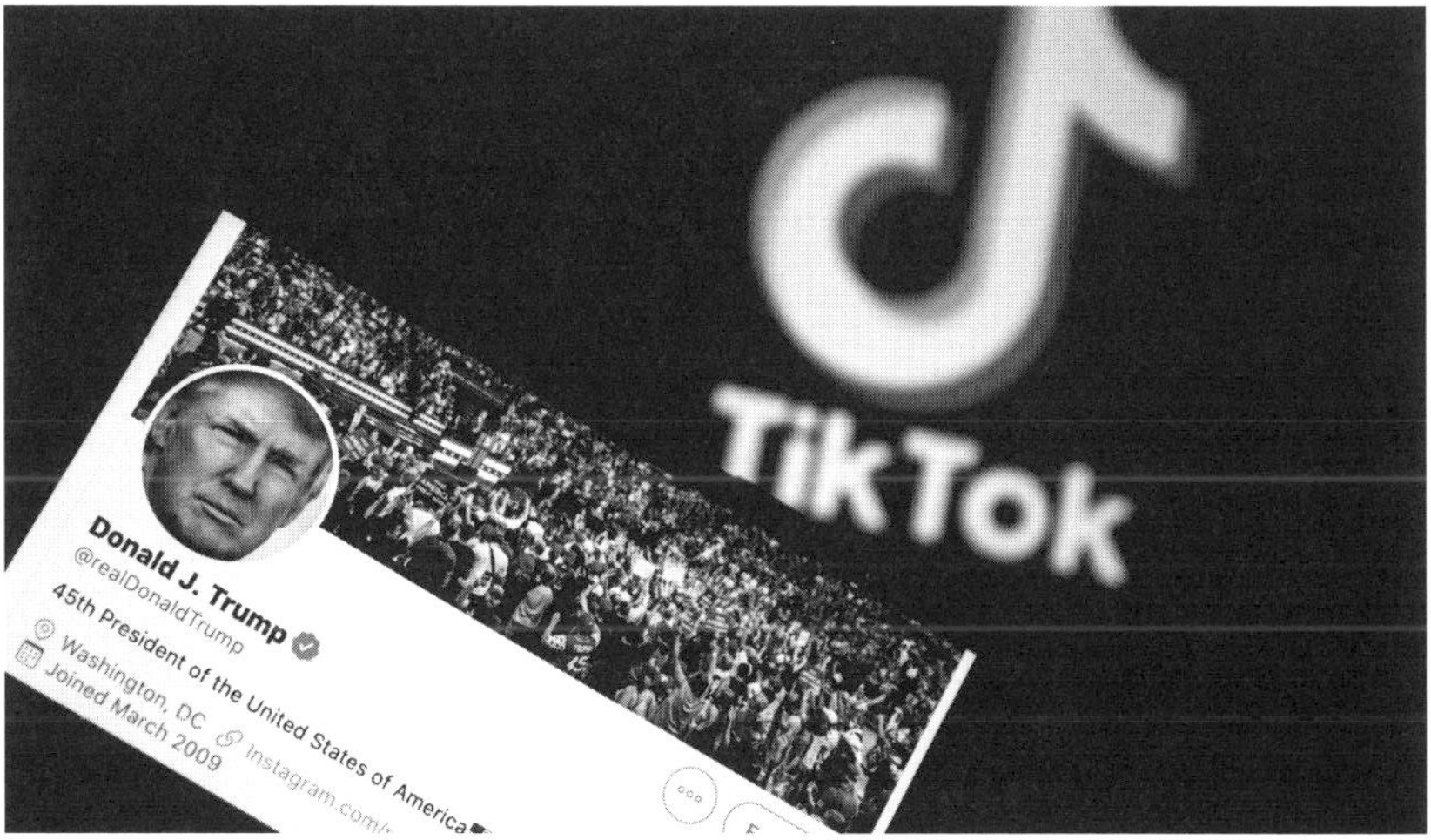

写真：Abaca／アフロ

利用者数は加速度的に増加

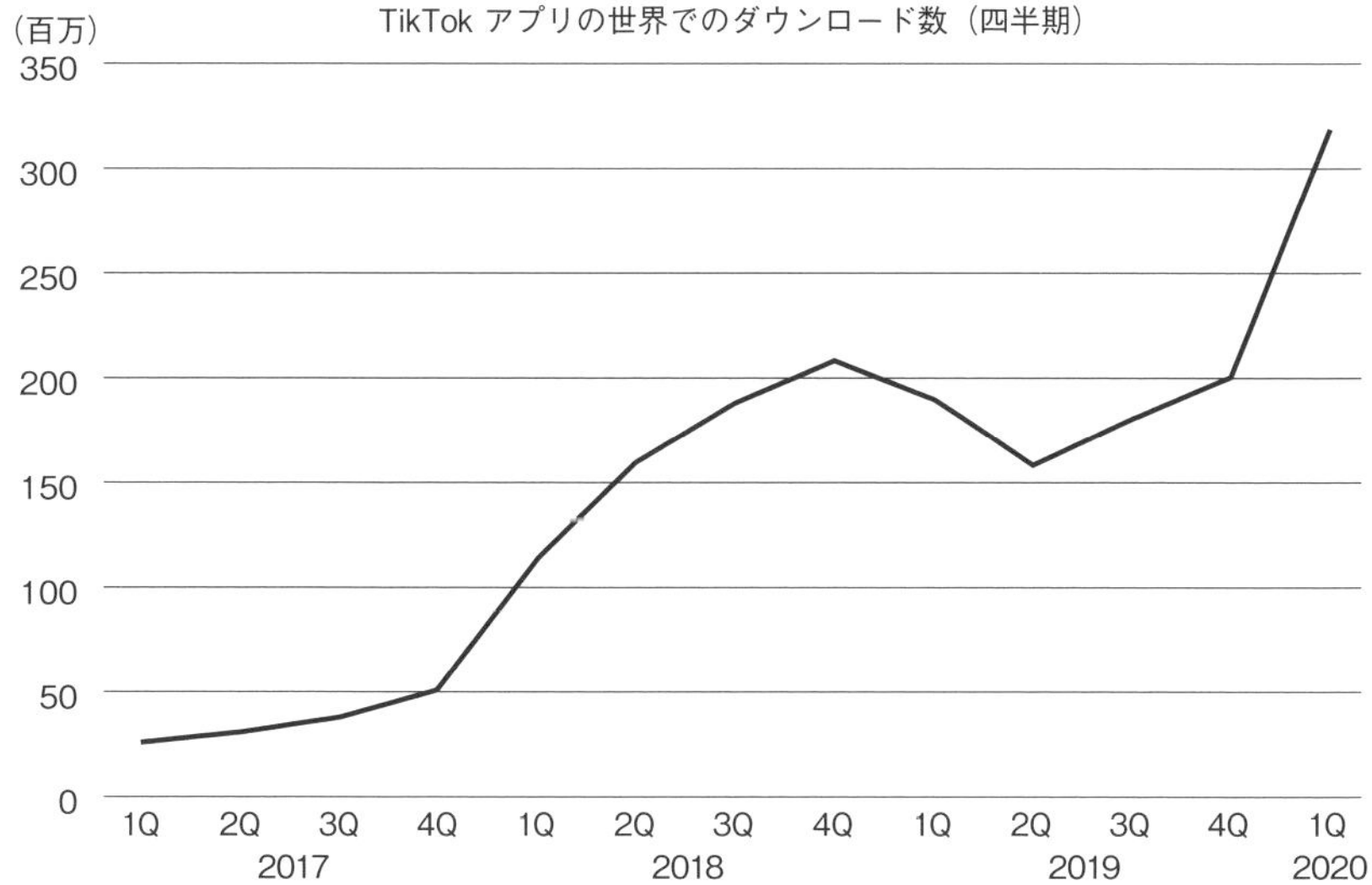

どの行動情報をもとに、利用者にぴったりのコンテンツをレコメンドするという技術を開発します。そして、この独自技術を生かしてキラーアプリ[03]を開発して世界中に広げていきました。次に、自社のアプリの利用者を拡大し、できるだけ長い時間そこに留まらせ、膨大なトラフィックを確保します。トラフィックが増えれば増えるほど、広告料収入を伸ばすことができます。

こうして「ビジネスモデルの原型」を確立すれば異なる市場や領域に横展開できます。最初はニュース配信アプリからスタートしたバイトダンスですが、次はそれをショートムービーへと展開しました。そして、そのアプリを中国国内から、海外市場へと横展開していったのです。

利用者がニュースを探すのではなく、ニュースが利用者を探す

TikTokで有名なバイトダンスですが、その急成長は、原型となったニュース配信アプリを抜きに語ることはできません。ここでは、まず、ビジネスモデルの原型がどのようにして生まれたのかについて見ていきましょう。

バイトダンスのニュース配信アプリは、従来のメディアとは逆を行くような発想で生まれました。新聞をはじめとする伝統的なメディアは万人に向けて重要な

03 当該サービスを普及させるのに大きく貢献するアプリのこと。

ニュースを示します。これに対し、バイトダンスのサービスは個々人に向けて関心のあるニュースを届けるのです。

それぞれのニュースが、それ自体の価値を認めてくれる人を探す。バイトダンスは、個々人の関心にぴったりのニュースをレコメンドできるようなアルゴリズムを開発し、欲しいニュースが手に入るサービスを実現しました。

このレコメンドアルゴリズムが、後にＴｉｋＴｏｋをはじめとするさまざまなサービスに活用され、急成長を成し遂げました。

創業のきっかけ

バイトダンスを創業したのは張一鳴（ツァン・イーミン）さんです。張さんは、中国の南開大学卒業後、スタートアップへの参画や大企業での就業を経て、２０１２年にバイトダンスを設立しました。彼は、バイトダンスの設立直前まで、自ら設立した不動産情報検索サイト「九九房」のＣＥＯ（最高経営責任者）を務めていました。２００９年に、他社に先駆けてモバイルインターネット市場向けのサービスを導入し、１５０万人の利用者を獲得することができました。

しかし、彼は２０１１年に九九房のＣＥＯを辞任して、バイトダンスの設立に踏み切ったのです。２０１１年といえばスマホの出荷量がピークを迎え、爆発的に普及していた時代です。ある日、張さんは地下鉄で新聞を読んでいる人が激減していることに気づきます。張さんは、情報伝達の媒体が紙からスマホに変わると感じました。[04]

「2011年末には、情報を伝達する媒体が変わると思いました。紙媒体から携帯電話へと変わり、リアルタイム性、双方向性、マルチモード機能、さまざまなテーマの情報を伝達できるようになります。垂直統合型よりも、プラットフォーム型のビジネスができるとても珍しいチャンスなので、起業を決意しました」[05]

多くの利用者がスマホで毎日見るもの

スマホを媒体に情報を提供するのであれば、多くの利用者が毎日閲覧するものでなければなりません。ニュースであれば、毎日、多くの人が読みますし、朝夕と適切なタイミングで配信することができます。[06] 張さんは、ニュース配信アプリに目をつけて「今日頭条」（本日のトップニュースという意味）という名のサービスを始めました。

今日頭条アプリは2012年8月にリリースされましたが、わずか1年余りで9500万人にまで利用者を伸ばし

04 母校の南開大学の講演（2015年11月15日）において、張さんはこのエピソードに言及したようです。

05 張さんは最初のiPhoneが登場したのを目の当たりにし、2008年にはポケットの中にインターネットを入れて持ち歩けるという革新性に気づいていました（『36Kr』講演録、2018年3月23日）。

06 毎日アプリを起動して、毎日閲覧するコンテンツが望ましいと考えられました。長編小説のように年に数回しか読まないものだと、日々の閲覧情報を集められず、利用者の行動特性はつかめません。検討を重ねた結果、利用頻度が高いニュースがよいと考えられました（『鈦媒体』2014年3月5日）。

ました。

ニュース配信アプリといえば、日本ではほぼ同時期にリリースされた「スマートニュース」や「グノシー」が有名です。スマートニュースは2012年12月に、グノシーは2013年1月にそれぞれリリースされました。6年経過した時点のダウンロード数は、前者が4000万で、後者は2700万です。中国の人口が多いとはいえ、わずか1年余りで9500万というのは驚異的です。

逆転の発想

今日頭条が短期間で利用者数を伸ばしたのは、逆転の発想にあります。スマホが普及して以来、すでに大手ポータルサイトによってニュース配信アプリは作られていましたが、内容は紙媒体の時代と同じでした。担当の編集者がいて、マスメディアとして万人が関心を持つニュースや重要なニュースを掲載していたため、すべての利用者に対して、同一の画面、同一のニュースを届けていたのです。

これに対して、スマホに最適化された今日頭条のニュースは、編集者によって収集・選別されたものではありません。利用者の好みに合わせて機械が選んで配信するものです。独自アルゴリズムによって、ネット上からからぴったりのニュースを集め、パーソナライズして利用者に届けているのです。

これを可能にしているのは、①コンテンツ情報、②ユーザー情報、③環境情報、から構成されるビッグデータです。[07] バイトダンスは利用者の閲覧履歴や属性からビッグデータを構築し、利用習慣、好み、場所、ならびに読む時間帯に合わせたニュースを提供しました。

広告もパーソナライズ

利用者に応じた情報提供というのは、ニュースだけではありません。広告についても、利用者のＴＰＯ（時間、場所、状況）に合わせてぴったりのものを示しています。タイムラインに埋め込まれたこの広告の形態は一般に「インフィード広告」と呼ばれます。この広告によって、バイトダンスは収益を伸ばすことができました。なぜなら、これは画面が小さいスマホにおいて絶大なる効果をもっているからです。

今日頭条のアプリをスマホ向けにリリースした当時、投資家からの反応は冷ややかなものでした。「スマホは画面が小さい」「広告枠も限られる」「広告料収入を稼ぐのは難しい」という声がほとんどだったのです。[08]

しかし、利用者にぴったりの広告を選んで配信できるのであれば、画面が小さくても問題になりません。むしろ、あふれんばかりの雑多な広告に悩まされることなく、関心のあるものだ

07 ①コンテンツ情報は、ニュース、画像、動画、Q&A、②ユーザー情報は、閲覧履歴や嗜好、職業、年齢、性別、端末の機種など、③環境情報は、利用者の時間、場所、シナリオ（仕事/通勤/旅行など）などです（バイトダンス公式ウェブサイト「今日頭条シニアエンジニア曹歡歡講演録」、2018年4月20日）。

08 海外では2011年からフェイスブックがインフィード広告をスマホにも導入し、成功をおさめていました。張さんはその事実を知っていたので自らの方針を貫きました（『i黑馬網』（講演録）、2016年10月21日）。

けを閲覧できるようになります。また、データが集まって最適化が進めば進むほど、コンバージョン率（閲覧して購買に至る率）も高くなることがわかってきました。

この点、今日頭条のニュースは、スマホ向けに見やすくレイアウトされています。そしてスマホの画面をスクロールするたびに広告も変わるので、利用者は退屈せずに見ることができるのです。

アルゴリズムの開発

張さんがアルゴリズムの開発を呼びかけたのは、2012年の末、今日頭条をリリースした直後のことです。起業仲間たちとミーティングを開いたところ、当初、仲間たちはみな「能力不足で経験も足りない」と言ってアルゴリズムの開発に尻込みしたそうです。

他のスタートアップ企業もレコメンドアルゴリズムの開発には失敗していました。次善の策として、ニュース配信アプリの中に複数のチャンネルを準備して、利用者に選択肢を提示していたのです。しかし、張さんは、他社が失敗している状況だからこそ挑戦する意義があると仲間を鼓舞したそうです。

「個人最適化の問題を解決しなければ、イノベーションはわずかなものにとどまってしまう。モバイルインターネットから利益をいくらか得ることはできるかもしれないが、根本的なブレークスルーは不可能であり、真の価値を生み出すことはできない。根本的に問題を解決するために、常に一生懸命努力しなければならないんだ」[09]

法律の問題をクリアする

アルゴリズムがあってもコンテンツがなければ配信はできません。バイトダンスはニュースコンテンツを作るのではなく、既存のものを流用しました。

ところが、そのやり方が良くありませんでした。原作者やメディアの許可なくニュースを配信したり、掲載された広告や出典元を許可なく削除して自社の広告に入れ替えてしまったのです。これらの行為は当然著作権法に抵触します。さまざまなメディアから訴えられてしまいました[10]。

そこで今日頭条は、各メディアと正式に契約を結んで承諾を得ることにします。契約先は、中央や地方の政府機関、新聞社やウェブメディアなど多岐にわたります。

メディアとしては、正しく情報が掲載されるのであれば問題はありません。むしろ、広告もしっかり掲載されているのであれば、閲覧者数も増えて広告料収入が増えるというメリットがあります。

09 バイトダンス公式ウェブサイト「バイトダンス 7周年張一鳴講演録」(2019年3月14日)より。張さんはアルゴリズムの専門家に学ぶために、出版予定の書籍の原稿を見せてもらえないか、著者に直接頼み込みに行ったそうです。断られはしましたが、この行動からも張さんのアルゴリズムにかける思いが読み取れます。

10 2014年に、中国の代表的なポータルサイトを運営する捜狐がバイトダンスに、著作権侵害行為の停止、謝罪、1100万元(約1億8000万円)の損害賠償を求める訴訟を起こしました(『テンセントテック』2014年7月9日)。

政府・メディアと一般ライターによる投稿

外部のメディアの記事に活路を見出したバイトダンスは、2014年に新しいサービスを始めます。それが外部機関による記事の提供（頭条号）です。メディア各社や政府機関は、アカウントを開設すれば、直接ニュースを書き込むことができます。

そのときすでに今日頭条には数千万の利用者がいました。記事を書けばたくさんの利用者の目に触れることができます。そのため、メディア各社や政府機関は、こぞってアカウントを開設したのです。

政府機関でいえば、中央政府機関から地方政府まで、サービス開始から約2年で開設されたアカウントの数は3500にまで増えました。彼らは各地の最新ニュースや、法律の通達、気象情報や災害情報などを伝えています。

この仕組みは一般ライターにも広げられました。一定以上の人気があり、バイトダンスに認められたライターは、バイトダンスが立ち上げたプラットフォームを通じて、企業と契約してプロモーション活動を提供することもできます。プロモーション活動では、ライターが広告に最適化したトピックや内容の記事を作成します。

そしてこの仕組みがうまくいくという感触をつかんだバイトダンスは、一般ライターの育成プログラムを次々に立ち上げます。2015年、活躍しているライター1000人を選び出し、月1万元（約16万円）の基本収入を保証するなどして支援を行いました。投稿アカウントの数は2019年12月までに180万を超え、1日平均60万件の記事が発信されています。[11]

一般のライター個人が書く記事は、それぞれの多様な視点が生かされたもので、一般の大手メディアのそれとは一味違ったものとなります。これが今日頭条の魅力です。しかも、利用者には自分の好みや関心に合ったニュースがレコメンドされ、配信されます。閲覧すればするほどその履歴が今日頭条に蓄積され、アルゴリズムによって解析されるのでレコメンドの精度も上がります。ニュースとともに配信される広告も、利用者の好みや関心に合ったものになるので広告媒体としての価値も高まるのです。

こうして今日頭条が成功を収め、ビジネスモデルの原型が定まりました。それでは、バイトダンスが展開する今日頭条のビジネスモデルをピクト図解で「見える化」してみます。

図5－1の左にあるように、バイトダンスはすでにある記事を掲載したり、メディアや政府やライターが記事を提供したりできるようにして、外部コンテンツをうまく活用しました。図の右の利用者に対しては、閲覧履歴などのデータを基にして、独自のアルゴリズムを用いて何に関心があるかを特定。関心を持ってもらえる記事を配信すると同時に、そこに広告を織り交ぜて広告料収入を得ることに成功しました。

11 「今日頭条」ウェブサイト https://www.toutiao.com/about/（アクセス日：2021年2月12日）。

図5-1　ニュース配信アプリ「今日頭条」のピクト図解

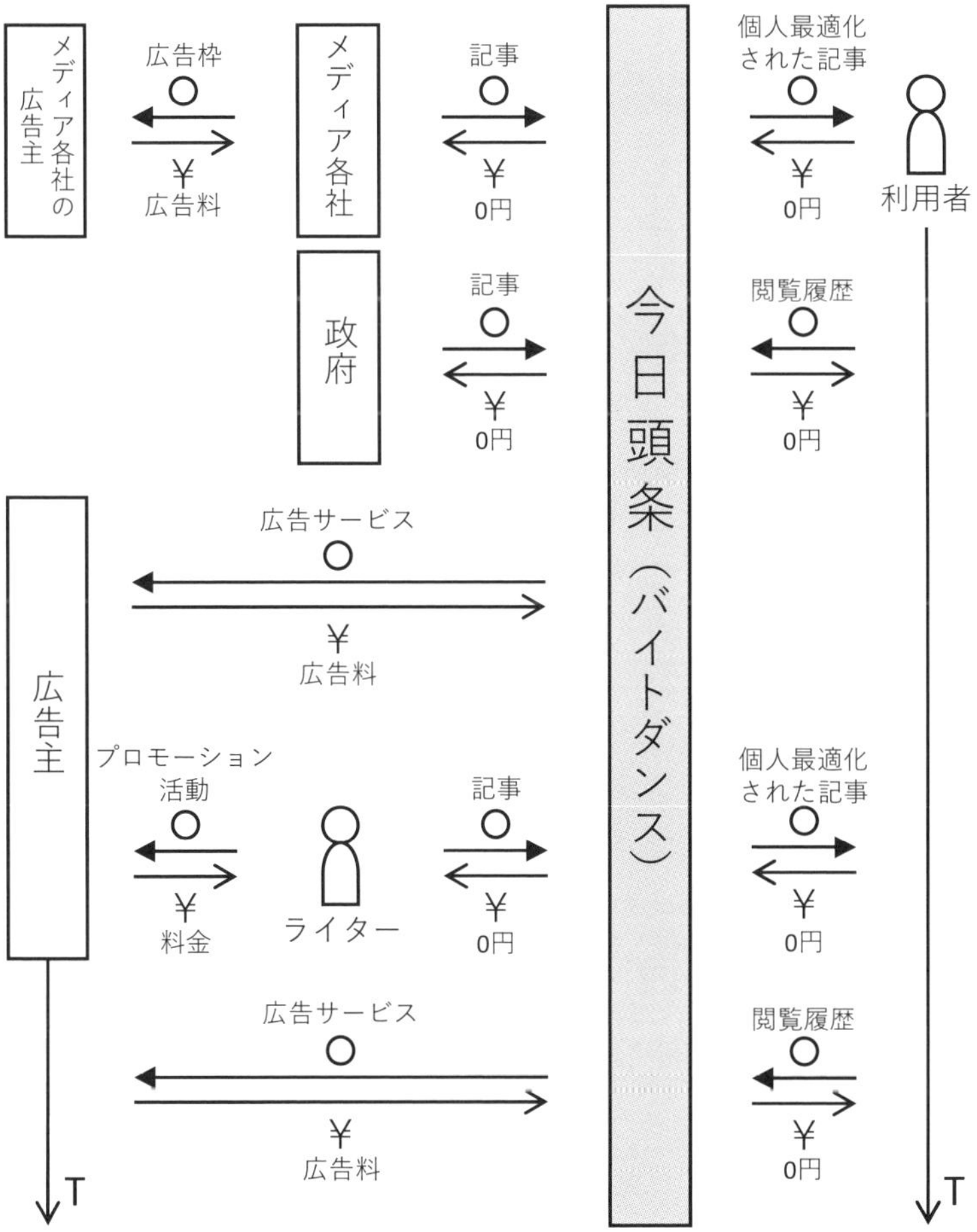

2 ショートムービーへの参入

アルゴリズムを活用した音楽動画

バイトダンスは、今日頭条で培ったビジネスモデルの原型を他の領域に横展開して成長を加速させます。同社のビジネスモデルの強みは、①外部コンテンツの有効活用、②アルゴリズムを活用したコンテンツ配信、③アルゴリズムを活用した広告提供、という3つです。これが生かせる領域としてショートムービーに白羽の矢が立ちました。2016年にスマホ向けのアプリ（10数秒から数分の動画を撮影、編集、共有するもの）を開発し、ショートムービーの業界に参入したのです。[12]

その代表がTikTokの原型となる抖音（ドウイン）です。抖音は、音楽機能に特化したショートムービーアプリです。一般の投稿者や広告主の

12 抖音では動画投稿者向けのプラットフォームを立ち上げ、クリエイターの参加を呼びかけています。クリエイターは、通常の動画投稿のほか、広告主に合わせて最適な動画を作成するプロモーション活動を提供しています。このプラットフォームは今日頭条のライターにも広げられました。

図5-2　ショートムービー「抖音」のピクト図解

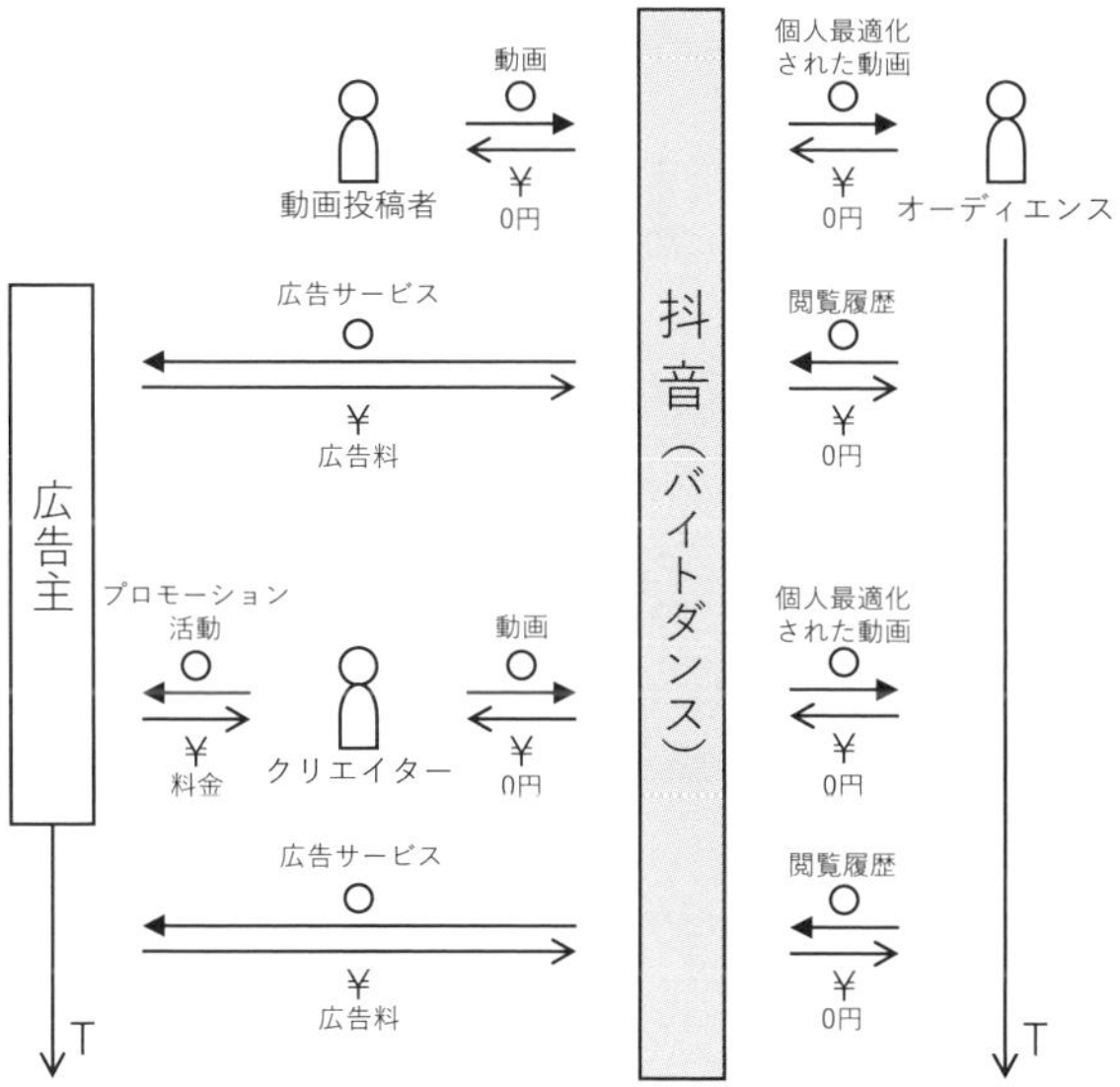

依頼を受けて活動するクリエイターは、15～60秒の動画を撮影し、音楽をつけて簡単に投稿することができます。

　バイトダンスは今日頭条で開発したアルゴリズムを抖音に活用しました。アルゴリズムがあれば利用者の視聴履歴はビッグデータとして解析できます。それぞれの好みに応じて動画を次から次へと流すことができるので、利用者としては、1曲だけのつもりが、気がつけば2曲、3曲と動画に釘付けとなります。利用者が関心を持ちそうな広告が短い動画のコンテンツとして流されるので、利用者はそれも眺めることになります。

　抖音のビジネスモデルをピクト図解に描くと図5－2のようになります。基本的には今日頭条と同じで、投稿されたり閲覧されたりするコンテンツが、ニュースから動画へと変わっただけです。

ＢＧＭは、動画に合わせてぴったりのものが選べるように、アプリ内でさまざまな楽曲が用意されています。また、ハイテクを駆使した加工機能が使えるようになっており、素人でもプロ並みの作品が作れます。

バイトダンス社内には、ＡＩラボ（人工知能実験室）があり、そこでは機械学習、自然言語処理、データマイニング、画像認識、ＡＲ（拡張現実）などが研究され、自社のプロダクトに応用されます。[13]

たとえば「髪色チェンジ」は他を圧倒するような高い精度で実現します。同社の顔認識技術によって顔の２００カ所以上のポイントを検出し、利用者によって大きく異なる頭頂部、目、鼻、口、頬、眉、髪などの位置を認識し、精確に合わせているのです。

「髪色チェンジ」だけではありません。体の動作も認識することができるので、「雨効果」のエフェクトのように、動きに連動した効果を楽しむことができます。

共有された動画は、アプリ利用者に閲覧され、コメントが書き加えられます。アプリを開けば動画が流されるようになっていて、スクロールするたびに、さまざまな動画が次から次へと現れるという設計です。そこで目に留まったものや、気に入ったものがあれば「いいね」したり、コメントすることができます。

「抖音」を見る

（QRコードをスマホで読み込んでください）

13 AIラボは、そのミッションにおいて「私たちは世界をリードする研究者を擁し、最も優秀な学生の教育機関として彼らの無限の可能性を実現するために尽力する」と明言しています（バイトダンス「AI Lab」公式ウェブサイト https://ailab.bytedance.com/ アクセス日：2021年2月12日）。

アプリのさまざまな機能

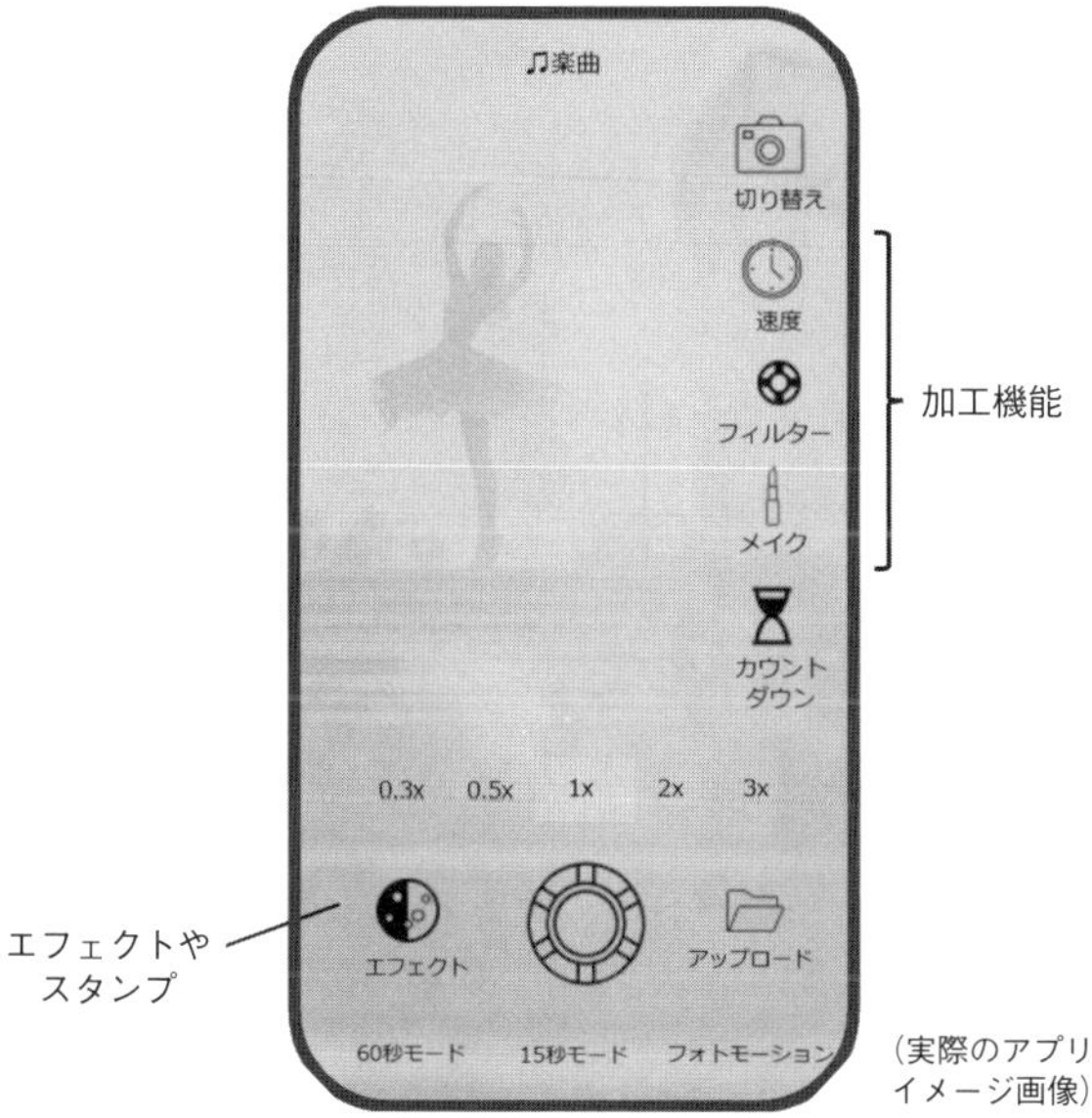

（実際のアプリを単純化したイメージ画像）

速度調整

撮影の速度を調整する機能。スロモーションにしたり、3倍速にできる。速度を調整することによって、歌詞を口パク（音声と同期して口元を動かすこと）しやすくなり、難しい振り付けも踊りやすくなる。

フィルター

写真、動画の編集アプリ基本の加工機能の1つであり、写真の色味や明るさを変更する機能のこと。TikTok（日本語バージョン）では主にポートレート、風景、グルメなどがある。ポートレートは主に人物・自撮り向け、風景は景色、グルメは食べ物など、撮影対象や場面よって使い分けられる。

美顔

写真、動画の編集アプリ基本の加工機能の1つであり、毛穴を消したり、顔をスリムにしたり、目を大きくしたりする機能。

スタンプや効果

撮影した動画にスタンプを使って加工することができる。たとえば、雨効果によって、画面上に雨を降らせたり、止めたりすることができる。雨効果を使うことで、音楽に合わせて雨をコントロールするような動画が撮れる。また、髪色チェンジを使えば、実際に髪を染めなくても好きな髪色で撮影を楽しむことができる。この他にも、顔や体の動きと連動し、頬を膨らませたり、目を細くしたりする変身系の効果がある。

COLUMN

手本となったMusical.ly

抖音は、先行していたショートムービー「Musical.ly」を手本にしたものです。Musical.lyは、中国人の起業家である朱駿（ジュ・ジュン）さんと楊陸育（ヤン・ルーユー）さんによって２０１４年７月にリリースされました。音楽機能に特化し、人気歌手の曲に合わせて15秒の口パクやダンス動画を制作・共有できるものでした。

Musical.lyにおいて、利用者はアプリ内の楽曲を自由に使い、動画の速度調整をしたり、フィルターや加工機能を使って動画を編集し、利用者と共有します。他の利用者の動画についても「いいね」したり、コメントしたりするソーシャル機能も備わっていました。

注目すべきは、Musical.lyはアメリカ市場にも同時に投入されたという点です。ちょうどその頃、アメリカでは『リップ・シンク・バトル』という口パクコンテストの番組が流行っていました。Musical.lyのアプリは話題になり、毎日約５００人がダウンロードして利用したそうです。とくに、毎週木曜日、この番組が放送された後にたくさんの人がダウンロードして、大成功を収めたそうです。

市場投入から約１年後、２０１５年７月にはアップストアの総合ランキングで１位になりました。その後も人気が衰えず、人気歌手や芸能人を起用できるほどになり、利用者は２億人まで成長していきました。

Musical.lyがここまでの伸びを見せたのは、アメリカの若者にクリエイティブに自己表現できる場を与えたからです。その最たる例が"Don't judge me"です。その当時、利用者の間では、わざと自分の顔を不細工にして共有するというものが流行っていました。この動画の特徴は、手でスマホのレンズを塞いで、離した瞬間に美男美女に変身する点です。それ自体が面白いものですが、大切なメッセージも含まれています。それは、「外見で判断しないでください」というメッセージです。

Musical.lyの運営チームはこのトレンドをうまく活用し、"Don't judge me"をハッシュタグにしました。その結果、一夜で3万件もの動画が投稿されたのです。このことがフェイスブックやツイッターなどのSNSでも話題になり、各種メディアの取材が相次ぎました。

アメリカ市場での反応が中国国内をはるかに上回ったので、経営陣は資源をアメリカ市場に集中させます。しかし、これが思わぬ結果を引き起こします。のちに、中国市場を開拓しようとしたとき、すでに抖音をはじめとした競合に市場を占められてしまったのです。

抖音はMusical.lyを徹底的に模倣しました。トップページのUI（ユーザーインターフェイス）ばかりでなく、基本機能もほぼ同じです。利用者を増やすための打ち手であるハッシュタグの運営もまったく同じです。

UIの基本機能などで先進的だったMusical.lyですが、最適なレコメンドをするためのアルゴリズムについては大きく後れを取り、挽回できませんでした。

わずか5つのステップで撮影&投稿

もちろん、動画がたくさん集まらなければ、それを閲覧する利用者は増えません。利用者が増えなければビッグデータとはならないので、優れた解析エンジンがあってもレコメンドはうまく機能しません。

ショートムービーはニュース配信とは異なり、ネット上に既存のコンテンツが存在しないので、自ら一般の利用者に働きかけて、動画を撮影し、それを他の人たちに投稿してもらうように工夫する必要があるのです。

バイトダンスは、わずか5つのステップで初心者でも撮影と投稿ができる機能を作り、投稿を促しました。

①アプリを起動して撮影を始める
②楽曲を選ぶ
③速度調整する場合は変更の機能を選ぶ。加工する場合はスタンプやフィルター機能を選ぶ
④動画を編集する
⑤編集を終えたら投稿する

さらにバイトダンスは、アプリ上のコンテンツを充実させるために、利用者にテーマを与

えることにしました。たとえば、特定のアーティストや特定の曲を使うテーマを投げかけ、動画を投稿してもらうという企画です。これを「ハッシュタグチャレンジ」といいます。[14]

撮影のネタに困るようなことがあれば、ハッシュタグからお題を選べばいいわけです。特定のハッシュタグをクリックすれば、類似したテーマの他の投稿が見られます。テーマを探したり、他を参照したりすることができれば、動画の撮影はより簡単になります。

こうしてバイトダンスは、継続的に高い頻度で動画を集めることができるようになりました。

14 ハッシュタグチャレンジはTikTokの主要な広告の一種です。クライアント企業が音源やスタンプを提供し、インフルエンサーや利用者に動画を投稿してもらうイベントを行い、歌手やレコード会社が新曲を宣伝するために活用します。

海外展開 3

世界標準のアプリを提供

抖音で大成功を収めたバイトダンスは、2017年、同様のサービスを海外向けに展開します。サービス名を「TikTok」として150の国・地域へと市場を広げていきました。そのビジネスモデルは今日頭条の原型をそのまま残したものであり、抖音のモデルを横展開したものです。アプリのフォーマットと機能は世界中で統一されているので、どの国の利用者でも簡単に操作したり、動画を撮影したりすることができます。ピクト図解で示すと抖音と同じであることがわかります（図5－3）。

同社のグローバル戦略は、「技術で海外に進出する」というものです。ここでいう技術というのは、会社の設立当時から培ってきたレコメンド技術です。同じレコメンド技術に基づいて、世界標準のアプリを提供することによって、余計な投資をすることなく、効率的なグ

図5-3　TikTokのピクト図解

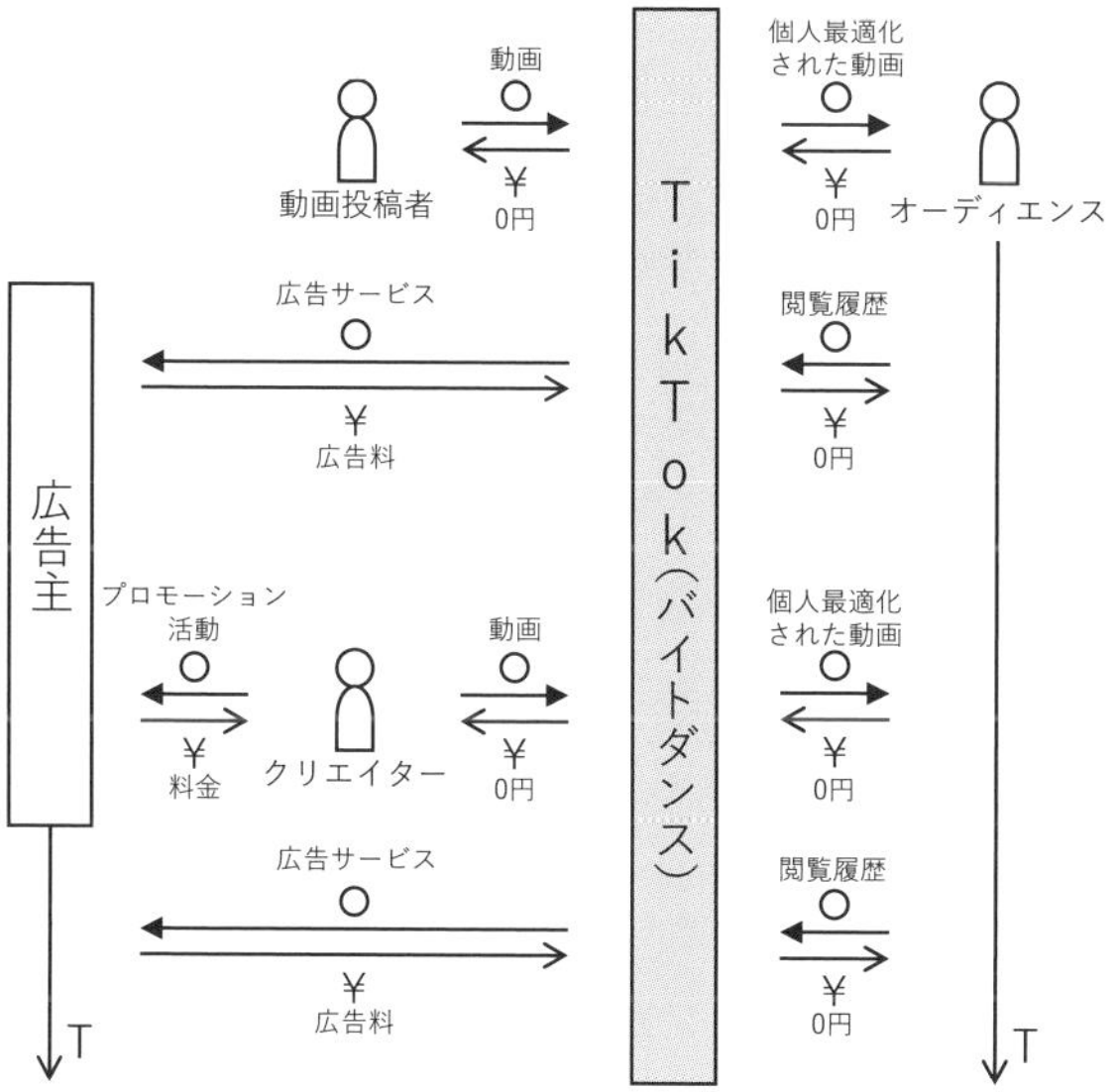

ローバル展開が可能になります。世界中の利用者に優れたユーザビリティと経験価値を提供することができるのです。

しかし、その一方で、市場(地域)によって運営の方法を変えています。進出する国の文化に合わせて、内容を変えたり、キャンペーンのあり方を変えたりしているのです。[15] たとえば、各国の流行に合わせて定期的に新しいハッシュタグチャレンジを行っています。[16]

横展開されたビジネスモ

15 その1つが人材の採用です。地域の背景に詳しい地元の人材を積極的に採用し、「タレントファースト」という理念のもと、人材を優先して多くの国にオフィスを構えています(『i黒馬網』講演録、2018年3月26日)。

16 日本では2018年に「#いいアゴ乗ってんね」という企画が大きな反響を呼びました。AKB48のメンバーや人気ユーチューバーも参加したキャンペーンでイギリス人の女性歌手Connie Talbotが歌っている「Count On Me」がBGMとして使われています。

デルは、着実に積み重なり収益を伸ばしていきます。２０１２年にはニュース配信が始まり原型が定まります。そこに２０１６年の動画配信が加わり中国最強ともいわれるアプリを生み出しました。そして、２０１７年には海外事業への展開が進み、世界中の若者に使われるまでになったのです（図５－４）。

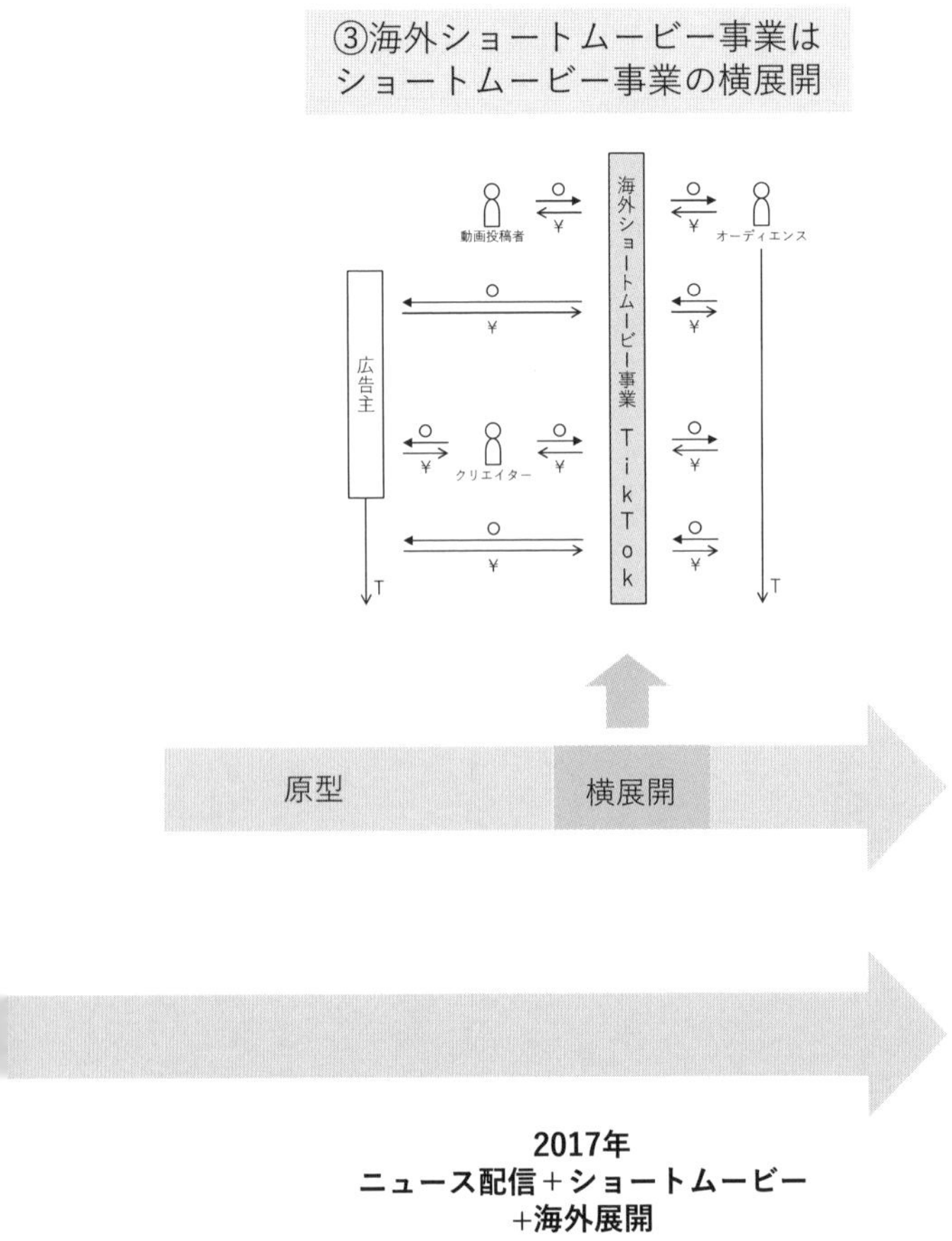

図5-4　バイトダンスの横展開による成長

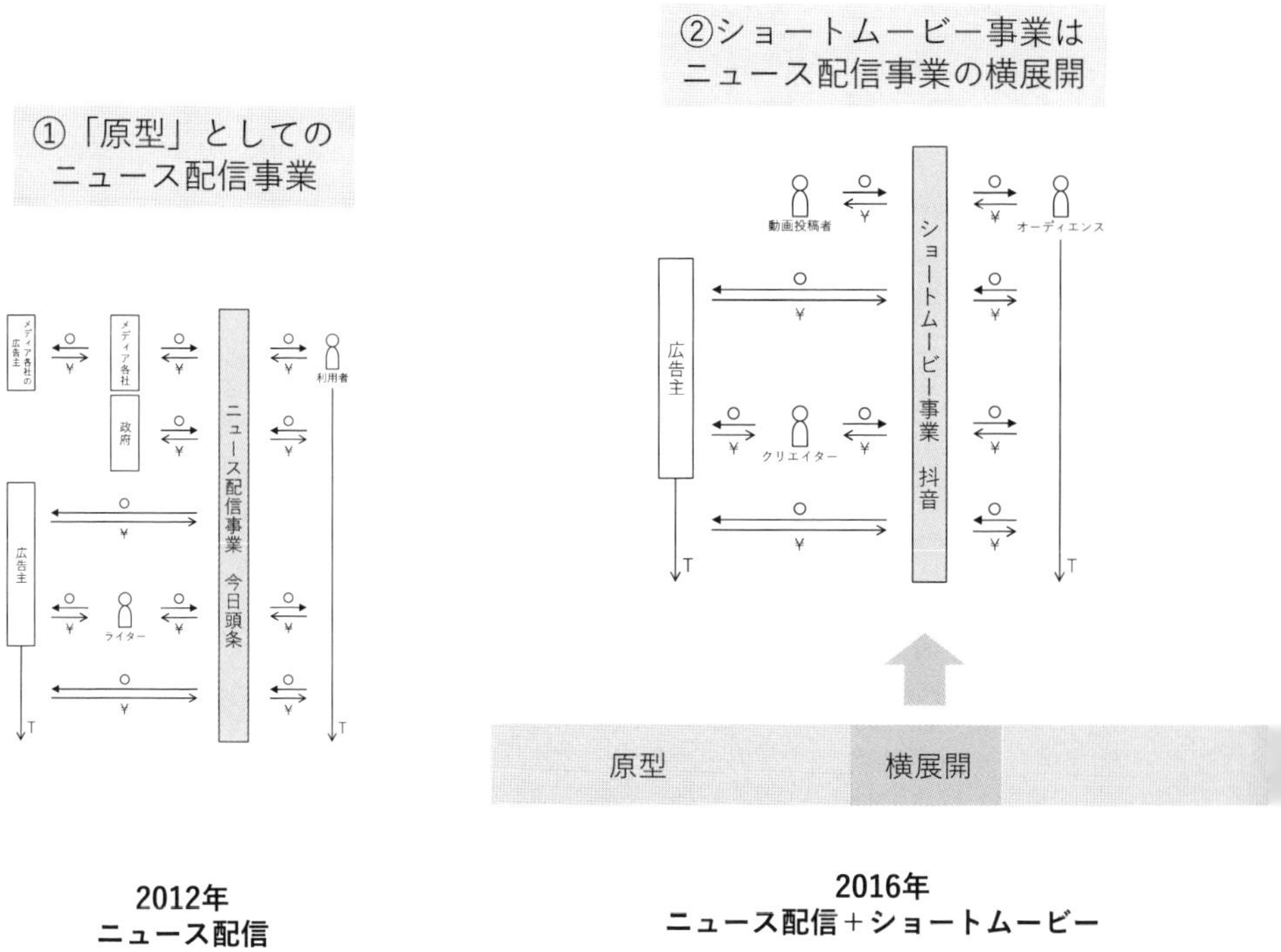

好循環の論理

バイトダンスの好循環の論理をシステムシンキング図で示しましょう（図5－5）。

図中①今日頭条のニュース配信サービスでは、外部の投稿者から記事を集めて閲覧利用者を増やすと同時に、パーソナライズを可能にするアルゴリズムを開発します。利用者が増えるほどメディアとしての価値が高まり、さらなる投稿者を引きつけます。閲覧データも増えることでアルゴリズムが洗練され、レコメンド精度も上がり、それがまた次なる好循環へとつながるのです。

このサービスで磨き上げたアルゴリズムというのは、他のサービスにも転用可能です。バイトダンスは、動画配信サービスに参入して同様のビジネスモデルを横展開していきました（図中②抖音）。ここで得た資金を元に簡単に投稿できるフォーマットを開発し、外部からの動画投稿を促しました。利用者を増やして閲覧データを集め、自社のアルゴリズムによって個別最適のレコメンドを実現したのです。

バイトダンスは、これと同時に、海外市場への横展開も行います（図中③ＴｉｋＴｏｋ）。

海外進出の中で、最も成功したのは抖音の海外版ＴｉｋＴｏｋのグローバル展開です。需要サイドを見ると、動画を閲覧するニーズは世界中にあります。また、供給サイドにおいても、動画ファイルというのは世界標準ですし、それを投稿するフォーマットも共通です。中国で作ったフォーマットをそのまま海外に持ち込むことができたので、地域ごとにゼロから

図5-5　バイトダンスの横展開による好循環

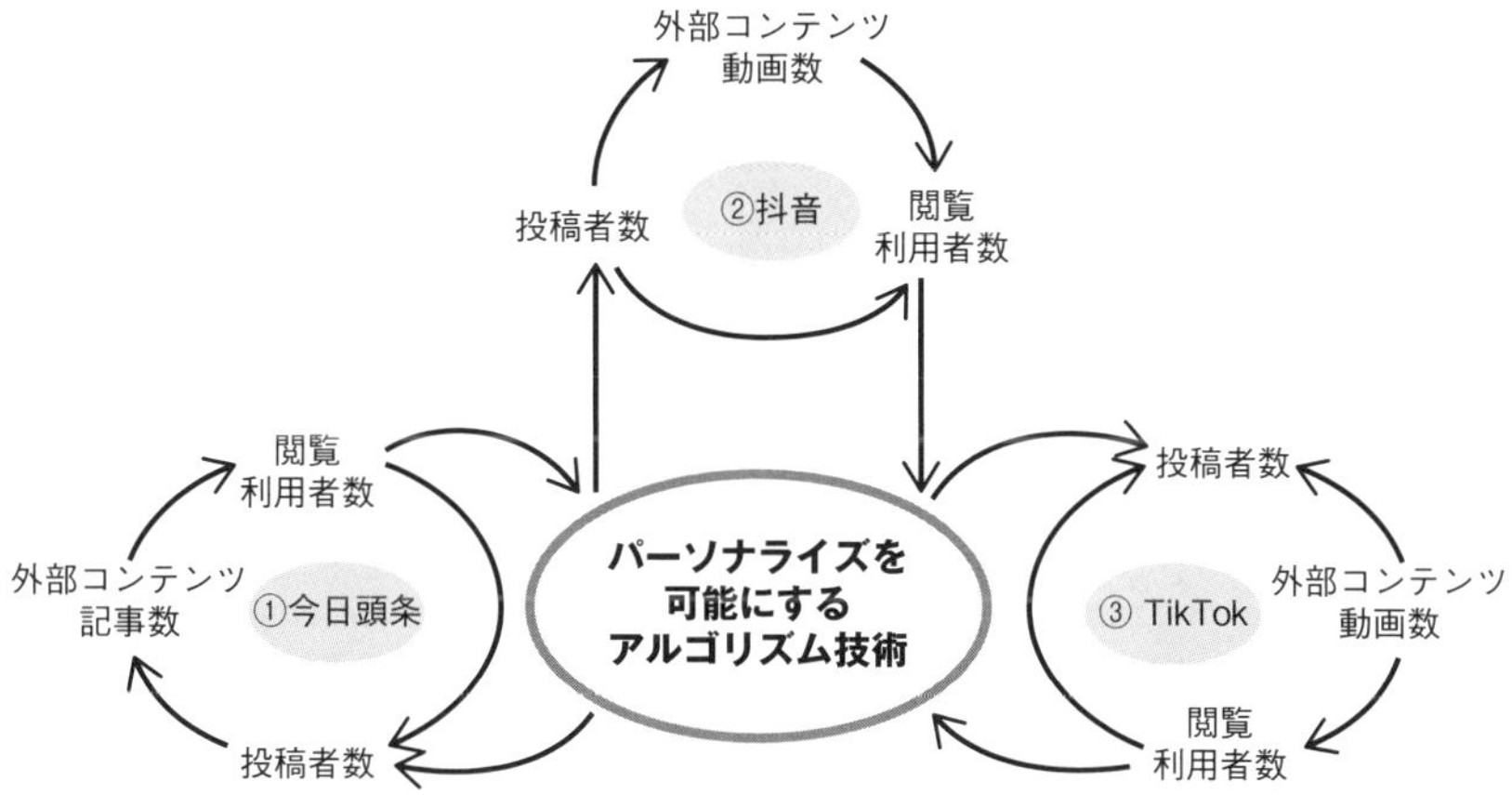

作る必要はなかったのです。

2017年8月にリリースされて以来、爆発的な人気を誇っているTikTokは、ダウンロード数も膨大です。調査企業Apptopiaが2021年1月に発表した2020年「世界のアプリダウンロードランキング」によると、昨年、世界で最もダウンロードされたアプリはTikTokで、ダウンロード数は8億5000万件でした。TikTokは海外で最も成功している中国発アプリと言っても過言ではありません。

CASE5の要点

- ビジネスモデルを横展開させて成長した企業としてバイトダンスがあります。バイトダンスは、もともと「今日頭条」という、スマホ向けのニュース配信アプリでレコメンドのアルゴリズムを開発して強みを構築し、それをショートムービーのTikTokに横展開した企業です。

- 基本戦略は単純で、利用者の閲覧履歴などの行動データをもとに、ぴったりのコンテンツをレコメンドし、そこにぴったりの広告を挿入するというものです。ユーザー数を増やすと同時に滞留時間を伸ばして収益を上げるというビジネスモデルの原型を複数の事業領域で展開しました。

- スマホ向けのニュース配信アプリの着想は、顧客洞察によって得られました。創業者の張さんは、ある日、地下鉄で誰も新聞を読んでいないことに気づき、スマホに最適化されたサービスを思いつきました。独自のレコメンドエンジンにこだわり、これを自社で開発した点が差別優位の源泉となりました。

- ショートムービーに横展開するにあたってお手本とされたのは、当時アメリカで人気のあった「Musical.ly」です。投稿も簡単にして①アプリの起動と撮影、②楽曲の選択、③速度調整や加工、④動画の編集、⑤投稿、という5つのステップで動画を共有できるようにしました。

☑ 海外進出においては、ビジネスモデルの原型はそのまま維持し、効率的に横展開してきました。基本的に、同じレコメンド技術、同じフォーマット、同じ収益モデルで複数の国や地域に展開しています。その一方で、マーケティングや運営については、市場に合わせた形で行っています。

CASE 6

Meituan《メイトゥアン》

ありとあらゆるサービスを提供するプラットフォーム

世界に類を見ないオールインワンのスーパーアプリ

創業者

王興《ワン・シン》

「オンラインサービス市場のアマゾンになる。」

社　　名：美団（Meituan）
創　　業：2010年
I P O：2018年（香港証券取引所）
売 上 高：1147億元（約1兆9000億円、2020年）

中国人にとってなくてはならない企業に

O2Oサービスの圧倒的な存在

CASE5で紹介した「横展開型」というのは、同じビジネスモデルを異なる市場に展開して効率化を図る方法です。類似したサービスを、複数の異なる市場で行うことで収益を伸ばそうとします。これに対して「融業型」というのは、多様なビジネスモデルを同一の市場で組み合わせて価値を高めようとします。同じ顧客に対して、多様なサービスを組み合わせて収益を伸ばすのです。

「融業型」のようなビジネスモデルは、クロスセリングの発想によって成り立っています。すなわち、ある製品・サービスを購買してくれる顧客に、それと関連する製品・サービスを追加的に販売する方法です。ビジネスの世界では、財布からたくさん支出してもらうという意味で「お客様のウォレット・シェアを高める」と表現することもあります。

このCASEでは、「融業型」のビジネスモデル・ポートフォリオの事例として、メイトゥアン（美団、Meituan）を紹介します。メイトゥアンは、人々の日常生活を支えるために、多種多様なサービスを安く利用できるように紹介するインターネットサービス企業です。レストラン、宿泊、レジャー、フードデリバリーなど、利用者のTPOに合わせて提案するクロスセリングによって収益を伸ばしてきました。

さまざまなサービスを通じて、顧客の行動情報（閲覧、購買）を集め、個別ユーザーごとにカスタマイズするという姿は、日本企業にとっても参考になるはずです。このCASEでは、世界に類を見ないサービス・プラットフォームの急成長の秘訣に迫ります。

メイトゥアンの時価総額は3400億ドル（約35兆円、2021年2月11日）とアリババやテンセントに及びませんが、しかしその成長スピードには目を見張るものがあります。メイトゥアンが設立されたのは2010年なので、アリババ（1999年設立）やテンセント（1998年設立）の約半分の年月でこの額に達していることになります。

メイトゥアンは、オンラインのネット利用者たちをオフラインの実店舗に誘導して購買を促すことを生業としています。いわゆるO2O（Online to Offline）の会社として、圧倒的な存在感を示しています。中国で生活するすべての人にとって、もはやなくてはならないスーパーアプリを提供するサービス・プラットフォーム企業なのです。

メイトゥアンを中国語で示すと「美団」です。その字の通り、「美・メイ」は美しい、「団・トゥアン」は一緒にという意味を持っています。同社は、テクノロジーが人類の生活をより豊かにすると信じ、自社のプラットフォームによって、消費者の日常生活を一新し、中国全土のビジネス革新がもたらされると考えているのです。

スーパーアプリの顧客体験

利用者の立場で少し詳しく紹介しましょう。以下はユーチューブなどでも紹介されているサービスイメージです。

北京の朝、リュウさんは朝食をどこでとろうかとスマホを取り出します。メイトゥアンのアプリを立ち上げると、数多くあるレストランの中から「オススメ」の新しい店が紹介されます。試してみると、期待通りの味と雰囲気。店内のＱＲコードスキャナをスワイプして支払いを済ませ、５つ星の評価をつけて店を後にします。

通勤は渋滞を避けるために自転車シェアリングサービスの「モバイク」を利用します。メイトゥアンのアプリからＱＲコードをスキャンして支払いを済ませます。

そろそろお昼というタイミングでは、アプリでフードデリバリーを頼みます。店は注文と同時に料理の準備ができます。また、ＡＩを搭載したインテリジェント・システムによって、１０００分の１秒以内に最適な配送ルートが決まり、デリバリーライダーに送信されるのです。

「メイトゥアン」の
サービスイメージを見る

（QRコードをスマホで
読み込んでください）

メイトゥアンのアプリのサービスメニュー

デリバリー	グルメ	ホテルと民宿	エンタメ	映画と劇場
配車	ゲーセン	生活サービス	クレジット	鉄道と航空
ゲーム	代行	薬局	お年玉	医療と歯科

仕事を終えたリュウさんは、スーパーマーケットに立ち寄ります。何でもスキャンすれば簡単に購入できます。持ち帰ることはもちろん、30分以内に宅配してもらうことも可能です。リュウさんは、輸入された新鮮なボストンロブスターを選び、スーパーマーケットのシェフに調理してもらうことにしました。

オールインワンの強み

このような便利なサービスは、買い物や外食にとどまりません。娯楽や美容などありとあらゆるサービスが、同社のアプリで利用できます。まさに、オールインワンのスーパーアプリなのです。

オールインワンの価値は、サービスの垣根をなくして、TPOに合わせた提案ができる点です。毎日の生活から週末の旅行まで必要なときにいつでも寄り添う一流のコンシェルジュのようにサポートしてくれます。

日本だと、それぞれの用途に合わせてアプリを使い分けなければなりません。レストランの予約であれば「食べログ」や「ぐるなび」、ホテルの予約であれば「じゃらん」や「一休」、フードデリバリーを頼みたいときは「ウーバーイーツ」や「出前館」を利用します。使い分ける

メイトゥアンのデリバリーアプリ画面

（実際のアプリを単純化したイメージ画像）

のが当たり前となっていますが、もし、映画館、美容院、ジム、病院やクリニックなど、より幅広いサービスがたった1つのアプリで手配できたとしたら便利だと思いませんか。

それを実現したのがメイトゥアンです。アプリを開けば、近くにある店がジャンルごとにリストされ、価格や距離、評価や口コミも詳しく記載されています。他にも家事代行、買い物代行や家電修理、ウェディングプラン、住宅のリフォームなどもすべてメイトゥアンのアプリで予約ができるのです。

その上、どのサービスも割引価格で提供され、ポイント加算や割引券のプレゼントがあります。ポイントや割引券はアプリ内の他のサービスにも使えます。ホテルの予約で得られたポイントや割引券はフードデリバリーや配車サービスにも使えるのです。

街で一際目立つメイトゥアンの専属配達員

写真：アフロ

コロナショックを乗り越えて成長持続

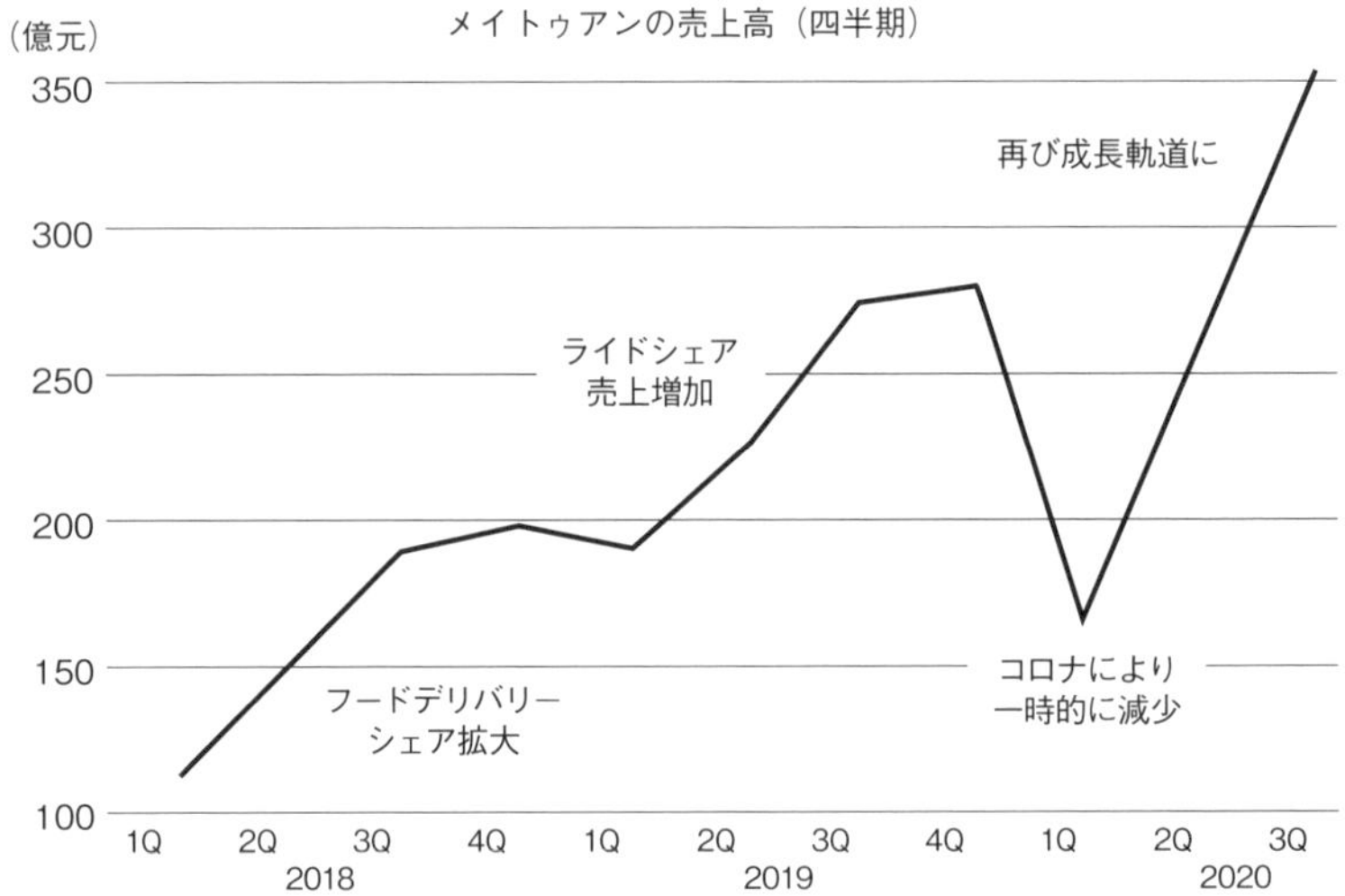

戦略的な立ち上げ 2

お手本はグルーポン

メイトゥアンは、どのようにしてサービスプラットフォームを構築したのでしょうか。

多様なサービスを割引価格で提供するというビジネスの始まりは、アメリカで生まれたグルーポン（Groupon）の模倣にありました。グルーポンについては、本書のＣＡＳＥ４（ピンドゥオドゥオ）でも、紹介しています。

グルーポンは２００８年にアメリカで始められたサービスで、オンラインの利用者たちをオフラインの実店舗に誘導するＯ２Ｏの１つです。具体的には、インターネット上でその場限りの共同購入グループを作って一定の購買数を確保し、割引サービスのクーポンを発行してもらうというものです。グループ（Group）とクーポン（Coupon）を組み合わせたサービスなので、グルーポン（Groupon）と命名されました。

図6-1 グルーポンのピクト図解

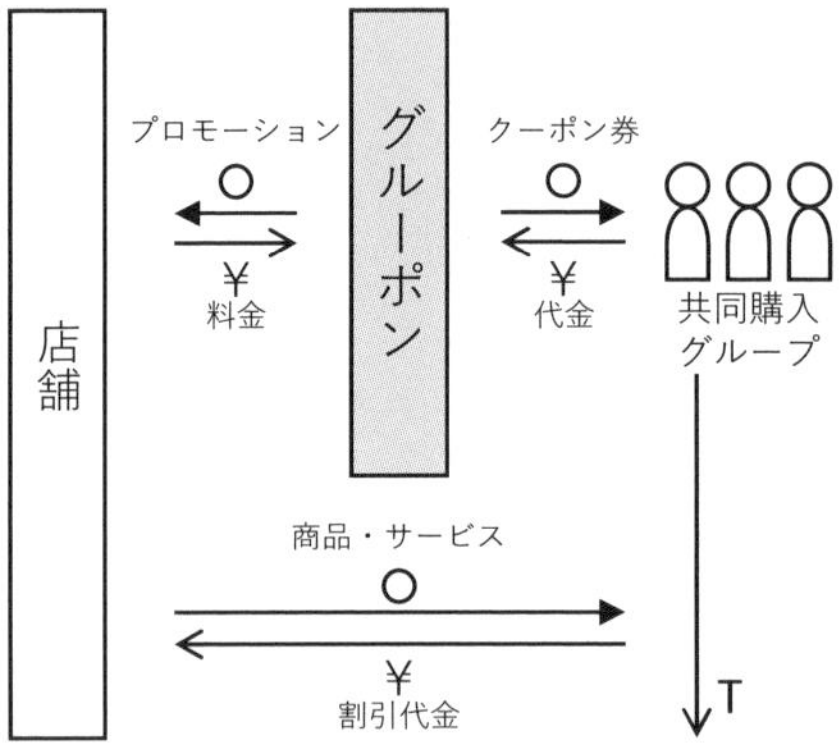

利用者は、店が発行した割引券をグルーポンのウェブサイトから購入すれば、その商品やサービスを割引価格で手に入れられます。また、店としても一定の売上が見込めますし、利幅は限られても顧客を誘導できるので広告宣伝としては有効です。売上は、サービスを提供した店と集客を手伝ったグルーポンで分け合うことになっています(図6−1)。

グルーポンはサービス開始からわずか2年で4億ドルの収入を達成し、フォーブス誌で「史上最速の成長企業」と紹介されました。[01] グーグルからは約60億ドルの買収提案がありましたが、それを断ってナスダックに上場しました(2011年11月)。利用者は割引を受けられますし、店舗は集客できます。そしてグルーポンは手数料や広告料収入を得られるのです。

この三方よしのビジネスモデルはアメリカだけでなく世界中で注目を浴び、

01 グルーポンは創業からわずか7カ月で黒字に転じ、17カ月で13.5億ドルの評価額に到達しました(『Forbes』2010年8月12日)。しかし、その後の業績は伸び悩み、当初期待された成長は見られませんでした。

たくさんの起業家に模倣されました。尋常でない数のコピーキャット（模倣者）が生まれ、中国では2011年に約5000社がグルーポン事業に参入したのです。2010年にメイトゥアンを立ち上げた王興（ワン・シン）さんもその1人です。

計算された地域展開で全国制覇

激しい競争で生き残っていくためには真っ向勝負を避けなければなりません。王さんは棲み分けを意識しつつ、メイトゥアンだけが成長できる戦略を考えました。

中国にグループポンの模倣者があふれかえる中、王さんが立てた戦略は3つです。[02] 順に説明していきましょう。

①モノを扱わず、サービスに特化し、網羅する

2011年の共同購入といえば、化粧品やアパレル衣料といったモノが主流でしたが、王さんはモノの共同購入では勝ち抜けないと見切ります。すでにアリババのECサービス「タオバオ」が中国に広がっていたからです。品揃え、価格、物流・配送網などで際立った優位性がなければ、やがては淘汰されてしまうと考えました。

そこで彼が注目したのが、レストランや映画などのサービス事業です。当

02 戦略の内容は多岐にわたっており、クーポンの消費期限が切れても、未使用であれば利用者に返金することいったことも含まれていました。その詳細は李志剛（2014）『九敗一勝：美団創始人王興創業十年』（未翻訳）に掲載されています。

初、ビュッフェ、映画チケット、ワインの試飲から始めましたが、それをカラオケ、美容院、エステ、ホテルなどに広げれば利用者のニーズを網羅することができると考えました。

②戦略的に地域店舗を開拓し、全国展開を進める

２０１１年のはじめから、メイトゥアンの主な競合はそれぞれ資金調達をして、数億元規模の広告宣伝を行っていました。テレビ、バス、地下鉄やエレベーターの中など、利用者の目につくところに各社の広告がありました。

しかし、王さんは、テレビコマーシャルや新聞広告などに頼るのではなく、店舗から協力を得るには、１軒１軒口説いたほうが有効だと考えました。問題は、いかにして全国の店舗を開拓していくかです。王さんにはその経験がないので、アリババで実績を積んだ甘嘉偉（ガン・ジアウェイ）さんを口説きます。甘さんは見事に期待に応えます。限られた資源で効率的に全国展開するために、全国３５０都市をＳ・Ａ・Ｂ・Ｃ・Ｄという5つのランクに分け、異なる対応を取りました。[03]

◎Sランクは北京、上海、広州、深圳の4大都市です。競合各社ともシェアをとりたいので、競争は熾烈です。1位にこだわることなく、3位以内を目標にしました。

◎A・Bランクは西安、成都といった各省の省都です。メイトゥアンは

03 インターネット市場では規模の経済とネットワーク効果が働き、1位は市場シェアの7割をとって成長し、2位はシェアの2割しか取れずに伸び悩み、残りはシェアを取り合って廃業すると言われています。甘さんは共同購入市場でも同じことが起こると考え、市場シェアの7割をとるためにA・Bランクを重視しました（『混沌大学』講演録、2017年7月1日）。

資源をA・Bの都市に集中させ、これらの都市で絶対的な優位を勝ち取ることにしました。

◎C・Dランクはそれ以外の地方都市です。上位のランクで競争に敗れた企業はC・Dの都市から撤退するはずなので後回しにしました。

③スマホアプリの開発に注力し、スピードを高める

王さんは、中国も「すぐにモバイルインターネット時代に突入する」と直感し、PCサイトだけでなく、いち早くスマホに対応したアプリの開発を命じました。技術チームは、わずか1~2カ月で開発を終え、メイトゥアン創業の1周年となる2011年3月4日にはアプリをリリースできました。

アプリでは、決済が最も重要な機能だと考えられたため、アリババの決済サービス「アリペイ」と連携し、直接アプリで決済できるようにしました。今となっては当然の連携だと思われるかもしれませんが、当時としては画期的な試みです。利用者に割引券の使用期限をリマインドするなどして、競合他社を一歩リードすることができました。

2011年半ば以降は、共同購入事業への投資が一気に冷めました。競合他社の資金調達は止まり、急速な拡大に耐えられなくなり、倒産が相次ぎました。

一方、メイトゥアンは十分なキャッシュフローを確保していたので、効率よく全国各地に拡張できました。その結果、メイトゥアンは中国インターネット史上有名な「千団大戦（団は共同購入のことを指す）」を勝ち抜くことができたのです。

3 クロスセリングでサービスを続々と拡充

ビジネスモデルの原型と進化

以上の3つの戦略によって、メイトゥアンは「融業型」のビジネスモデルの原型を作り上げました。ピクト図解で描くと図6－2のようになります。インターネット上で共同購入グループを作って一定の購買数を確保し、割引サービスのクーポンを発行して利用者に提供するものです。ビジネスモデルの基本的な「型」は、グルーポンから模倣しました。

メイトゥアンの場合、事業領域をサービスに絞り、レストラン、ホテル、アミューズメントなど、多種多様な協力店舗との結びつきを深めていきました。これによって多種多様なサービスを利用者にクロスセリングできるようになります。

店舗としては利用者を誘導してもらえるので、ディスカウント価格でもメリットがあります。サービス利用の代金の一部が手数料としてメイトゥアンに支払われる仕組みです。

図6-2　共同購入事業のピクト図解

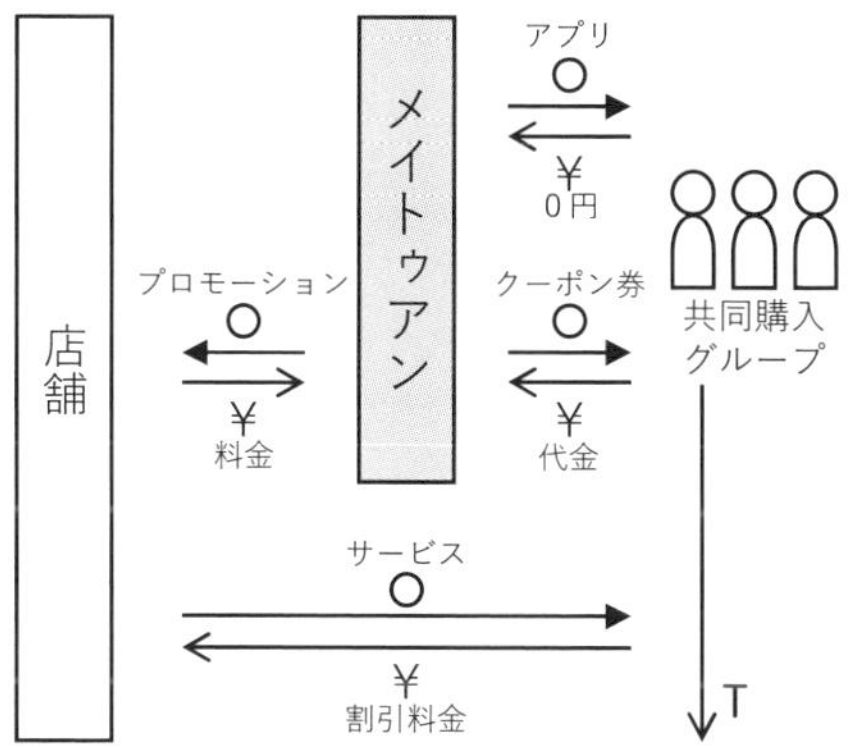

クーポン型の事業が一段落する頃、メイトゥアンは、協力店との結びつきをもとに、クロスセリングできるサービスを拡充していきます。それが予約事業の追加とフードデリバリーへの参入です。順に説明していきましょう。

ホテルの予約サービス

クーポン事業で問題となったのが、繁忙期に利用しにくいという点です。たとえばホテルの宿泊の場合、空室があれば割引券を使えますが、満室であれば利用できません。利用者が割引券を使いたいときというのは、往々にして観光シーズンのピークです。割引券が使えるホテルを探し出すのに苦労することも珍しくありませんでした。

一方のホテル側もクーポン利用者からの電話による空室の問い合わせには苦慮します。対応には時間がかかりますし、満室時には断らざるを得ません。

そこでメイトゥアンは、利用者が確実に部屋を予約できるように、2013年から事業形態にオンライン予約型のサービスを追加しました。地方の中小規模のホテルは開拓済みだったので、そこに話を持ちかけたのです。

このとき問題になったのが予約システムです。地方や田舎の中小規模ホテルのオーナーはパソコンを使い慣れていません。営業チームはヒアリングを重ね、簡単に操作できる「E-booking」を開発しました。操作手順については文書や動画のマニュアルを準備し、営業チームを派遣して丁寧に教えました。[04]

旅行代理サービス

メイトゥアンは、ホテルのオンライン予約事業によって、旅行代理サービスでも急速に成長しました。わずか5年で業界第2位にまで上り詰めたのです。オンライン旅行代理サービスでここまで急成長できたのは、レストランなどのサービスの利用者を、旅行代理サービスへと誘導することに成功したからです。ホテルの新規利用者の約80%が、飲食関連のサービスの利用経験者です。[05]

旅行というのは、支払金額は大きいのですが、頻繁に行くものではありません。したがって、サービスの利用頻度は低いといえます。

これに対して、飲食関連のサービスは、日常生活で利用するものです。支払金額は少ないのですが、頻繁に利用します。メイトゥア

04 メイトゥアンは地方の中小規模のホテルの環境に合わせて「E-booking」のインターフェイスの改善に取り組みました。2015年半ばにリリースし、2016年の第1四半期の終わりには、20万軒ある提携ホテルの約9割が「E-booking」の導入を完了させました(『環球旅訊』2019年7月23日)。

05 メイトゥアン目論見書から2017年時点のデータを使用しています。「飲食関連」には、フードデリバリーも含まれています。

図6-3　予約事業のピクト図解

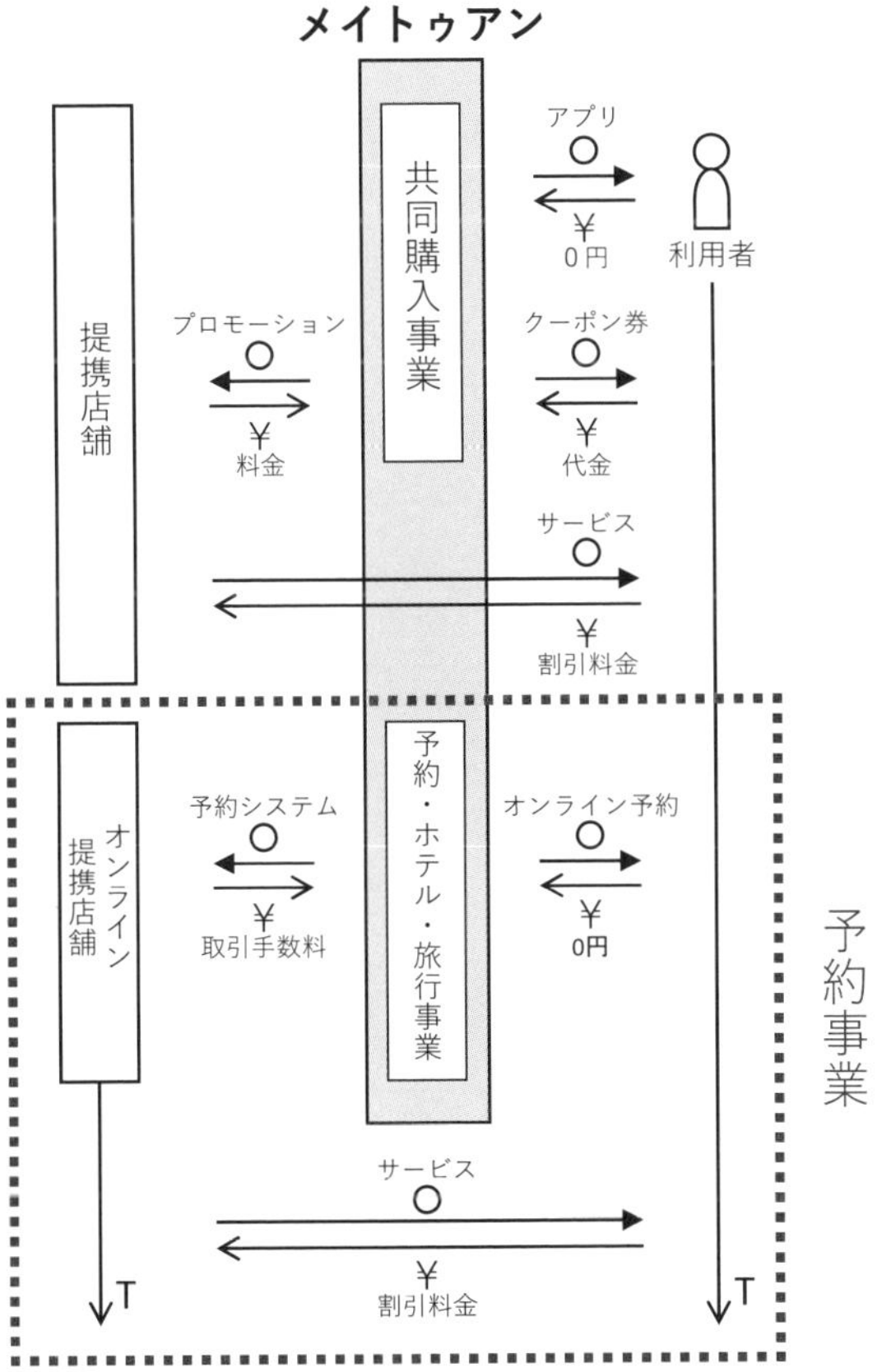

ンは、飲食などアプリ利用頻度の高いサービスに、ホテルなどの利用頻度の低いサービスを紐づけて提案し、利用者を旅行へうまく誘導しました。

フードデリバリー

メイトゥアンの躍進はこれにとどまりません。共同購入型クーポンを予約事業へと進化させるのと同時に、新しい領域にO2Oビジネスモデルを横展開していきます。それが、フードデリバリー事業への参入です。

メイトゥアンがフードデリバリー事業に進出した理由は3つあります。

第1の理由は、市場規模です。当時、インターネットの波に乗って急成長を遂げた中国企業はいくつかありました。その典型は、不動産賃貸サイトや自動車の情報サイトです。いずれもインターネットを用いて伝統的な業界のあり方を変えることで成長していました。もし、まだ伝統的なあり方が残っている業界があれば、そこにビジネスチャンスがあるはずだと考えたのです。フードデリバリーは、まさにそのような業界でした。市場規模も大きく、成長が見込めると考えられました。

第2の理由はタイミングです。2000年頃から中国ではフードデリバリーの人気が高まっていましたが、利用者も店舗も情報リテラシーが低く、インターネットがうまく活用されていませんでした。メイトゥアンには、情報リテラシーを高めるノウハウがあったので商機が見込めました。

第3の理由は、グルーポン事業との相乗効果です。メイトゥアンはすでに全国の飲食店との結びつきがあり、信頼関係を構築できていました。これをフードデリバリーにも転用すれば相乗効果が見込めると考えたのです。

配送ネットワークの構築

当初、メイトゥアンのフードデリバリーは、大学生向けのサービスを行っていました。大学のキャンパスには寮があって、学生の住居が集中しているので配送ルートが単純です。大学近辺のレストランに頼めば配送までしてくれるので、新たに配送サービスを整備する必要もありません。しかし、市場規模をみると大学生は中国で約2000万人にとどまり、ビジネスパーソンの3億人に大きく劣ります。[06] 将来のフードデリバリー市場を考え、メイトゥアンはターゲット市場をオフィスへとシフトさせました。

オフィスの市場では、レストランの好み、求める配送スピード、サービスの質が学生のそれとは異なります。しかも大学の寮とは違い、オフィスはあちらこちらに点在しています。どの建物からいつどれだけの注文が来るか予想ができません。配送を店に任せてしまうと、食事の時間に間に合わなくなったり、配送ができずに注文を受けられなくなったりします。トラブルが生じれば利用者は不満を感じます。利用したときの経験がよ

06 中国iResearch Consulting Groupの調査データによると、2019年の中国のネットデリバリー消費者数は約4億6000万人であり、9億人いるインターネットユーザーの約50%を占めています。また、デリバリー業界の市場規模は6536億元（約10兆円）で、2018年と比較して39.3%も増加しています。

くないと、二度と注文してもらえません。オフィスで働くビジネスパーソンの要求に応えるためには、メイトゥアンは配送サービスを整備する必要がありました[07]。具体的にメイトゥアンがとった対応は、次の3つです。

- 専属契約
- 配送員の選定
- ルート表示

まず、複数の配送会社と専属の契約を結び、メイトゥアン以外の配送は受け付けさせないようにしました。この契約によって、食事時の忙しい時間帯でも迅速な配送が可能になります。

次に、配送員のうち、誰に依頼するかを自動的に決めるシステムを構築しました。専属契約した配送会社には、数百から数千人の配送員がいます。注文が決まり次第、システムは近くにいる配送員を特定して依頼します。サービスを開始して軌道に乗り始めると、1つの区域で注文が1分間に50件ほど入るようになりました。各配送員と各店舗の状況を把握しなければならず、人間の管理能力を超えています。メイトゥアンは、ビッグデータと機械学習を活用することで、最適な配送員を自動的に割り出してくれるシステムを構築しました。

07　配送サービスを整備するに至った背景の1つとして「ウーラマ」との競争が挙げられます。「ウーラマ」は大学生向け市場で5年間先行しており、メイトゥアンは参入から2年間サービスを続けましたが決着がつきませんでした。その後、市場規模を考慮してビジネスパーソン向け市場にシフトし、その際に自ら管理できる配送システムの構築が必要だと考えたのです（『虎嗅网』2019年1月18日、22日）。

図6-4　フードデリバリー事業のピクト図解

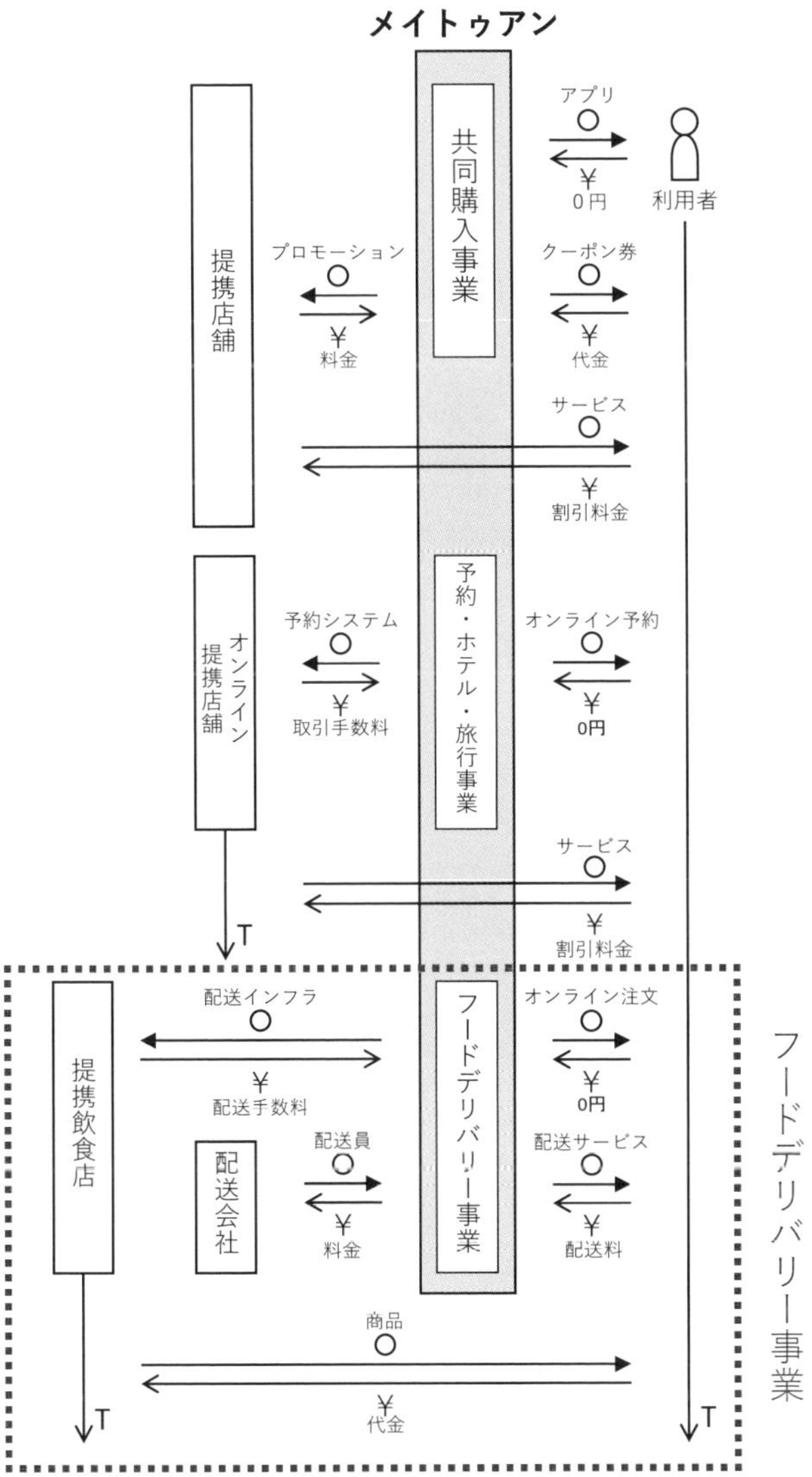

最後に、このシステムを用いて配送の推奨ルートを配送員に伝えることにしました。フードデリバリーの配送というのは簡単ではありません。ルートの選定にあたっては、店舗の位置や調理時間、配送員の位置、利用者の位置、天気など、さまざまな要素を考慮しなければなりません。メイトゥアンは配送ルートを最適化し、配送効率を高めることにしたのです。

配送が万全であれば、食事を作る店舗も喜んでこのサービスに参加してくれます。フードデリバリーサービスに加盟する店は増えていき、利用者は、さまざまなタイプの店から好きなところを選び、豊富なメニューの中から注文することができるようになりました。

世界最大の即時配送ネットワーク

そしてメイトゥアンはＩＴシステムを構築して、中国全国で同じサービスを提供できるようにしました。メイトゥアンの実働配送員は１日平均で、２０１５年の１・４万人から２０１７年の53・１万人にまで増加しました。情報システムも進化していて、２０１７年の時点で、ピークの時間帯では１時間に29億回ものルート計算が行われ、０・５５２秒で最適なルートが定まります。[08] 世界最大の即時配送ネットワークといっても過言ではないでしょう。

システムの開発に成功したメイトゥアンは、２０１６年に、フードデリバリーを中国全土へと広げていきました。競合がまだ進出してない都市にも進出し、オ

08 メイトゥアン目論見書から2017年時点のデータを使用しています。

フィス市場を抑えて差を広げていったのです。

もちろん、全国展開をするには管理のノウハウが必要です。幸い、メイトゥアンはグルーポン事業を通じて管理するノウハウも蓄積してきたので、その情報と経験を生かすことができました。グルーポン事業と同じように、全国都市をS・A・B・C・Dにランク分けして、優先順位をつけて広げていったのです。

その結果、2016年初頭にはサービス提供都市は200に達し、同年末にはその数は1000を超えるまでに至りました。2018年、フードデリバリー市場におけるメイトゥアンのシェアは60％を超えて、業界1位に輝きます。

③フードデリバリー事業を予約事業に融業

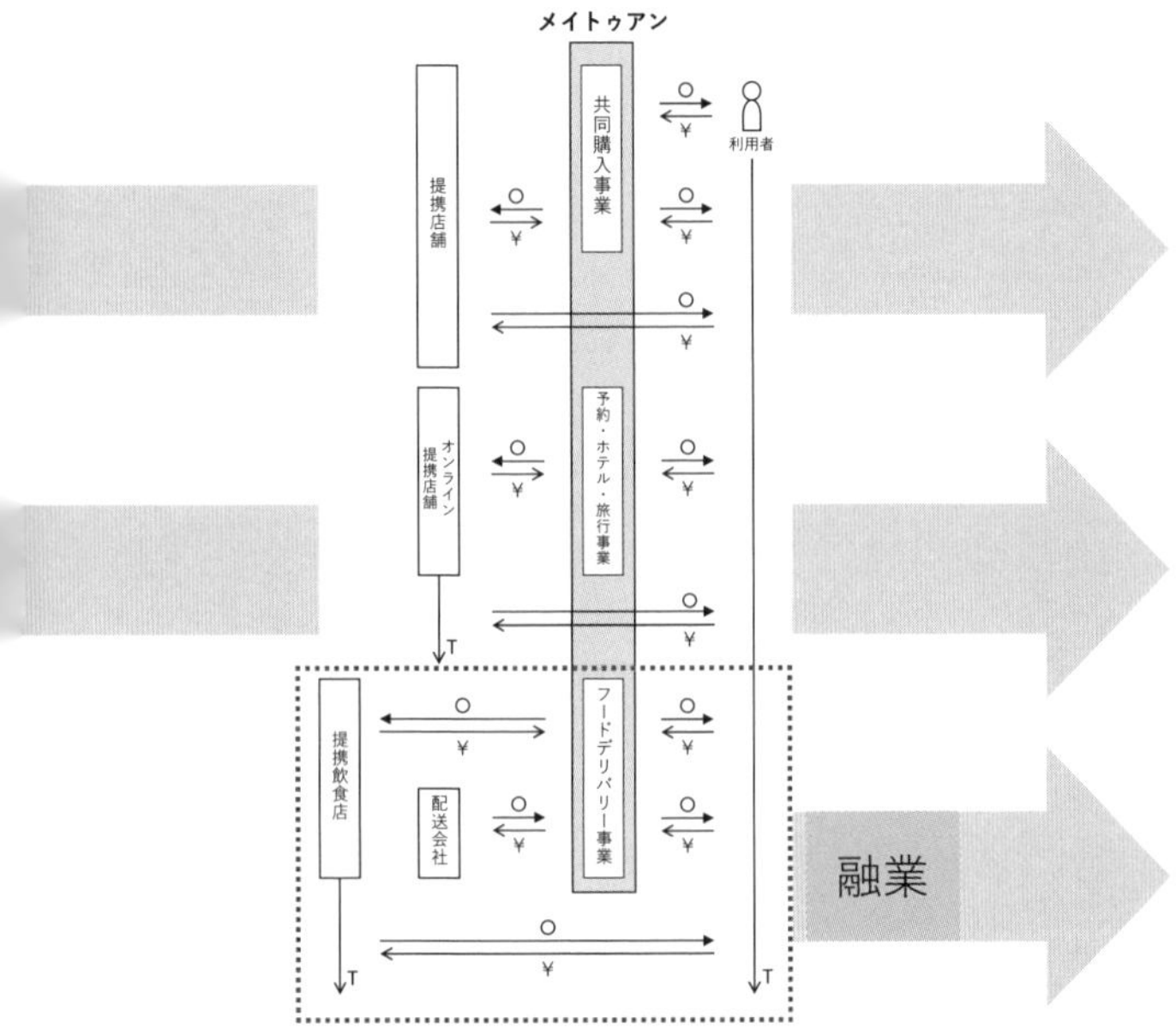

2013年
共同購入事業＋予約事業
＋フードデリバリー事業

図6-5　メイトゥアンの融業による成長

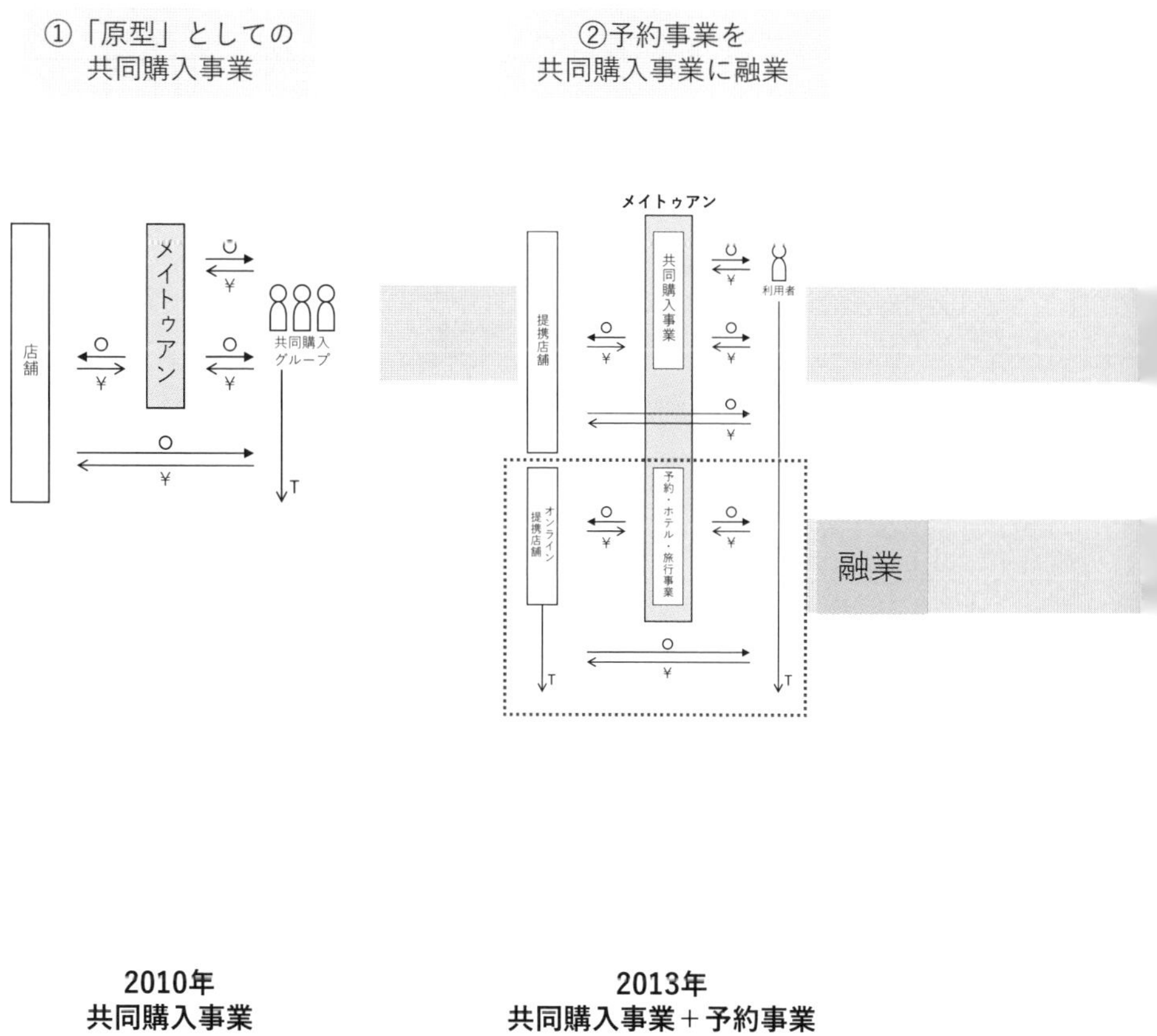

好循環の論理 4

3段階の融業

メイトゥアンの成長は、3つの段階にわけて整理することができます。まず、クーポン事業で、飲食や宿泊やレジャーなどの多様なサービスをクロスセリングすることで自社のビジネスを伸ばしました。より多くの利用者に使ってもらうのはもちろん、中国全土の店舗、ホテル、レジャー施設などに出向いて協力関係を築きました。

次に、これらの基盤を生かして、予約事業へと事業の範囲を広げていきます。利用者の購買や利用データを集めて分析し、その時々の状況に合わせたサービスが提案できるようにしました。これによってクロスセリングは洗練されたものになり、メイトゥアンのサービスなしでは日常生活やレジャーのシーンで不便を感じるほどになりました。

そして中国でよく利用されるフードデリバリーへの参入にも成功しました。後発での参入

図6-6　メイトゥアンの融業による好循環

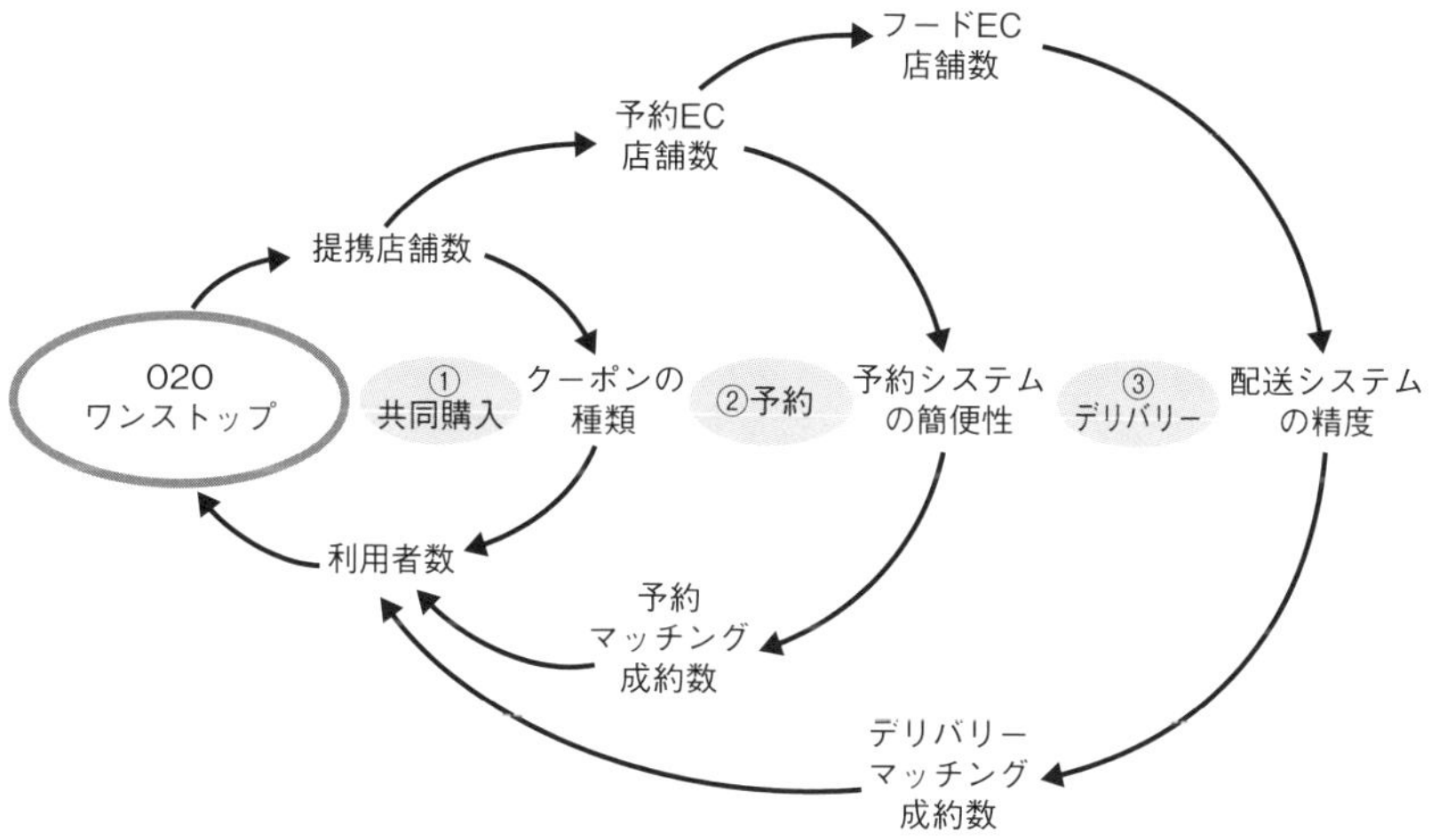

となりましたが、見込みのある市場を慎重に見極め、かつその市場に合うIT技術に投資し、高効率の運営を行い、急成長することができました。

この3段階の融業による急成長を、循環図で示すと図6－6のようになります。

共同購入事業の確立

1段階目は、戦略的な全国展開です。アメリカで生まれたグルーポンの共同購入ビジネスモデルを中国市場に持ち込み、短期間のうちに多様なサービスに参入して成果を上げました。アプリの開発と、地道な営業努力によって「提携店舗数」を増やすことで「利用者数」を増やしていったのです。

特徴的だったのはモノを扱わずにサービスに特化した点です。多種多様なサービスを提供できなければ利用者は増えないと考え、一気にサービスの領域を広げていきました。グルーポン型のビジネスモデルで多様なサービスを融合するという基本方針を定め、全国同時展開していったのです。

さまざまなサービスを提供する「店舗数」が増えれば「クーポンの種類」も増えます。そしてより多くの「利用者」が集まるのです。こうして好循環が生まれ、メイトゥアンは成長しました。ここにメイトゥアン流の「O2Oワンストップ」の基盤が定まります。

予約事業を組み合わせる

メイトゥアンのクロスセリングによる融業はこれにとどまりません。割引率は低くても、確実にホテルやレストランの予約ができるようにしたいというニーズに応えるために、予約事業を組み合わせたのです。

しかし、そのためには予約システムを導入してもらう必要があります。メイトゥアンは地道に提携店舗に声をかけて協力を呼びかけました。「予約EC店舗数」は増大し、それに伴って「利用者数」も伸びていきました。

さらには旅行代理サービスにも手を広げます。こうして「O2Oワンストップ」の基盤はより盤石なものとなっていったのです。

フードデリバリーも融合

さらなる成長を目指したメイトゥアンは、フードデリバリー事業にも進出します。すでにO2Oのビジネスモデルが確立されていますが、これをそのまま横展開することはできません。フードデリバリーには配送が不可欠であり、それを整備する必要があったからです。

とくに、「配送システム」を作り上げる必要がありました。配送が万全であれば店からも信頼されます。「フードEC店舗数」は増大し、それに伴って「利用者数」も伸びていきました。こうしてフードデリバリーへの注文が殺到するようになり手数料収入と広告料収入も増加していったのです。

CASE 6の要点

☑ ある製品・サービスを購入してくれた顧客に、それと関連する製品やサービスを追加的に販売することをクロスセリングといいます。これを突き詰めたのが「融業型」のビジネスモデルであり、その典型例の1つがメイトゥアンです。メイトゥアンは、顧客の購買データを活用して、ありとあらゆるサービスを提供しています。

☑ メイトゥアンのお手本はアメリカのグルーポンでした。それは、ネット上でその場限りの共同購入グループを作って購買数を確保し、割引クーポンのサービスを発行するビジネスです。オンラインの利用者をオフラインに誘導するという点で、このサービスはO2Oと呼ばれます。

☑ メイトゥアンは、外食、映画鑑賞、美容院、フィットネス、病院、宿泊予約、買い物代行、家電修理、ウェディング、リフォームなどさまざまなサービスについて、このO2Oビジネスを実現しました。同一の利用者に対して多様なビジネスモデルを展開するポートフォリオを組んだのです。

☑ 同社の強みは、地道に開拓した全国の協力店ネットワークです。グルーポンを模倣しようとした競合他社は山ほどいましたが、メイトゥアンは自らの足で全国を回り、1軒1軒口説いていきました。これが、後で予約事業を始めるときにも役立ちます。

☑ メイトゥアンは、ビジネスモデルの融業の範囲をフードデリバリーまで広げました。協力店に参加を呼びかけると同時に、時代の最先端を行く配送サービスを構築しました。ピーク時に膨大な件数の注文が入っても、配送員と店舗の状況を瞬時に把握して最適ルートを示すことができます。このシステムによってフードデリバリーでも業界1位に輝きました。

CASE 7

シャオミ

Xiaomi

スマホメーカーからネットサービス企業へと進化

世界有数の利用者コミュニティを作り上げる

創業者

雷軍

レイ・ジュン

「利用者とはずっと友人でありたい。」

社　　名	：小米（Xiaomi）
創　　業	：2010年
I P O	：2018年（香港証券取引所）
売上高	：2459億元（約4兆1000億円、2020年）
純利益	：130億元（約2167億円、2020年）

ハードでは儲けない

1

横展開した市場で融業する

これまで紹介してきた横展開と融業というのは、どちらか一方しか追求できないものではありません。うまく工夫すれば両立できます。実際、自社の得意分野を生かして複数の市場セグメントへと横展開した企業が、その後に関連するサービスを融業化させて成功するような事例もあります。

このCASEでは横展開と融業を両立させた典型として、総合家電メーカーのシャオミ(小米、Xiaomi)を紹介します。

シャオミは、スマホ事業でユーザーコミュニティを軸としたビジネスモデルを確立し、それをスマホアクセサリ、IoT家電、そして日用品に横展開していきました。その上で、アプリやゲーム、動画や楽曲の配信を行い、関連するサービスを融業してエコシステムを築き上げていったのです。

シャオミは、スマホメーカーからインターネットサービス企業へと進化した結果、2017年にはサービス部門の粗利益が全体の4割を占めるまでになりました。

ネットサービス部門の売上比率はわずか1割しかないわけですから、驚異的な利益率の高さです。自社が得意とするモノづくりだけに頼るのではなく、サービスや広告などによって収益を伸ばすという姿は、次世代のメーカーのお手本となります。

利益率を抑えて、消費者に還元

中国の企業というと、貪欲なまでに利益を追求するイメージがあります。良い意味でも悪い意味でも〝経済合理性に駆り立てられている〟。こう感じている人は、世界中に少なくないはずです。

しかし、これは先入観なのかもしれません。少なくとも、総合家電メーカーのシャオミ（小米、Xiaomi）は違います。成長著しい中国市場で、しかも高い利益率を上げることができるIoT関連のハードウェアにおいて、自らの利益を抑えて消費者に還元するという姿勢を見せているのです。

「永久にハードウェア製品の利益率を5％以下に抑え、それを超えた分はすべてユーザーに還元する」[01]

シャオミを立ち上げた雷軍（レイ・ジュン）さんは、偽物や粗悪品が氾濫していた中国の製造業に大きな問題を感じ、それを正すためのミッションを掲げました。スマホメーカーとして創業し、ＩｏＴエコシステムを構築し、高品質低価格の製品を世に出し続けて中国の産業に貢献しているのです。

２０１９年、シャオミはフォーチュン５００に入りました。創業からわずか９年という偉業です。アリババやテンセント、ファーウェイといった名だたる中国企業も名を連ねていますが、それぞれ創業から18年、14年、23年かかっています。シャオミは世界最速の記録だといわれます。

これほどの並外れた業績を達成したシャオミですが、どのように成長を遂げたのでしょうか。このＣＡＳＥでは、その秘密を紐解いていきます。

01　2018年4月25日、創業者の雷軍さんはスマホの「Mi 6X」の発表を武漢大学で行い、この方針を発表しました。「Mi 6X」はこの方針を象徴するものであり、競合の半分の価格で同じ性能を実現した優れた製品です（『テンセントテック』2018年4月25日）。

中国企業の悪循環をひっくり返す 2

利用者に開発に参加してもらいたい

シャオミ創業者の雷さんは、中国のソフトウエア会社に15年間勤務した後、2010年にスマホメーカーのシャオミを立ち上げました。

雷さんはそのときに、大手携帯電話メーカーのノキアやモトローラの上級管理職に会う機会がありました。ノキアのグローバル研究開発部門の副社長に「自分だったらこれが欲しい」「もっとこうすればいい」という要望や提案を伝えることもあったそうです。

しかし、このような提案が採択されることはありませんでした。

そこで、雷さんは「自分と同じように感じている利用者は少なくないのではないか」「熱心な利用者が製品開発に参加できる仕組みを作るべきではないか」と感じたそうです。そして利用者の声を聞き、彼らに支持される会社を創設しようと思ったのです。

シャオミを立ち上げたときの決意について、雷さんは次のように語っています。

「たとえ将来、自分の会社がどれだけ大きくなったとしても、利用者とはずっと友人でありたい。利用者には開発に参加してもらいたいのです[02]」

当時の中国製のスマホや携帯電話の品質は「低品質高価格」でまかり通っていました。しかし雷さんは、利用者に支持される企業こそ社会的な価値があり、持続可能であると考えたのです。

「MIUI」コミュニティ

雷さんが最初に注目したのがスマホのOS（オペレーティング・システム）です。アンドロイドOSはオープンソースであり、利用者もそのOSについて問題を指摘したり改善案を出したりできます。利用者とともにOSを開発することで、「高品質低価格」という自らの理想に近づくことができます。

ところがOSの開発というのは複雑であり、時間がかかります。バグがあると数万人の利用者に支障をきたしてしまうので、何度もテストを重ねなければなりません。

02 黎万強『参与感：小米口碑営銷内部手册』（中信出版集団）の序文に寄稿した雷軍さんの言葉。雷さんは利用者との関係を町の小さなレストランにたとえます。店に来てくれる人はすべて友人であるような関係を理想としていたのです。そしてこのような関係性は企業の発展には不可欠であると考えていました。

そこで、雷さんは、最初のステップとして100人の利用者を集めて「毎週アップデート」を行うことにしました。利用者のフィードバックをすぐに反映させた結果、雷さんが開発したOS「MIUI（ミーユーアイ）」は他のアンドロイドOSよりもスピードが増し、インターフェイスもよくなったのです。

「MIUI」の評判は高まり、たったの100人だった利用者が、翌週には200人になり、それ以降も幾何級数的な勢いで伸びていき、1年後には、「MIUI」の利用者コミュニティは50万人に達しました。

高効率のビジネスモデル

雷さんは、このコミュニティをベースに、高効率のビジネスモデルを構築します。

当時、中国のメーカーは儲けることを優先するあまり、材料や生産過程で手を抜き、研究開発と製造のコストを削減していました。しかし、不十分な材料で作りにくい製品を作っても生産効率は上がりません。価格の割に品質が悪いので、販売やプロモーションにもコストがかかります。店舗の運営などの負担も大きくなり、悪循環に陥っていました。

この非効率を解消するための雷さんの打ち手が次の4つです。

①利用者との共同開発

OSのみならず、携帯電話の開発にも利用者の声を生かしました。利用者は、自分の意見

シャオミコミュニティの画面

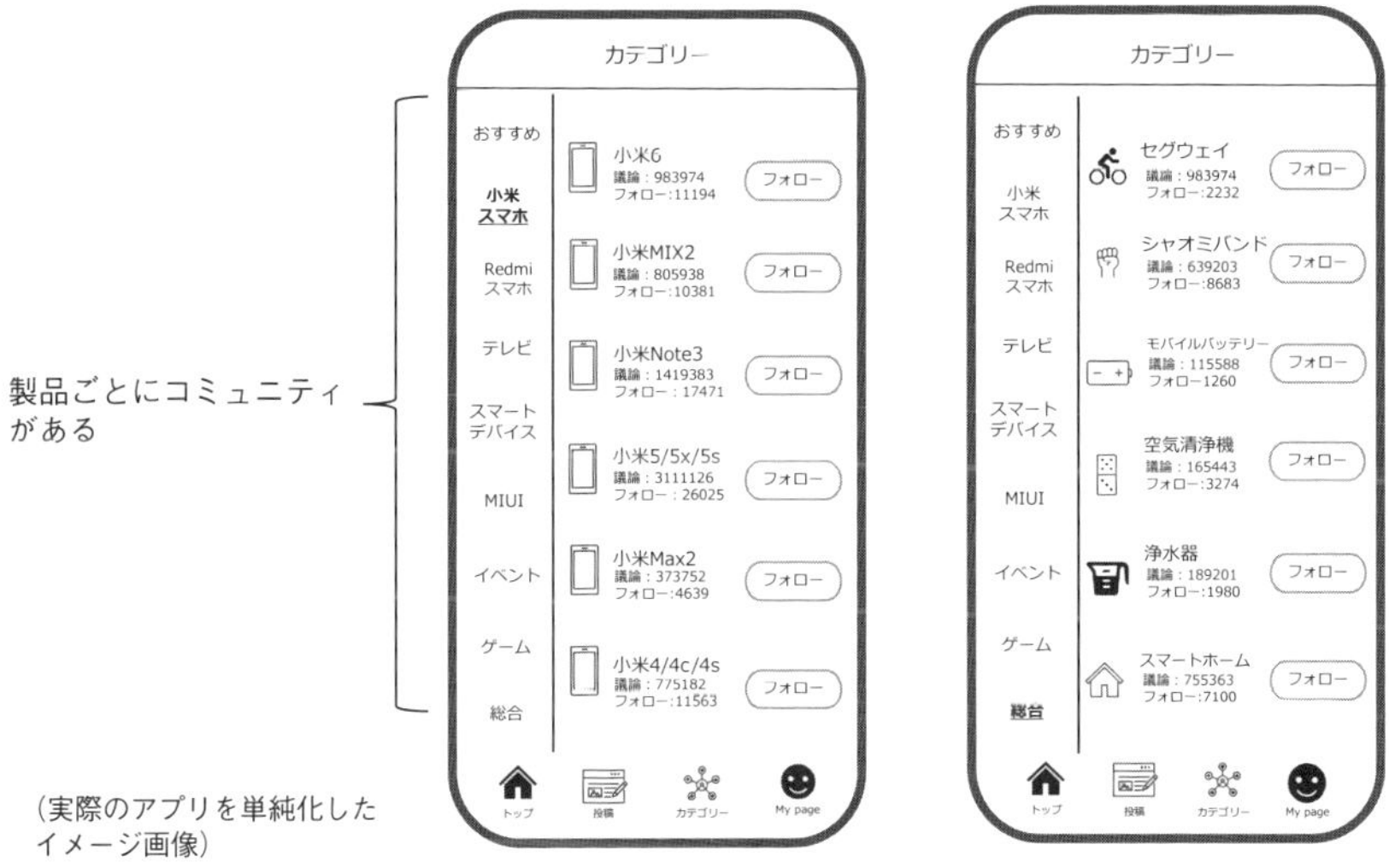

が採用されると達成感が高まり、ますます自分の意見を伝えてくれます。愛着も高まるので、自分の友人に「MIUI」を宣伝してくれます。

シャオミとしても、求められる機能を迅速に把握できるようになります。利用者の声を聞き、それを製品に反映させ、利用者に宣伝してもらうという仕組みができていきました。これが後に世界最強とも呼ばれるIoT製品コミュニティへと進化していきます。

「シャオミコミュニティ」を見る

中国語　英語

(QRコードをスマホで読み込んでください)

②一流サプライヤーからの調達

部品の調達は、アップルやサムスンに納入しているサプライヤーに依頼することにしました。品質の高い部品を使い、実績のある工場で組み立ててもらうと、当然コストも高くなります。そこで、シャオミは「機種の絞り込み」によって、限られた経営資源を集中させました。単一機種を大量生産すれば、規模の経済が働き、コストを抑えることができるからです。

③自社ECサイトでの直販

シャオミはECサイト「Mi.com」を立ち上げ、ネット上で直接販売を行うことにしました。2010年当時、中国では、携帯電話の販売は、キャリア企業の通信契約とセットで売るのが一般的でした。しかし、ネット上の直販とすれば流通チャネルや中間業者を省いてコストを削減することができます。工場から利用者に届くまでの距離を大幅に縮められるのです。

④SNSの活用による広告費の削減

スマホを製造していた大手のサムスンやHTCは、当時、宣伝に膨大な予算をかけていました。それに対してシャオミは、スマホをリリースしてから最初の3年間の宣伝費をゼロに抑えます。アンドロイドOSの利用者コミュニティ「MIUI」や中国で広まっていたSNSを広告・宣伝に利用したのです。[03]

ビジネスモデルの原型

これらの工夫によってコスト削減が進み、経営の効率が高まりました。シャオミの初代スマホは1999元（約3万2000円）という破格の安さです。発売からわずか3カ月間で100万台の売上を記録しました。

この成功により、シャオミのビジネスモデルの原型として、雷さんが打ち手として掲げた4項目、すなわち①利用者との共同開発、②一流サプライヤーからの調達、③自社ECサイトでの直販、④SNSの活用による広告費の削減が固まっていきました。

ピクト図解で描き出すと図7－1のようになります。まず「シャオミのファン」に無料で「OS MIUI」を提供して、利用者から改善案を集めます。利用者たちは活発に「要望・提案」を伝えてくれるので、それを反映させつつ「高品質スマホ」を提供します。

そしてスマホの品質を上げるために、調達先を「一流サプライヤー」に絞ります。単一機種の大量生産でコストを下げると同時に、製品を代理店ではなく自社の「ECサイト」で直接顧客に販売することで流通コストを下げます。「SNSによる宣伝」によって広告費を削減して低価格を実現しました。

03 たとえば、中国版ツイッターのウェイボーでは、自分が今まで使ってきた携帯電話をリストして仲間に自慢するという企画を立てました。さまざまな携帯電話のリストが表示されるので使ったことがある機種を選んでもらうと、自動的に画像が生成されウェイボーで拡散されるという単純な企画です。利用者の承認欲求が満たされるため、シェア数はあっという間に1700万を超えました。シャオミは広告費をまったく使うことなく、知名度を上げることができたのです。

図7-1　スマホ事業のピクト図解

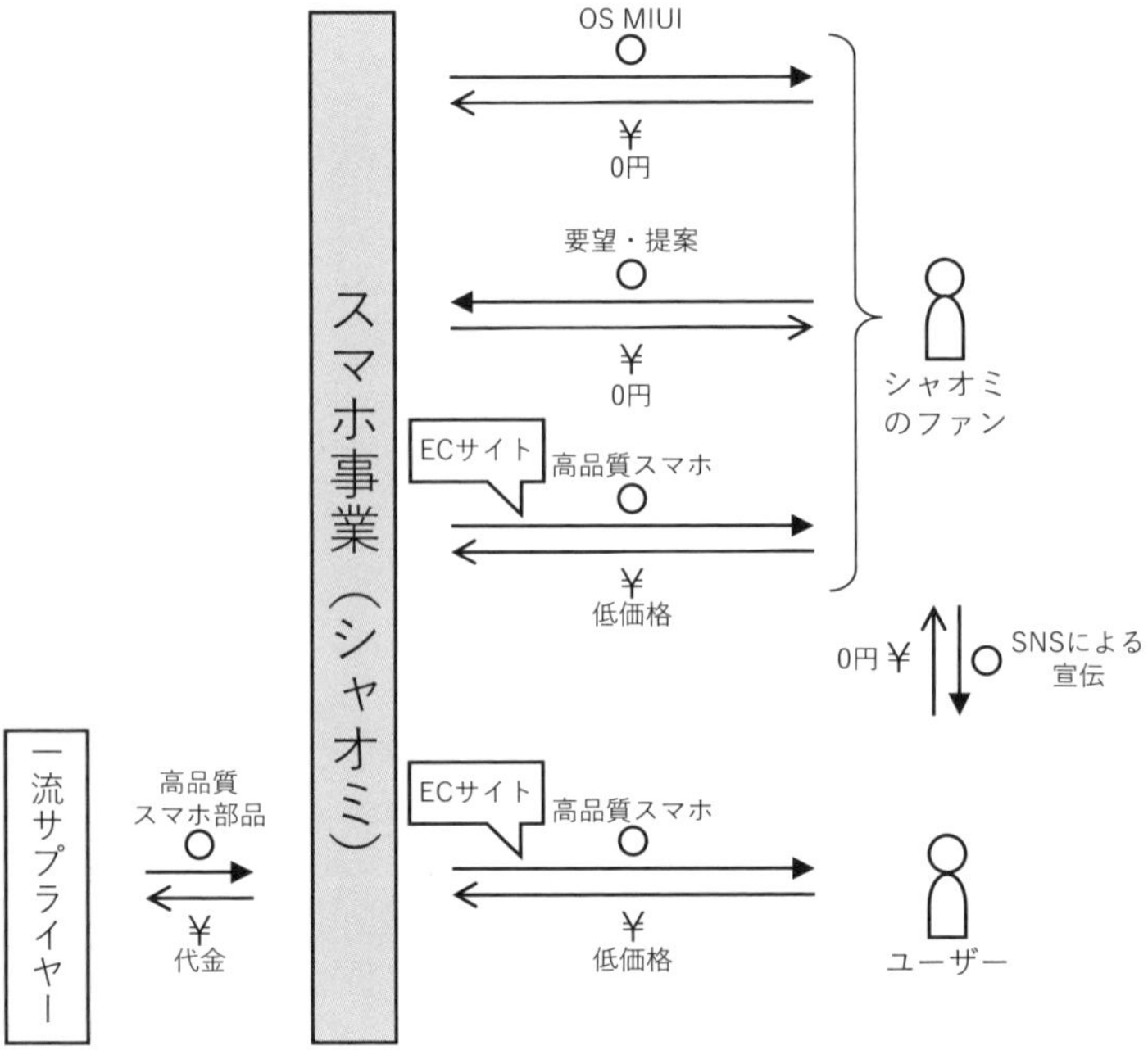

3 高効率を維持して新事業を立ち上げ

社外パートナー企業と連携

2013年末、シャオミはさらなる成長を求めて、関連製品であるスマホアクセサリやIoT事業にも着手しました。とくにIoTについては、これが将来のトレンドとなることを見越し、他社よりも早く動きました。

雷さんは、IoT製品のすべてを自社で手掛けたらどうなるかを考えてみました。製品の幅が広がり、必要とされる技術も多岐にわたるので、管理や調整に手間暇がかかってしまいます。そして効率が低下してしまうと予想されました。

これまでの方針を改めなければなりません。

「シャオミは集中すべきです。そうしなければ効率は下がってしまう。自分で行わない。

専門家、優秀な人にやってもらうのがいい」04

より高い効率で行うという方針でたどり着いた答えが、社外のパートナー企業との連携です。連携の形態は、シャオミ特有の「投資＋インキュベーション」です。これは一言でいえば、起業家精神を触発しつつ、優れたアイデアや技術を持ったパートナーを発掘し、シャオミブランドで製品を開発してもらうという仕組みです。パートナーのメリットを整理すると次のようになります。

- パートナーは、資金のサポートはもちろん、シャオミが有するノウハウ、開発方法などの提供を受けられる
- 部品については一流のサプライヤーや工場を紹介してもらえるので、高品質・低価格の製品を共同で作ることができる
- 製品はシャオミのＥＣサイトで販売されるので、マーケティングやアフターサービスなどの心配はない
- シャオミがインフラを提供するので、社外パートナーは製品開発に集中できる

特徴的なのは、外部の連携企業を下請けのように扱うのではなく、むしろパートナーとして独立性をもたせる点にあります。シャオミはＩｏＴ家

04 2013年当時、シャオミのスマホ事業の業績は好調であり、全従業員8000人のうち、2000人はスマホ事業のエンジニアでした。人員が足りず、自社で多くの分野に同時進出することは不可能でした。そのため、シャオミはIoT事業で外部のパートナーと連携することを決めたのです。小米生態鏈谷倉學院（2017）p.6-7より。

電にかかわる技術を熟知しているエンジニアを集めて投資チームとして編成し、市場で有望なスタートアップや起業家に声をかけ、投資することにしました。

そのときシャオミは持株比率を30%前後に抑えて経営の独立性を保証します。パートナーには製品開発を手伝ってもらいますが、シャオミはその企業の重大な意思決定には干渉しなかったのです。

「99元の原材料を使い69元で売る」

最初の成功事例がスマホのモバイルバッテリーです。2013年には、シャオミの利用者は1億5000万人に達していたので、高品質・低価格のスマホアクセサリを開発すれば、利用者の「ついで買い」が見込めます。

当時、モバイルバッテリーはすでに普及していましたが、不恰好で重くて使いにくいものばかりでした。その上、安全性は低く、爆発事故も頻発していました。品質のよい海外ブランドは値段が高くて利用者には手が届きません。

高性能なバッテリーの開発を任されたのは通信機器メーカー「英華達（Inventec Appliances Corp.）」の責任者（総経理）の張峰さんです。彼はバッテリーに関する知識も豊富なので、「紫米（ZMI）」社を立ち上げ、シャオミの支援のもとバッテリーの開発に乗り出しました。

当時、モバイルバッテリーの平均価格は200元でした。雷さんと張さんは議論を重ね、市場にインパクトを与える価格を設定しました。「99元の一流の原材料を使い、69元で売る」

という決断です。[05] この目標を達成するために「ZMI」社は、自社の経営資源をこの1つの製品に集中し、試行錯誤を繰り返しました。一方のシャオミも、製品の開発から、デザイン、サプライヤーの紹介、直販チャネルまで自社ができることを尽くしました。

こうして生まれたのが初代モバイルバッテリー「Mi Power Bank」です。2013年末にリリースされたこのバッテリーは携帯電話を2〜4回フル充電できる大容量ですが、そのサイズは名刺ぐらいの大きさ（91×60.4×22mm）に収まります。本体ボディにはアルミ合金が採用されていて、全体にシンプルでありながら高級感のあるデザインです。バッテリーに必要なセルについては、LGとパナソニックのものが搭載されました。

モバイルバッテリー「Mi Power Bank」は大変なヒット商品となり、発売から約1年間で販売数が1000万個に達しました。その後も伸び続け、シリーズ製品の出荷量数の総計は1億個を突破して、世界一となっています。

横展開の3つの領域

モバイルバッテリーを起点として、シャオミは「社外パートナーとの連携モデル」を急速に拡張させていきます。2020年3月末までに累積で300社以上に投資を行い、シャオミのビジネスモデ

05 当初、ZMI社は2種類のモバイルバッテリーを作ろうとしていました。1つは定価99元で一流の原材料を使う高品質のものであり、もう1つは定価69元で国産の原材料を使う一般的な品質のものです。雷さんはシャオミの価値観に従って第3の道を選び、定価99元の製品で用いられる原材料を使い、69元で売ることに決めました。張さんは短期の利益を追求しない雷さんの姿に共感し、利用者が購入可能な価格を実現すべきだと考えました（『混沌大学』講演録、2016年3月6日）。

図7-2　スマホアクセサリ事業のピクト図解

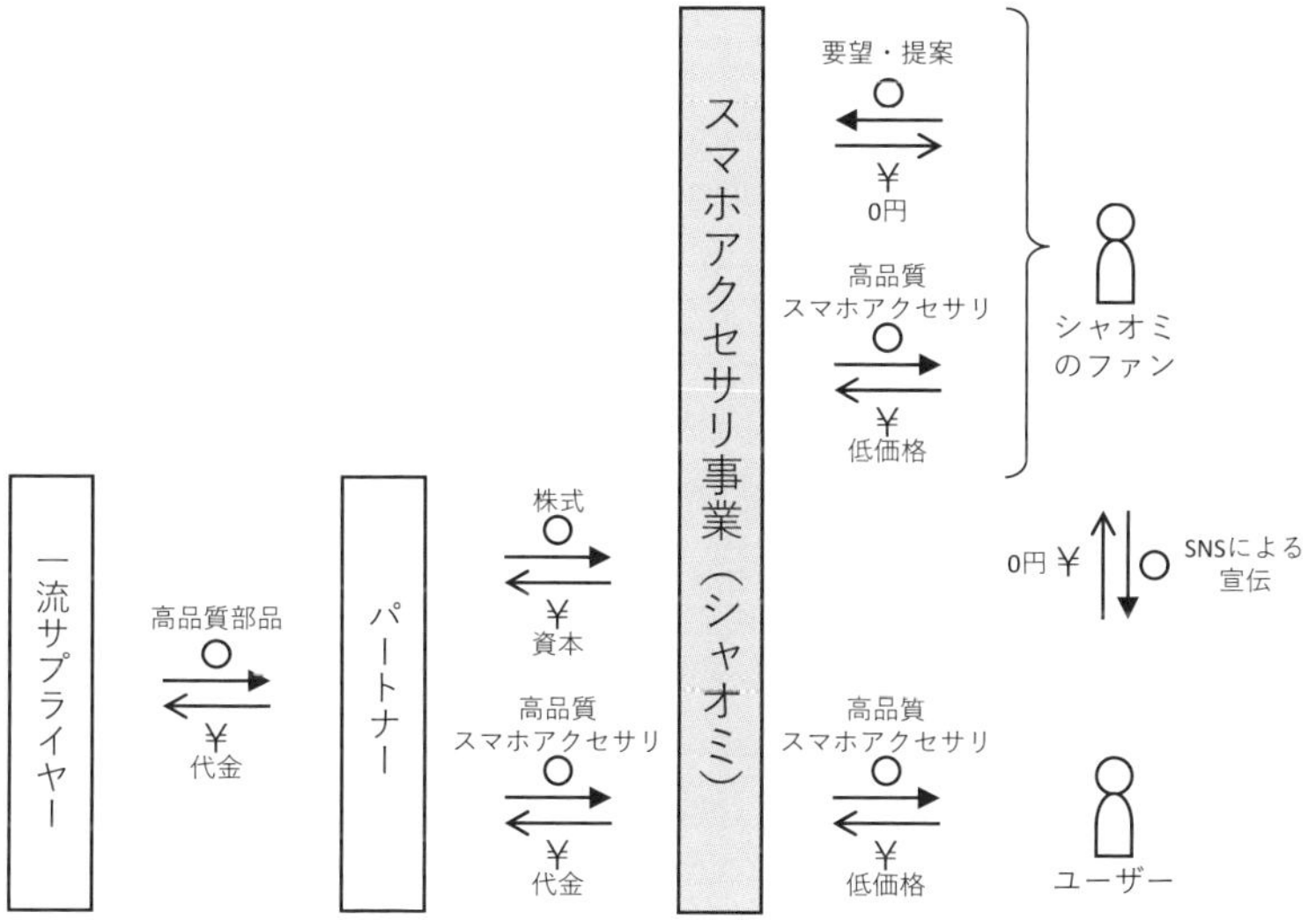

ルの横展開の領域を徐々に広げていきました。

その領域は、スマホのアクセサリ、家電のスマートデバイス、およびタオルや歯ブラシのような日用品、という3つです。いずれも同じビジネスモデルなので、スマホのアクセサリのみピクト図解で示しておきます（図7-2）。

これら3つの領域に横展開したのには、それぞれ理由があります[06]。まず、シャオミにはスマホ事業で取得した市場シェアがあり、熱烈なファンがいたので、モバイルバッテリーやイヤホンなどの関連製品から展開していきました。スマホのユーザーたちが必ず買ってくれるという見込みが

06 小米生態鏈谷倉學院（2017）p.10-11を参照。

あったからです。

次に家電のスマートデバイスを手掛けたのは、シャオミがスマホ事業を経て、ハードウェアを作るノウハウを自らも蓄えていたからです。空気清浄機、浄水器、炊飯器といった一般家電は、パートナーとなるメーカーにとっても比較的着手しやすいものです。2021年現在では、ドローン、セグウェイ、ロボットなどの先端技術まで幅広く作られています。

最後にタオルや歯ブラシといった日常生活の消耗品へと領域を広げていったのは、日常生活に必要とされる消耗品を扱うことによって収入の安定化が見込めると考えたからです。シャオミはテクノロジー企業であるため、常に技術環境の変化にさらされる宿命にあります。高い頻度で日常的に購入してもらえるローテクの商材を扱うことは戦略的にも意義があることでした。

横展開市場の選択基準

横展開において大切なのは、どのような市場に展開するかという選択基準です。シャオミ社内では次の4つが意識されていました。[07]

- 市場規模が大きいか
- その市場における既存製品の品質が悪い、もしくは改善される余地があるか

07 IoT事業の責任者の劉徳さんのインタビューより（『新浪科技』、2017年7月19日）。シャオミのIoTエコシステムの方向性は少しずつ変化おり、初期は、ハイテク製品や家電製品への投資が活発でしたが、現在は利用者のニーズに応じて日用品や消耗品に力を入れています（『新浪科技』インタビュー記事、2017年7月19日）。

◎その製品は継続的にアップデート可能か、消耗品モデルが成り立つかどうか
◎その製品の利用者はシャオミの利用者（当時1・5億人）の特徴（18〜35歳、7割は理系男子）と合致しているか

そして、パートナーとして選ぶべき企業については、次の2つの要件を満たす必要があると考えられました。

◎優れた技術を持っているか
◎シャオミの価値観と一致しており、品質重視であり、利益最優先ではないか

シャオミは、それぞれの領域において、スマホ事業で築いた高効率のビジネスモデルを応用していきます。利用者コミュニティで要望を聞き、高品質の原材料を用い、単一機種の大量生産によってコストパフォーマンスのよい製品を作る。それをシャオミのサイトや実店舗で売り、SNSで話題を集める。これを繰り返した結果、あっという間に市場シェアを伸ばすことができました。

パートナー企業のおかげで、シャオミは短時間で多くの高品質・低価格の製品を世に出すことができました。現在、パートナー企業と連携して開発した製品数は大手の総合家電メーカーに匹敵します。一方のパートナー企業も、シャオミからノウハウや協力を得て自社の製品を開発し、世界的に活躍できるようになりました。

中国のアップルストアと呼ばれるシャオミショップ

写真：ロイター／アフロ

スマホ＋AIoTでコロナ後は急速回復

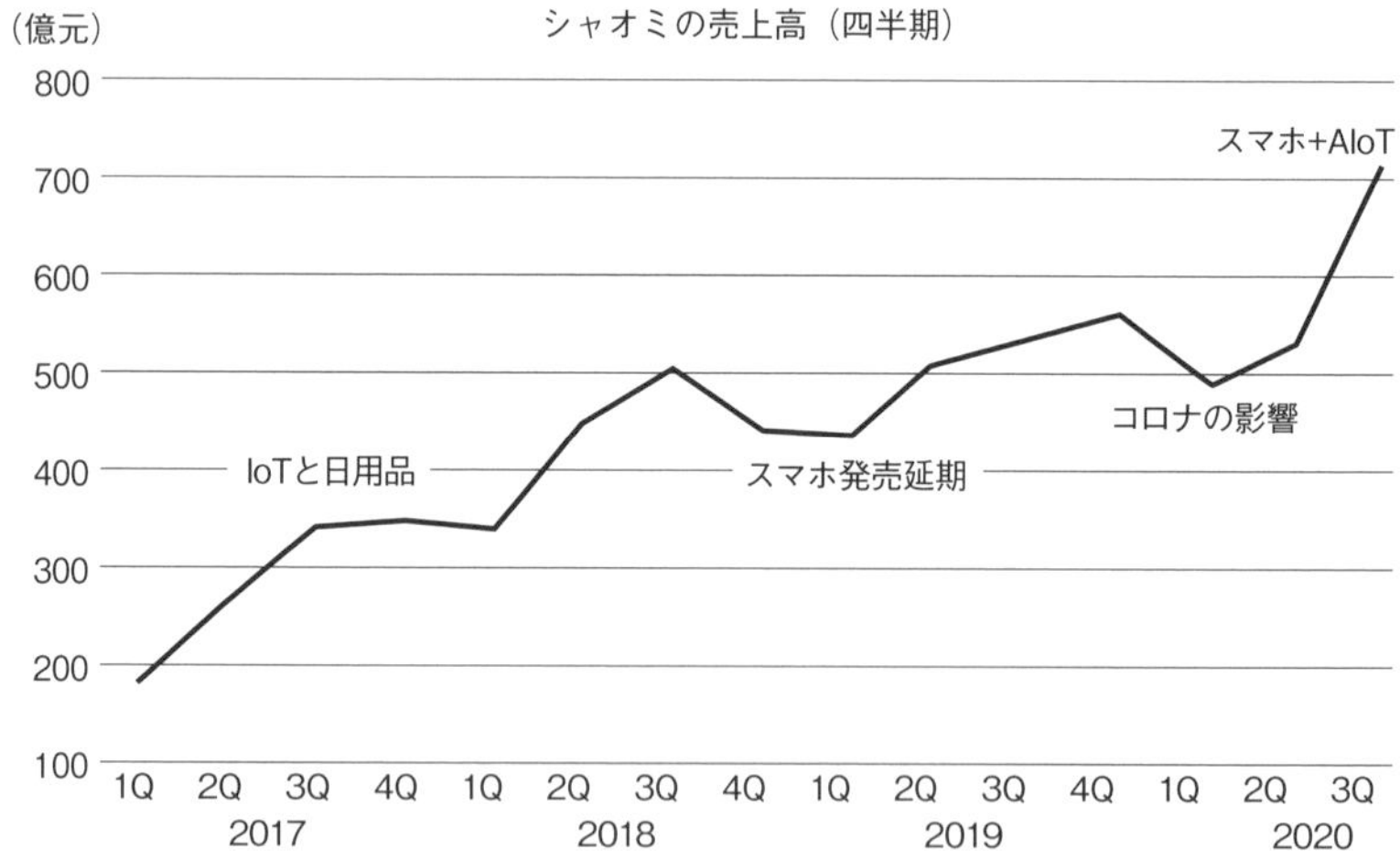

オフラインチャネルの構築

順風満帆に見えるシャオミの横展開ですが、成長のプロセスには困難もありました。シャオミが製品を販売し始めた頃、オンラインの直営EC店舗を利用する顧客は最先端のものを好む一握りの顧客に限られていたのです。

雷さんは、これまでターゲットではなかった顧客にも製品を届けられるように、実店舗を新たに開くことにします。日用品も取り揃えたシャオミの直営実店舗には、電化製品が目当てではない顧客も多く訪れるようになりました。

実店舗では、スマホ、IoT製品、日用品という3つの製品群の垣根を越えた「ついで買い」が促されています。

原型を作り横展開

ここまで説明してきたシャオミの横展開を、ピクト図解で描き出してみましょう（図7－3）。シャオミが急成長を遂げることができたのはなぜか。それは「高効率のビジネスモデル」の原型を作り、それを横展開したからです。

ピクト図解で描き出すと、①スマホ事業で築いた「高効率」のビジネスモデルを、②スマホアクセサリ、③IoT家電、④日用品に展開していく様子が見て取れます。

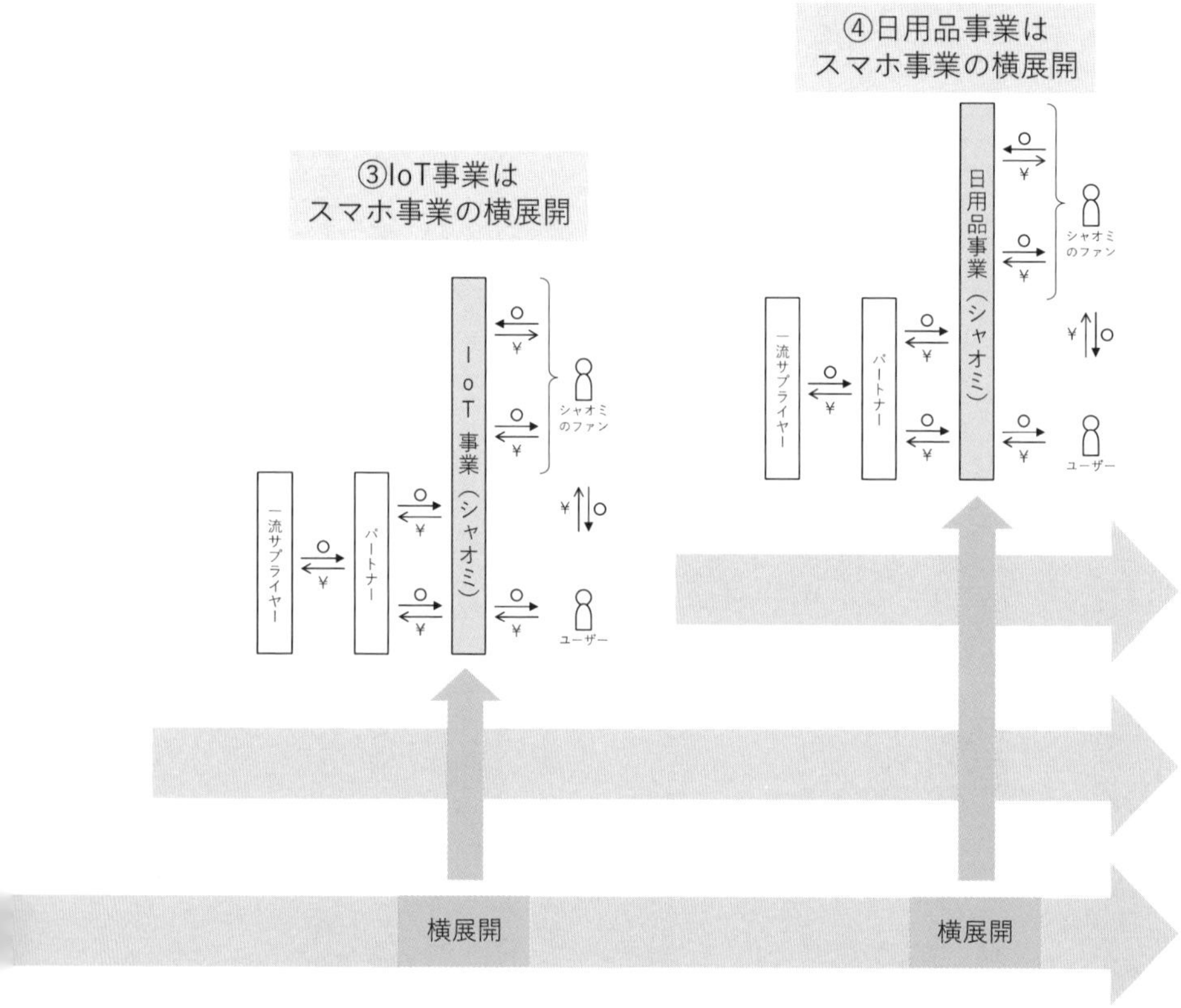

**2013年
スマホ事業＋アクセサリ事業
＋IoT事業**

**2015年頃
スマホ事業＋アクセサリ事業
＋IoT事業＋日用品事業**

図7-3　シャオミの横展開による成長

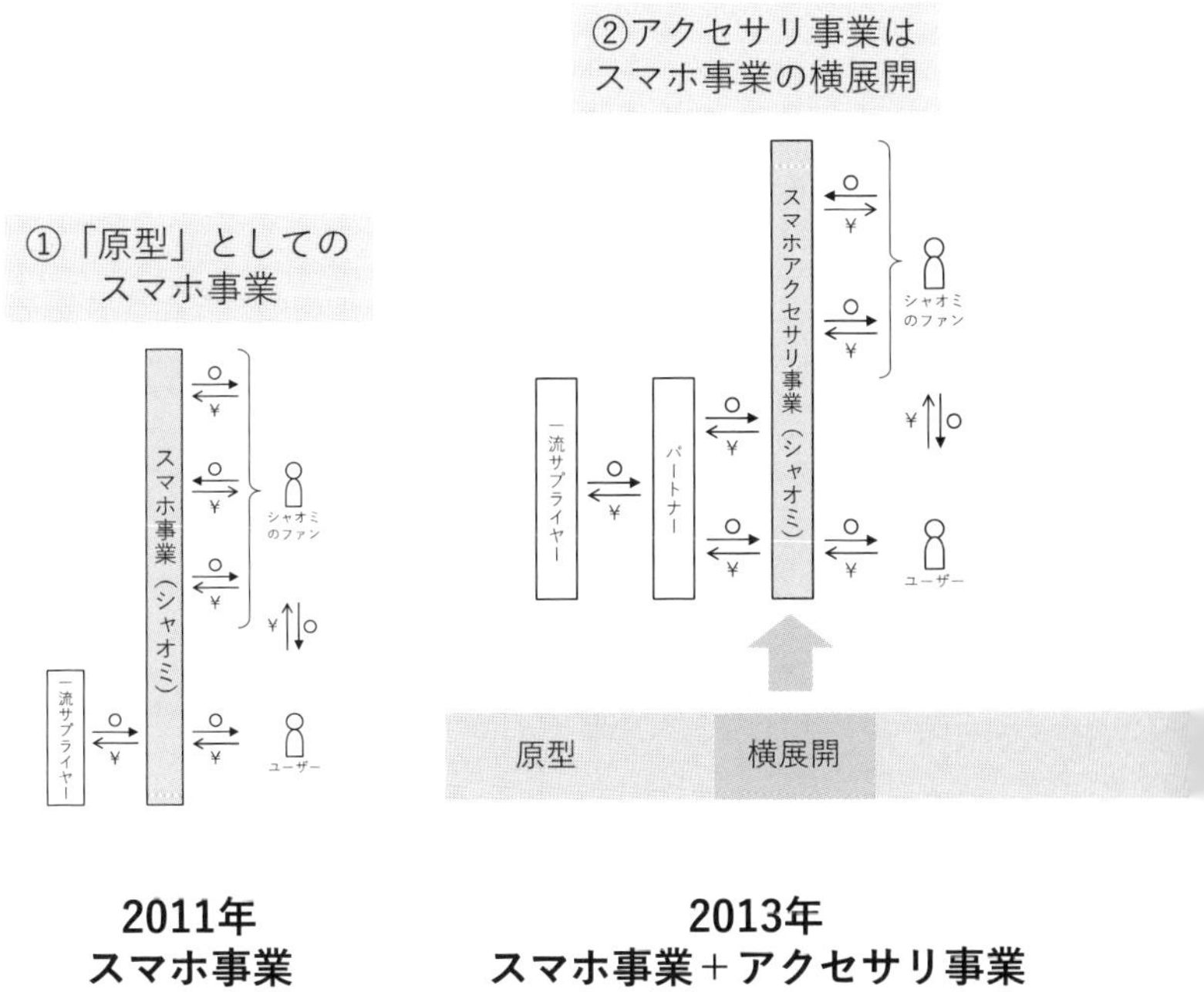

この横展開を循環図で描くと、図7－4のようになります。

まず、利用者のコミュニティから「ユーザーの要望・提案」を聞き、高品質のサプライヤーを用いて単一機種の大量生産を行い、直販によってコストを抑えます。これによって製品の「コストパフォーマンスの向上」が実現します。

それまでの常識を超えたコストパフォーマンスはＳＮＳの口コミを通じて瞬く間に広がり、広告に頼らなくても「売上と実績」を伸ばすことができました。その結果、シャオミは図中①のスマホ事業を通じて、「ビジネスモデルの効率性」を高めることができたのです。

次に、シャオミはさらなる成長を追求するために②スマホアクセサリや③ＩｏＴ事業に進出しました。新しい領域で自社開発にこだわると、既存の経営資源が転用できずに開発投資がかさむため、資本効率が下がってしまいます。そこで、シャオミは社外のスタートアップ企業の協力を得て短期間で多くの領域に参入することを可能にしたのです。

「ビジネスモデルの効率性」が高くなれば、シャオミと連携したいスタートアップも増えていきます。そして「社外パートナーの提携数」が増えれば、「関連する製品数」も多くなって豊富な品揃えが実現します。

これによって「新規利用者数」がますます増えて、売上も伸びるという好循環が生まれるのです。売上が伸びれば、シャオミはさらに多くの社外パートナーに投資することができるようになります。図中②ではスマホのアクセサリについて、③ではＩｏＴ家電製品について、④では日用品というそれぞれの領域において好循環を生み出しました。

この好循環によって、連携のノウハウもますます蓄積されました。「ビジネスモデルの効

図7-4　シャオミの横展開による好循環

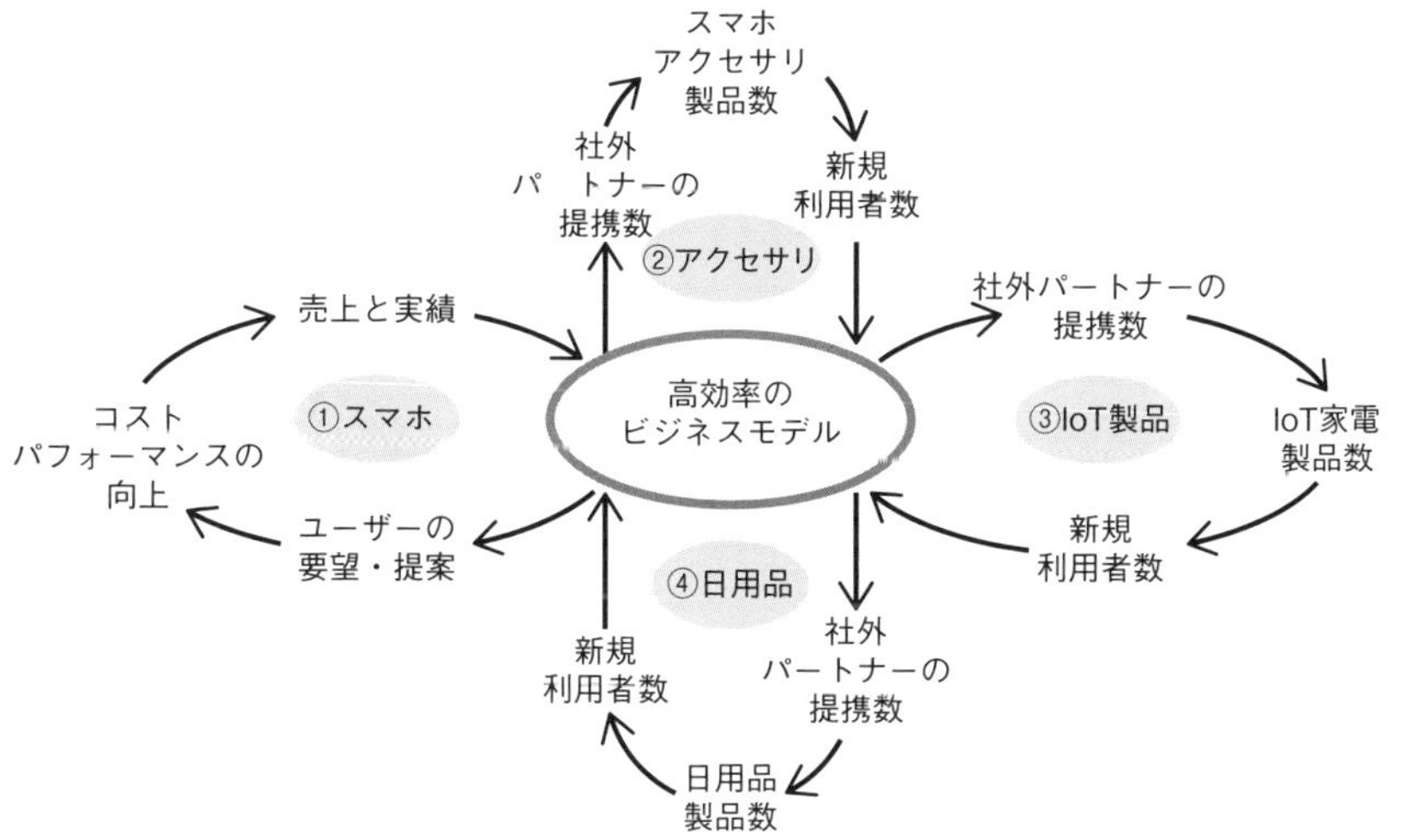

率性」がさらに高まり、外部パートナーを引きつけて「提携数」を増やすことができたのです。

4 サービス事業の融業

インターネットサービスの利益率が高い

蓄えたノウハウを生かして、多くのヒット商品を生み出してきたシャオミですが、ハードウェアの利益率はそれほど高くはありません。冒頭で述べたように、雷軍さんはハードウェアの利益は利用者に還元すると明言しています。

なぜかといえば、サービスでハードウェアの利益を補うという構想を持っていたからです。

「シャオミは単なるハードウェア企業ではなく、イノベーションを起こすインターネット企業です。ハードウェアは私たちにとって重要なユーザーポータルではありますが、それが私たちの主な利益源になるとは思っていません。…（中略）…オンラインかオフラインかを問わず、効率的な新しいチャネルでお客様に直接お届けし、豊富なインターネットサービスを提供し続けていきます」[08]

実際、2017年度にはスマホ事業の売上は全体の約70%、IoT家電と生活消耗品が約20%と、ハードウェアの売上が9割を占めているにもかかわらず、粗利益では6割にしか及びません。それに対して、売上では全体の1割にも満たないインターネットサービスの利益が、全体粗利益の約4割を占めています。[09]

ハードの強さをサービスに生かす

なぜ、インターネットサービスで利益回収できるのでしょうか。大きな理由は、中国政府によって、グーグルのサービスが規制されているからです。

シャオミの「MIUI」をはじめとして、中国の多くのスマホはアンドロイドOSを搭載しています。通常、アンドロイドOSを用いた機器には「グーグルプレイストア」がプレインストールされており、誰でも利用することができます。アプリがとても充実しているので、通常であればグーグルプレイストアを使いたくなるのです。

ところが中国では、グーグルのサービスが規制されてきたため、独自のアプリケーションプラットフォームが乱立しました。スマホメーカー

08 2018年上場時の目論見書より。

09 シャオミの目論見書によると、ハードウェア（スマホ ＋ IoT・生活消耗品）の2017年の粗利益率が8.7%なのに対し、インターネットサービスの同年の粗利益率は60.2%に達します。

のファーウェイ、ヴィーヴォ、オッポなどが、それぞれプラットフォームを構築し、2018年時点でも熾烈な覇権争いをしていたのです。

このような乱立状態において国内で先行者優位を築くためには、OSとハードウェアを普及させ、ユーザー基盤を固めることが大切です。シャオミが2011年の8月に発売した初代スマホは352万台の売上を記録し、2012年末には、初代と2代目のスマホが合わせて719万台を売り上げています。2014年にシャオミはアップル、ファーウェイ、サムスンをおさえて、中国スマホ市場でシェア1位となりました。

雷さんは、この強みを生かして利用者を囲い込むことに成功しました。シャオミのスマホに「小米応用商店」というアプリケーションを標準搭載し、シャオミのアプリストアへと誘導したのです。

プラットフォームの好循環

こうしてアプリケーションプラットフォームの価値が高まれば、そこに参加するサービス提供者も増えていきます。CASE4で紹介したピンドゥオドゥオもその1社です。共同購入のためのアプリを開発し、シャオミのプラットフォームに掲載します。ピンドゥオドゥオに限らず、有力なサービス事業者が「勝ち馬に乗る」かのようにシャオミのプラットフォームに参加するようになりました。

アプリが充実することで、シャオミのOSとスマホの価値はさらに高まります。利用者と

図7-5　シャオミの横展開と融業

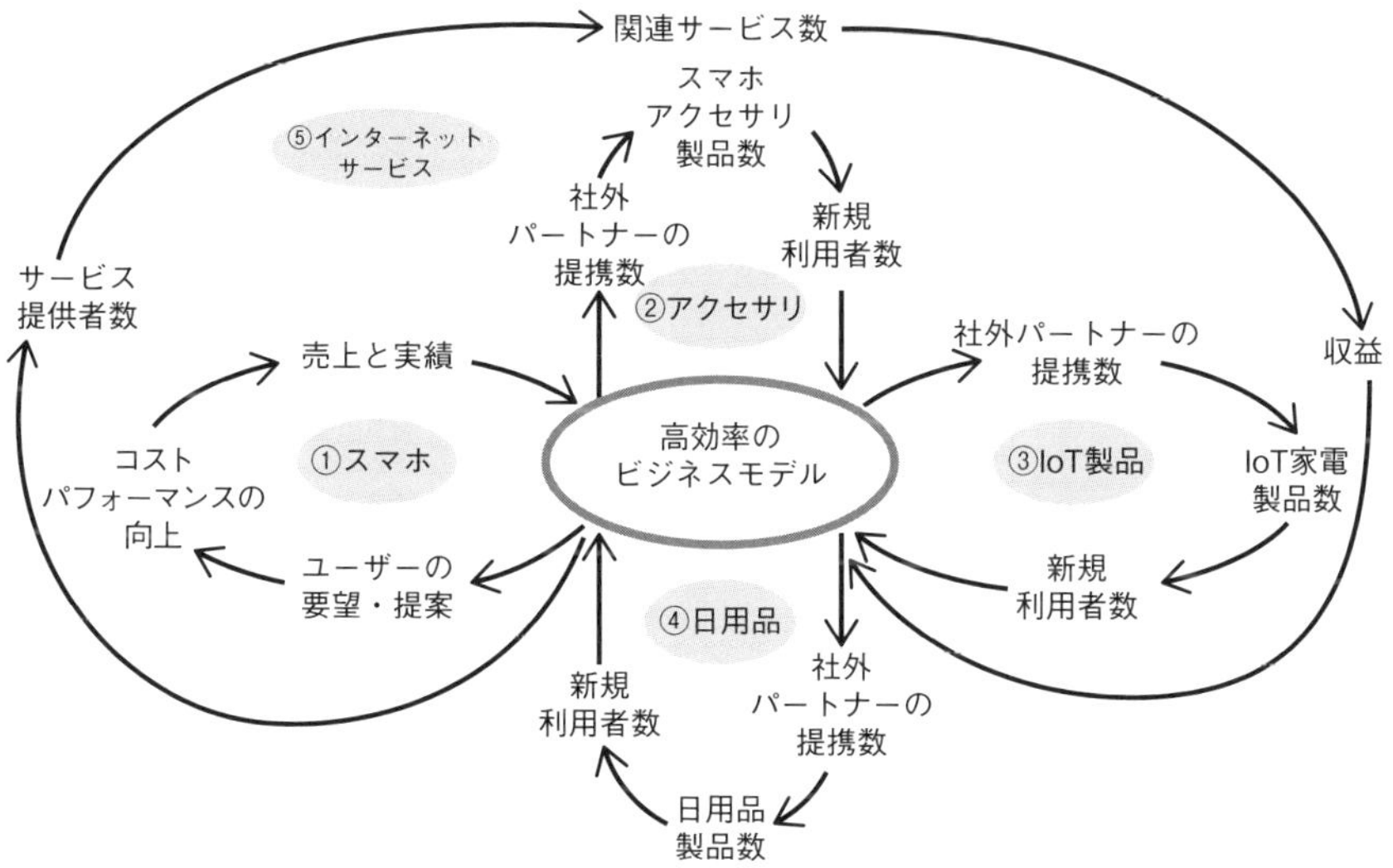

アプリ生産者が十分に集まったことで、シャオミはデバイスやアプリ内の広告から得られる広告料収入や、自社の音楽・動画サービスから得られる収入によって全体の約4割にも及ぶ利益を生み出しました。

インターネットサービスを組み込んだ好循環を図示すると次のようになります（図7－5）。この図から、シャオミが「高効率のビジネスモデル」を多方向的に横展開し、それらの「高効率のビジネスモデル」をインターネットサービス事業によって融業していることがわかります。OS、スマホ、IoT家電などへと横展開することで利用者基盤を固め、彼らを自社のアプリケーションプラットフォームへと誘導してサービスを提供し、継続的な収益が得られるようにしたのです。

CASE7の要点

- 横展開と融業というのは、どちらか一方を立てれば他方が立たないというトレードオフの関係にはありません。うまく工夫すれば両立可能です。その典型事例がスマホとIoT家電メーカーのシャオミです。
- シャオミは世界有数の利用者コミュニティを作り上げることで成長してきました。利用者に自社のもの作りの開発に参加してもらい、市場で求められる製品・サービスを作ります。利用者は愛着も生まれるのでSNSで拡散してくれて、宣伝費も節約できます。インターネットチャネルをうまく使えば販売費も節約できます。
- このような高効率のビジネスモデルをシャオミは横展開しました。スマホに始まり、アクセサリ、IoT家電へと続きます。さらに日用品にまで事業領域を広げ、シャオミの製品の購買頻度を上げて、ついで買いを促します。
- 注目すべきは横展開をするときの方法です。自社ですべてを賄うのではなく、起業家精神にあふれるパートナーに出資して、彼らに開発と生産を委ねるのです。流通、広告、販売についてはシャオミが支援することでパートナーは得意のものづくりに専念できます。
- 横展開の次はこれらの事業の融業です。スマホ、アクセサリ、IoT家電などを連携させるアプリを開発したり、自社のインターネットサービスに誘導したりして、シャオミはインターネットサービスを拡充していきました。売上比率こそ1割程度ですが、粗利益は全体の４割を占めるまでに至っています。

第3部

エコシステムの急成長の論理

「緩やかな連携」と「緊密な統合」

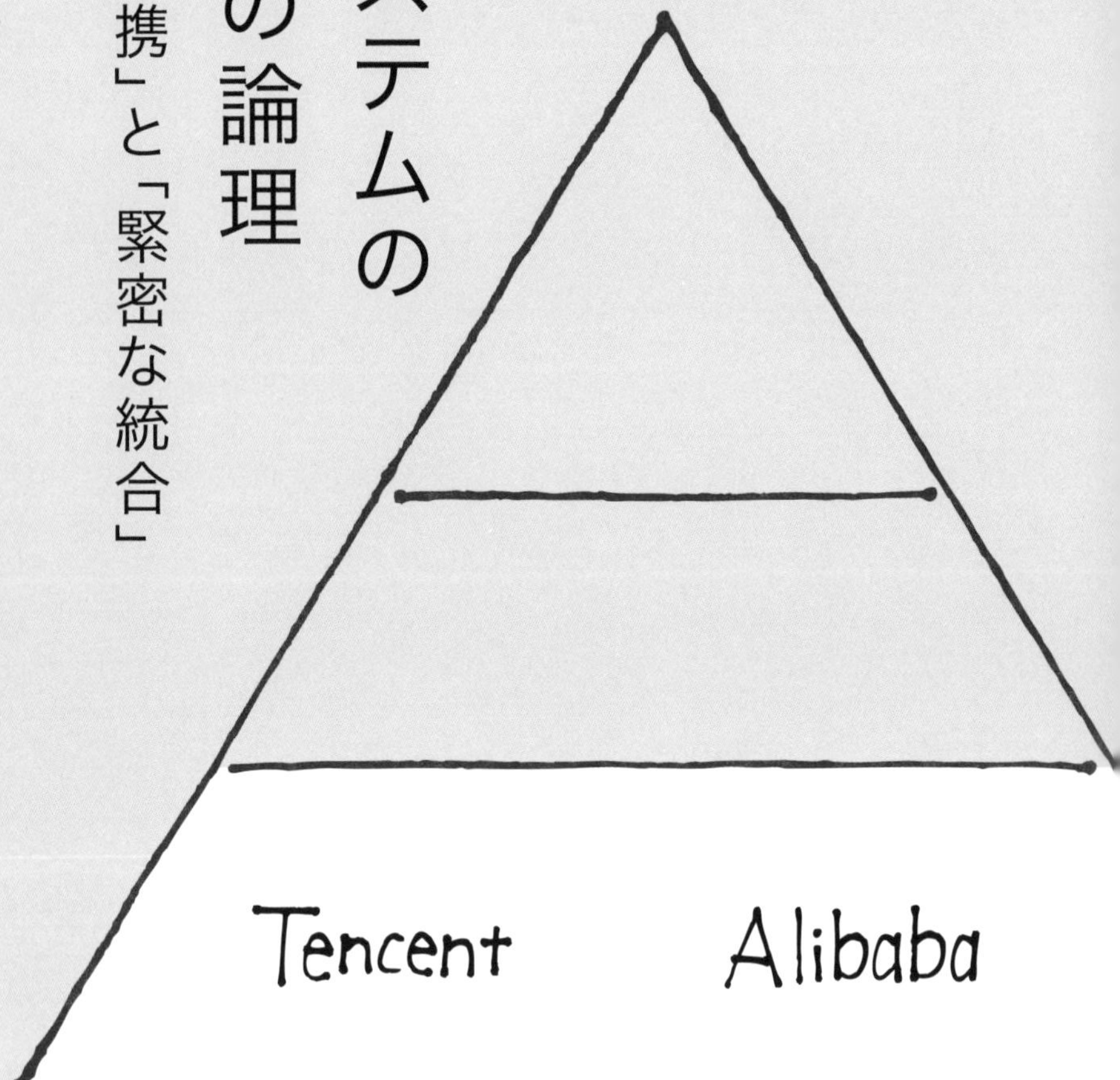

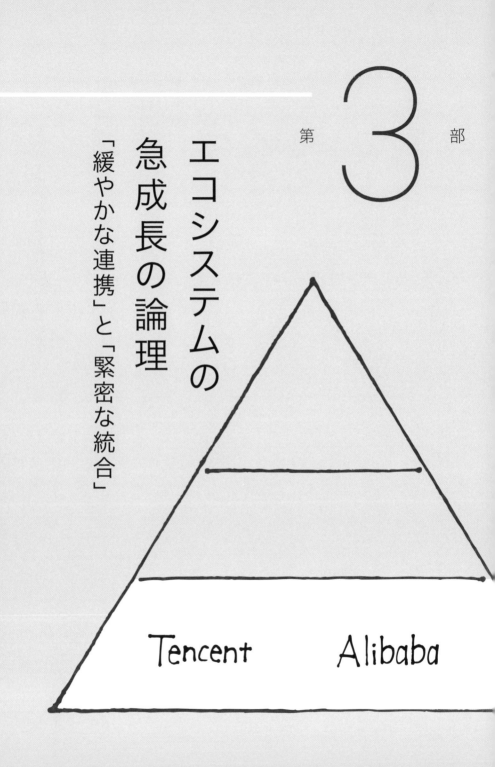

第3部に登場する2社

馬化騰《ポニー・マー》

Tencent

馬雲《ジャック・マー》

Alibaba

第3部では、第2〜3世代の企業のインフラを担ってきた第1世代について解説します。

第1世代を築いてきたテンセントとアリババは、言わずと知れた中国の巨大企業です。プラットフォームとして事業を立ち上げ、それぞれが、パートナー企業たちと協力し合う独自のエコシステムを構築しました。

テンセントがデジタルサービスに重点を置いているのに対し、アリババはデジタルとリアルを融合させた事業展開を進めています。

○彼らはそれぞれのパートナー企業にどのような環境を与えたのか。

○どのようなビジネスモデルでインフラを構築するに至ったのか。

通信、物流、金融などのインフラが脆弱だった中国で、彼らはどのように成長し、エコシステムを築き上げてきたのでしょうか。デジタル材だけで完結するサービスのテンセントのインフラと、実際にモノを動かす必要があるアリババのインフラとでは性質が違います。両者の異同を明らかにしながら理解を深めていきたいと思います。

まず、「エコシステム」の考え方を紹介します。続くＣＡＳＥ８とＣＡＳＥ９とでは第１世代を代表するテンセントとアリババを紹介し、それぞれのエコシステムづくりの異同を明らかにします。そして最後に、３つの世代にわたるピラミッドの循環について考え、中国スタートアップ企業の急成長の論理をマクロな視点で解き明かしていきます。

エコシステムの競争 1

エコシステムとは

第1世代の巨大企業の成長を解き明かすためには、視野を大きくもたなければなりません。そのためには、個別企業のビジネスモデルや競争戦略のみにとらわれるのではなく、プラットフォームで協力し合うパートナーたちを含めたエコシステムに注目する必要があります。

中国の経済を牽引するテンセントとアリババをみると、個別企業の競争のみに注目して、競争戦略を語ることはもはや難しいと感じざるをえません。競争の次元が、個別企業間の競争から、複数の企業から成るエコシステム間の競争へと移行しているからです。

エコシステムとは、典型的には、出資者、パートナー、供給業者や顧客から成り立つ協調的ネットワークを、自然界における生態系のメタファーによって示したものとされます。プラットフォーム企業はその中心に位置して、エコシステムの健全性を保ちます。健全性が保てなければ、プラットフォーム企業自身はもちろん、それを取りまく協力企業も存続の危機に直面します。企業の発展は、利益を奪い合う他社との競争ばかりではなく、他社との協調的行動を通じたエコシステムの拡大によってもたらされるのです。

テンセントやアリババの成長の論理を解き明かすには、それぞれが築いたエコシステムに注目する必要があります。それぞれ、どのようなプラットフォームを構築し、パートナー企業を巻き込んでエコシステムづくりを実現したのか。そのための視点を紹介しましょう。

オープンかクローズドか

学術的に言えば、エコシステムというのは、もともとは垂直チェーン間の競争に端を発すると考えられます。自動車産業におけるトヨタや日産の系列間の競争がその典型です。頂点には自動車組み立てメーカーが君臨し、1次サプライヤー、2次サプライヤーの部品メーカーが連なります。階層的にピラミッドが形成され、上に行くほど権限が大きく、上から下へと指示が下されるというのが典型的な姿です。

その後、補完的生産者も含めて議論されるようになり、プラットフォームリーダーの研究が発達しました。1990年代のパソコン産業におけるマイクロソフトとインテルの連合や、家庭用ゲーム機器の任天堂とソニーなどがその典型で、いかに補完財であるソフト会社を巻き込んで覇権を握るかが注目されたのです。

そこで問題になったのが、企業間の取引をオープンにするかクローズドにするかという視点です。[01] オープンにすればするほど、補完財を作る企業の参加を促し、そのプラットフォームを活性化させることができます。しかしその一方で、オープンにしすぎると自らの収益を獲得する機会が減ってしまうので、どこまでを他者に委ねるかが戦略のポイントだとされました。価値の創造と獲得のバランスを取りながらパートナーに協力してもらう必要があるのです。補完財が成功のカギを握る情報通信の世界では、クローズドな系列では歯が立たないとされました。

キーストーンか支配者か

このような視点で注目されるようになったのがエコシステムという考え方です。コンビニエンスストアと宅配便のビジネスは補完関係にあります。競合し合うメーカー間においても、サプライヤーを共有することでコストダウンできるという側面があります。複数のビジネスの間には、他の存在が自らを助けるといった共生的な関係があり、それに注目したのがエコシステム研究です。

エコシステムの繁栄は、その中心にいる企業に依存します。良い振る舞いをする企業であれば、より大きな価値が生まれ、協力企業も潤います。一方、悪い振る舞いをする企業は、価値の創出を制限したり、生み出された価値を独占したりするので、エコシステムは衰退していきます。

01 國領（1995; 1999）のオープンネットワーク経営は、日本の産業界にも大きな影響を与えました。井上（2003）はオープンでありながらも緊密な関係を築くことの大切さについての実証研究を行いました。

この点に注目したのが、キーストーンか支配者かという「キーストーン戦略」の視点です。[02] キーストーンというのは、それが存在するか否かによってエコシステム全体が繁栄するかどうかを決める企業のことです。これに対して支配者というのは、エコシステムの企業ネットワークの中心にいて、エコシステム全体の価値の創出を担うのですが、そのほとんどを自ら独占して、協力企業を弱らせてしまうような存在です。

02 Iansiti & Levien (2004) が提唱した概念です。井上・真木・永山 (2011) は、任天堂やソニーがゲーム産業のエコシステムをライバルとの「共生関係」によって発展させてきたことを実証的に調査しました。

異なる2つのエコシステム

2

勝ちパターン

ある投資家が面白いことを言っていました。

「M&A（合併・吸収）で勝ちパターンを作っていく会社もあれば、連携によって勝ちパターンを作る会社もある。エコシステムを作るときに、よりクローズドに管理していくのか、オープンに進めていくのか。われわれはこの勝ちパターンに注目している」

テンセントやアリババといった巨大企業にとっての勝ちパターンは、エコシステムの作り方にある、と私たちは考えています。

伝統的な競争では企業レベルでの競争優位が問題にされていましたが、先に述べたように、テンセントやアリババといった巨大企業の競争優位を理解するためには、個別企業の枠で分析を進めるのでは不十分です。エコシステム間の競争では、パートナー企業を巻き込んだ「勝ちパターン」が問題にされます。

エコシステムの中心に位置する企業が他社との協力関係を築いていくのはもちろんですが、複数の組織がそれぞれ主体的に価値を生み出す側面にも注目しなければなりません。

プラットフォームの重さ

エコシステムは2つのタイプに分けられることが多いようです。「オープンかクローズドか」「分散型か集中型か」「キーストーンが統治しているか支配者が君臨しているか」などさまざまな比較がなされます。中国デジタルイノベーションに詳しい岡野寿彦さんは「集中化と分散化」で対比させます。

テンセントとアリババの場合、程度の差こそあれ、ともにオープンなエコシステムを築いていると考えられています。それゆえそれを前提にした比較軸が必要です。

それではこの2社のエコシステムの違いはどこにあるのでしょうか。本書では、「緩やかに連携していくのか、緊密に統合していくのか」という違いに注目しました。テンセントは、緩やかな結びつきによってデジタルサービスを展開する連携型のプラットフォームです。これに対し、アリババはデジタルとリアルを融合させることを志向した統合型のプラットフォームです。

デジタル材だけで完結するのか、実際にモノを動かしているのかによって、ビジネスのインフラの性質も自ずと違ってきます。デジタルに完結するのであれば、エコシステムの中心にいる企業は軽やかに振る舞えます。準備すべきインフラも、コミュニケーションツールと決済の機能が提供できれば当面は十分かもしれません。

これに対して、実際にモノを動かしたり、デジタルとリアルを融合させたりするには、それを支えるためのインフラも大掛かりになります。コミュニケーションツール、決済や与信の機能はもちろん、出店するためのクラウドサービスや配送や物流のインフラが不可欠です。「連携か統合か」という違いがエコシステムの中心にいるプラットフォーム企業のあり方を左右します。提供するインフラの機能の多さや複雑さにもかかわるからです。その機能が少なく単純であればあるほど、プラットフォームは「軽い」ものとなります。逆にその機能が多く複雑になればなるほど「重い」ものとなります。

機能や役割の「重さ」や「軽さ」についてもう少し詳しく説明しましょう。経営学の権威である藤本隆宏教授とキム・クラーク教授は、自動車の製品開発のマネジメントにおいて、製品のコンセプトの創出から開発・生産・販売に至る一連のプロセスすべてにおいて重い責任を持ち、それに見合った権限を有するプロダクトマネージャーのことを「重量級プロダクトマネージャー」と呼びました。企業レベルにおいてもプラットフォーム企業がそのマネジメントにおいて、より多くの機能や役割について重い責任を持つとすれば、同様に「重量級」とたとえることができます。

プラットフォームマネジメントにおいて、重い責任と強い決定権を持って多くの機能を統合するプラットフォームを「重量級プラットフォーム」と呼ぶことにします。これに対して、自律性を尊重して必要不可欠な機能だけを提供するプラットフォームを「軽量級プラットフォーム」と呼びます。

図Ⅲ－1はエコシステムの中心にあるプラットフォームの重さを円の面積で示したものです。テンセントのプラットフォームは軽く、アリババのプラットフォームは重いのです。この図は、ネットワーク解析及び可視化用オープンソースソフトウェアパッケージの「Gephi-0.9.2」で作図した上で、会社数と配置を整えたものです（なお、企業価値を円の面積で示した図をコラムに掲載）。

協力企業との関係

プラットフォームの重さは、協力企業との関係性にも影響します。プラットフォームが軽いということは、パートナーとは「緩やかな連携」を通じて、自律的に動いてもらうということを意味します。

たとえばテンセントは、パートナー企業に出資しますが、パートナー企業の経営には口出ししません。QQやウェイシン（微信）というインスタントメッセンジャーの利用者をパートナーのサービスに誘導して、彼らの成功に寄与しますが、支配しません。世界中に12億人の利用者がいるので効果は絶大です。

誘導された利用者はテンセントのウィーチャットペイ（微信支付、WeChat Pay）という決済

●はCASEで取り上げた会社
社名に色つきは本書のCASE内に登場する会社

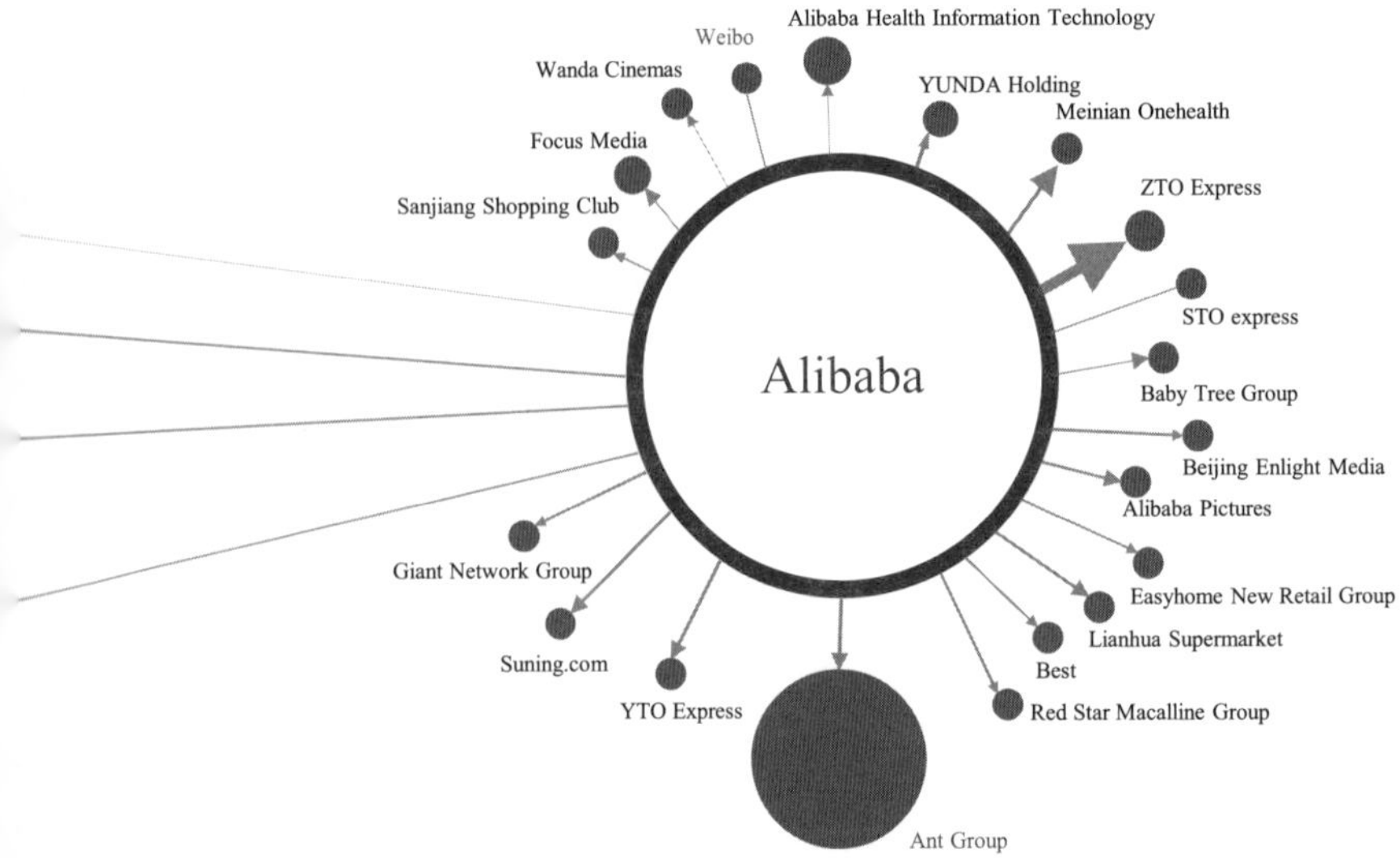

図Ⅲ-1　軽いプラットフォームと重いプラットフォーム

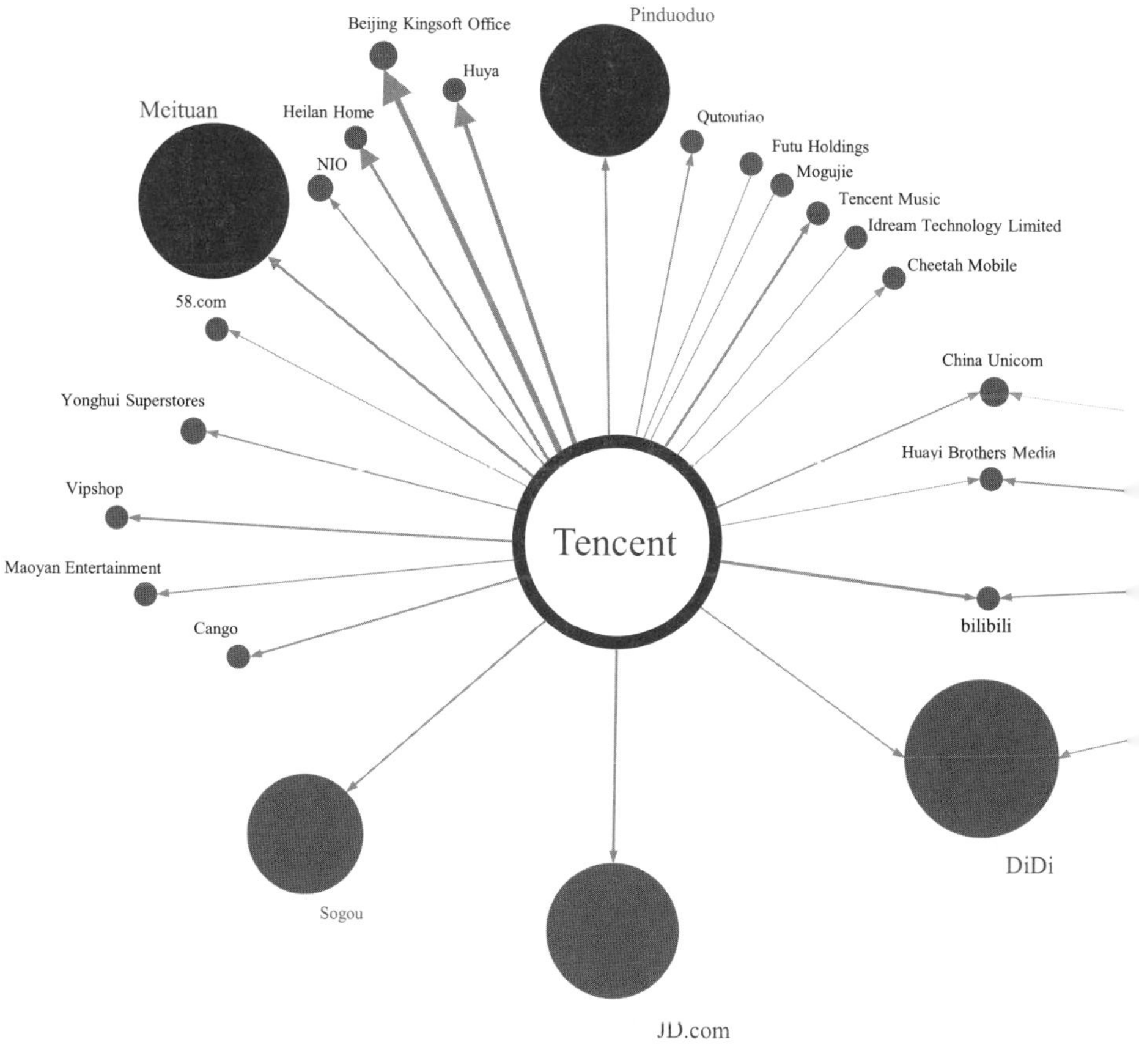

サービスを使うので、テンセントには手数料が入ります。また、パートナーの収益性が高まれば株主であるテンセントにもメリットが生まれます。配当金が得られますし、株式の売却益も見込めます。エコシステムが活性化すればするほどテンセント自身の収益も増える仕組みとなっているのです。

一方、プラットフォームが重いということは、不足する機能や役割があったときに、それはパートナーに委ねるのではなく、自らが担ってコントロールするということを意味します。M&Aなどを通じてパートナー企業をグループ傘下に置き、「緊密な統合」によって自らが動かしていくというのが典型的な姿です。

アリババは、インフラの重要な部分については自らがM&Aを通じて統合することを厭いません。情報流を司るクラウドサービス、迅速かつ効率的な配送サービス、そして先進的な決済・金融のサービスなど、それぞれの機能を担うグループ企業を設立して、統合的に運営しているのです。

3 イノベーションの創出

知の探索と知の深化

プラットフォームの重さはイノベーションのあり方をも左右します。イノベーションを生み出すためには、知識をどのように活用するかがとても重要です。この視点で議論されているのが知の探索と知の深化です。知の探索とは「まだ知らない新しい知識の追求」であり、知の深化とは、「すでに知っている知識の活用や開発」を意味しています。[03]

知の探索をすることによって、新しい知識を獲得し、それを既存の知識と組み合わせることによって知識の「新結合」が起きます。この新結合こそがイノベーションです。

しかし、見知らぬ世界での知の探索には、大きなコストがかかりますし、

03 March(1991、p71) によると、知の深化は「洗練、選択、生産、効率、選択、実施、実行」と定義される一方で、知の探索は「探索、変化、リスクテイク、実験、遊び、柔軟性、発見、革新」と定義されています。アリババは常に実験を行っているという特徴があります。知の探索と知の深化については入山 (2019) 参照。

得られた知識がうまく活用できるとは限りません。

これに対して、知の深化はすでにある知識や技術をいかに活用して、いかに収益化するかということを考えます。すでにある知識を活用するため、ある程度の予測ができ、知の探索ほどコストがかかったり、不確実であったりはしません。

知の探索に偏ると、多くの知識を持っていても、それをうまく活用することができません。知の深化に偏れば、新たな知識が得られず、飛躍的な進化は望めません。イノベーションを生み出すためには、どちらか一方ではなく、バランスをとる必要があるのです。

知の探索と知の深化のバランスをとることを「両利き」といいますが、これには4つの方法があると考えられています。それが、「文脈的な両利き（Contextual Ambidexterity）」「組織的な分離（Organizational Separation）」「時間的な分離（Temporal Separation）」「領域的な分離（Domain Separation）」です。

文脈的な両利きとは、知の探索と知の深化の活動を分けることなく、同時にバランスをとって行うことです。しかし、このバランスのとりかたは非常に難しいと言われています。

第一に、組織の資源は限られているからです。経営者は限られた資源でどのような成果を上げるかを考えるために選択と集中を迫られます。

第二に、知の探索と知の深化では、重視するポイントが異なります。知の探索では、柔軟性を意識しますが知の深化では安定性を意識します。このようなトレードオフを抱えながら、同時に2つの活動のバランスをとるためには、非常に優れたマネジメントセンスが必要になります。

「知の探索」と「知の深化」のバランスの取り方

バランスの取り方	文脈的な両利き（Contextual Ambidexterity）	組織的分離（Organizational Separation）	時間的分離（Temporal Separation）	領域的分離（Domain Separation）
バランスの位置	個人および グループレベル	組織レベル	組織レベル	組織レベル
バランスのメカニズム	探索と深化の間にバッファがない	探索または深化のいずれかに特化した別個のユニットで、企業レベルで同時に調整されている	探索から深化へ、またその逆の場合も、時間の経過とともに連続的に変化する	1つの領域を探索すると同時に、別の領域を深化する
管理職の役割	経営者が支えるインフラを提供	積極的な経営が不可欠	積極的な経営が不可欠	積極的な経営は必要条件ではない
課題	組織単位での矛盾の管理	ユニット間の調整と上層部での矛盾の管理	探索と深化の移行と慣性圧力からの離脱の管理	適用可能なドメインを特定し、任意のドメインを探索するか、または利用するかを決定する

Lavie, D., Stettner, U., & Tushman, M. L. (2010). Exploration and Exploitation Within and Across Organizations. *Academy of Management Annals*, *4*(1): 109-155.をもとに作成

本書において注目すべきなのが組織的な分離と時間的な分離です。組織的な分離は、知の探索に集中する組織と知の深化に集中する組織を分けることでトレードオフを避けようという考えです。[04] 時間的な分離では、探索に集中する期間と、探索した知識を活用する深化の期間を分けることで、トレードオフに対処する考えです。[05] テンセントとアリババは、そのエコシステムの構造や作り方だけでなく、エコシステム全体を通した知の探索と知の深化においても対比することができます。

04 組織的な分離では、組織間の連携をどのように行うかという新たなトレードオフも生まれます。

05 時間的な分離では、どのタイミングで探索と深化を移行させるかが難しく、ここにトレードオフがあります。

テンセントの両利き

テンセントは、環境やライバルの動きをよく観察し、探索と深化を時間的に分けることでイノベーションを生み出しています。テンセントが生み出した最初のイノベーションは、インスタントメッセンジャーの「ＱＱ」です。インターネットサービスに大きな事業機会があることを感じ取った創業者の馬化騰（ポニー・マー）さんは、海外の最先端事例を探索し、それを中国で実現したのです。インスタントメッセンジャーという、インターネットの入り口とも言える基盤を持ち、その基盤を活用していかに儲けるかという知の深化に集中しました。

一度起こしたイノベーションに慢心し、このまま深化に集中し続けていてはバランスを崩すところですが、テンセントのイノベーションはこれでは終わりません。２０１１年に、新たにモバイルインターネットの波を感じ取ったテンセントは、再び探索を始めます。ＱＱを生み出したときと同様に、海外の先端事例を研究し、新たなサービスを模索しました。

そして生み出された第二のイノベーションが、インスタントメッセンジャーアプリの「ウェイシン（微信）」です。インスタントメッセンジャーアプリで再びモバイルインターネットの入り口となる基盤をおさえたテンセントは、この基盤を活用して、さらなる収益化を進めています。テンセントは、時代の流れを繊細に読み取り、タイミングをおさえて知の探索と知の深化を分けて行うことでイノベーションを断続的に生み出してきたのです。

アリババの両利き

テンセントが時間的な分離によって探索と深化を交互に行っているのに対して、アリババでは常に探索が行われています。アリババが最初に生み出したイノベーションはB2B向けのEコマース事業であるアリババドットコムです。アリババは、最初のイノベーションを生み出してからも、金融（アント・グループ）、クラウド（アリババクラウド）、物流（ツァイニャオ・ネットワーク）で次々とイノベーションを生み出しています。

なぜアリババは常に探索を行いながら、その収益化を行うことができるのでしょうか。その答えはEコマース事業での知識の活用にあります。アリババは、他の領域で探索した知識をEコマース事業に結合し、活用しています。実際に、売上の比率を見ても、その約8割をEコマース事業が占めています。[06] 探索する組織を深化する組織から分けることで、知の探索と知の深化を両立しているのです。収益化する基盤を明確にすることで、アリババは常にビジネスの実験を行い、イノベーションを生み出し続けています。

このようにテンセントとアリババにはバランスの取り方に違いはありますが、どちらの企業も探索と深化をエコシステムレベルで両立している、まさに器用な「両手利きの経営」を実現して、急成長している企業であると言えるでしょう。

06 B2CのECが46％、ニューリテール／直販店が20％、B2BのECが2％、海外のECが7％、ECその他が2％、ローカルサービス／地域密着のECが5％、という構成です（2020年4-6月期）。

模倣によるイノベーション

「模倣は独創の母である」[07]と言われます。芸術的な経営も模倣から始まるのかもしれません。実際、ビジネスの世界でも常識を覆して新しい事業を立ち上げた名だたる経営者は、模倣や参照のしかたがとてもうまいように思えます。

ビジネスの世界において、なかなかマネすることができない優れた企業の仕組みも、調べてみると、実は大なり小なり模倣によって築かれているものです。模倣できない仕組みが模倣によって築かれるという、模倣のパラドクスです。

そうだとしたら、独自性を追求するからこそ、逆に、模倣の力が大切だということになります。われわれは、模倣の作法を会得し、その先にある心得までも身につけて、模倣の能力を高める必要があります。

模倣というのは他人の言動を観察して学ぶことであり、専門的には、代理学習と言います。代理学習には少なくとも2つのメリットがあります。

1つは、それによってリスクを軽減できるという点です。もし自分ですべて試行錯誤しなければならないとしたら、そのコストは計り知れないものになります。ビジネスにおいても、たった1つの試行が致命傷となることも少なくありません。リスクが高い事業であればあるほど代理学習が有効です。

07 文芸評論家の小林秀雄の言葉。「模倣は独創の母である。唯一人ほんとうの母親である。二人を引き離してしまったのは、ほんの近代の趣味に過ぎない」（小林、2003、98ページ、初出は『創元』1946年11月号）。

もう1つのメリットは、代理学習によって学習時間を短縮できる点です。先人たちの行動とその結果を見れば、自分自身は時間をかけずに学ぶことができるのです。状況さえ類似していれば同様の結果を短期間で導くこともできますし、その成果を仮の出発点として踏み台にもできます。アイザック・ニュートンの「私がさらに遠くを見ることができたとしたら、それはたんに私が巨人の肩に乗っていたからだ」という言葉はあまりにも有名です。[08]

2つの創造的な模倣

結論を少し先取りすることになりますが、私は、世の中には、少なくとも2つのタイプの創造的な模倣があると思っています。その1つは、自らを高めるために、遠い世界から意外な学びをするという模倣です。ビジネスの世界で言えば、優れたお手本からインスピレーションを得て、独自の仕組みを築いていくような模倣です。

もう1つの創造的な模倣は、顧客の便益のために、悪いお手本から良い学びをするという模倣です。それは、業界の悪しき慣行を反面教師にして、イノベーションを引き起こすことを含みます。

ライバルに限らず、他人の試行錯誤と結果を自らの経験とノウハウにできるというのは素晴らしいことです。そもそも、何でもかんでも自分でリスクをとっていては、命がいくつあっても足りません。とくに、他人の経

08 上智大学中世思想研究所（2002）「中世思想原典集成（8）」平凡社、730ページより。出典は、ライバルであるロバート・フックにあてた1676年2月5日付けの手紙だと言われます。ちなみに、ニュートンが引用したとも言われているベルナールは「われわれはまるで巨人の肩に座った矮人のようなものだと語っていた」と言っています。

験が顧客の便益や社会のためのイノベーションに向けられるのであれば、模倣は称賛に値するものとなるのです。

このあとのＣＡＳＥでは、創造的な模倣をきっかけにしてエコシステムを構築したテンセントとアリババについて紹介していきます。

第３部の要点

- 企業の発展は、利益を奪い合う他社との競争ばかりではなく、他社との協調的行動を通じたエコシステムの拡大によってもたらされます。
- エコシステムの繁栄は、その中心にいるプラットフォーム企業の行動に依存します。良い振る舞いをする企業であれば、大きな価値がもたらされて協力企業も潤います。一方、悪い振る舞いをする企業だと、価値の創出が制限されたり独占されたりするので、エコシステムは衰退していきます。
- テンセントやアリババといった巨大企業の競争優位を理解するためには、個別企業の枠で分析を進めるのでは不十分です。プラットフォーム企業のエコシステムのつくり方にも目を向け、パートナー企業を巻き込んだ「勝ちパターン」を問題にする必要があります。
- エコシステムは、中心に位置するプラットフォーム企業が果たす役割の重さに注目して２つに分けられます。軽量級のプラットフォームは、パートナーと「緩やかな連携」を結んで、自律的に動いてもらいます。重量級のプラットフォームは、不足する機能や役割があったときに、それはパートナーに委ねるのではなく、自らが担ってコントロールします。

プラットフォームの重さはイノベーションのあり方も左右します。イノベーションを生み出すためには、「知の深化」（すでに知っている知識の活用や開発）を進める一方で、同時に「知の探索」（まだ知らない新しい知識の追求）もしなければなりません。重量級のプラットフォーム企業は、自ら「知の探索」を担うのに対し、軽量級のプラットフォーム企業は、これを周辺の協力企業に委ねることがあります。

イノベーションにつながる創造的な模倣には2つのタイプがあります。1つは、優れたお手本からインスピレーションを得て、独自の仕組みを築いていくような模倣です。もう1つは、顧客の便益のために、悪いお手本から良い学びをするという模倣です。

アリババとテンセントの投資ネットワーク

図Ⅲ-1にテンセントとアリババの「プラットフォームの重さ」を示しましたが、同じ図解の手法を使って、2社の投資先との関係を見てみましょう。両社の投資先は世界中にありますが、ここではとくに中国国内に本拠地を置き、各株式市場に上場した企業との関係に注目します。

図Ⅲ-2は、2社の投資先の時価総額や持株比率を示すものです（作図：劉慰健、坂井貴之）。データには、中国の経済誌『新財富』（2020年11月号）に掲載されている「投資先企業におけるアリババとテンセントの持株比率」と「2021年2月2日の時価総額」を採用しています（アント・グループは上場が中止になったので、目論見書による企業評価額を採用しました）。

円の大きさは当該企業の時価総額を、矢印の方向はカネの動きをそれぞれ示しています。たとえば、テンセントからJDドットコムに伸びている矢印はテンセントがJDドットコムへ投資していることを意味します。また、線の太さは持株比率の高さを示しています。

このネットワーク図でテンセントとアリババを比較すると、どのようなことがわかるでしょうか。

アリババはテンセントに比べて持株比率が高く、太い線がより多く伸びています。

これは、アリババが強い影響力と決定権を持つことを表していると言えるでしょう。これに対してテンセントは持株比率が相対的に低く、投資先の自律性を尊重するという傾向が伺えます。

プラットフォーマーとしてのアリババとテンセントの違いは、投資ネットワークからも読み取ることができるのです。

●はCASEで取り上げた会社
社名に色つきは本書のCASE内に登場する会社

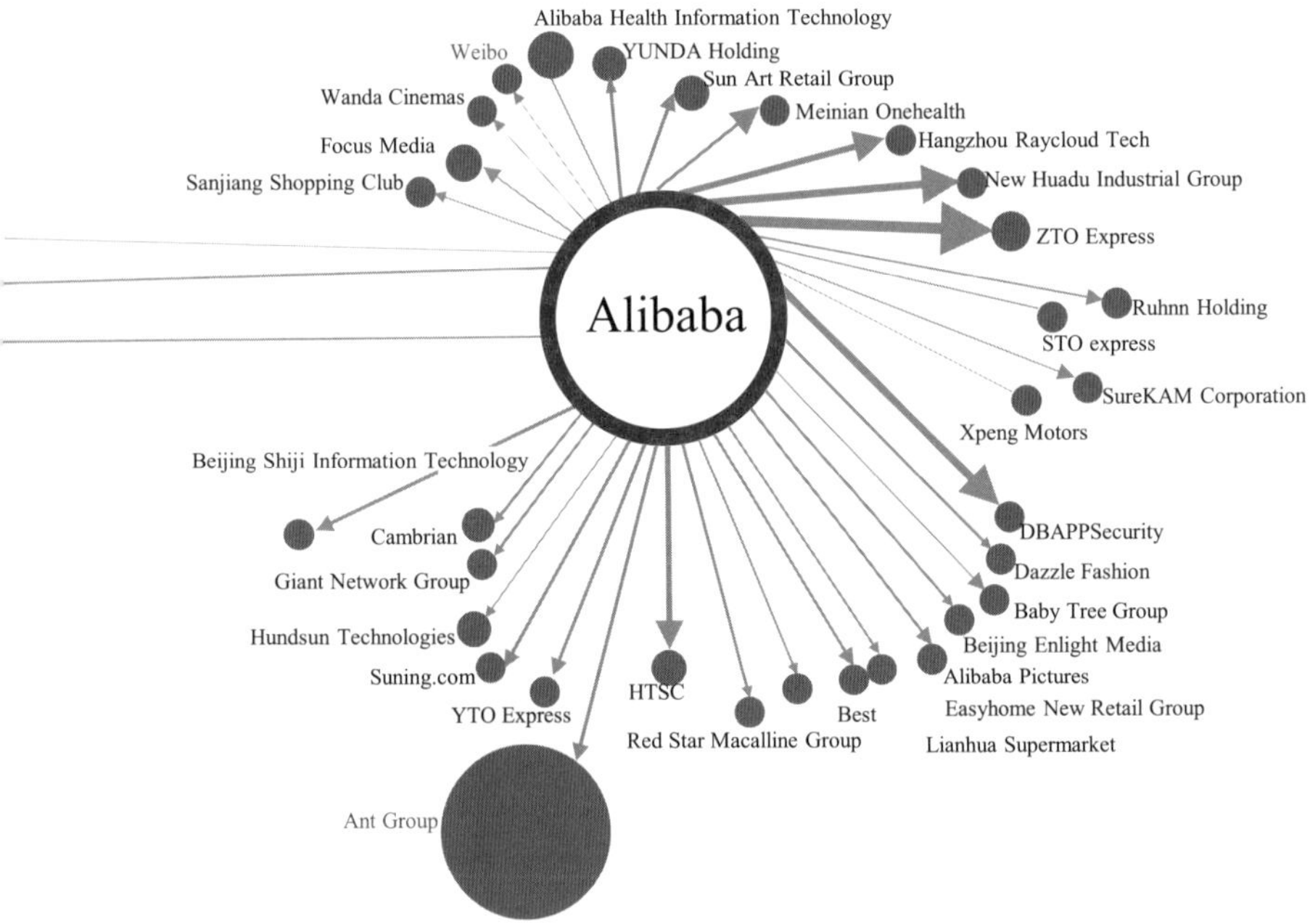
Alibaba Health Information Technology
Weibo
YUNDA Holding
Sun Art Retail Group
Wanda Cinemas
Meinian Onehealth
Focus Media
Hangzhou Raycloud Tech
Sanjiang Shopping Club
New Huadu Industrial Group
ZTO Express
Alibaba
Ruhnn Holding
STO express
SureKAM Corporation
Xpeng Motors
Beijing Shiji Information Technology
Cambrian
DBAPPSecurity
Giant Network Group
Dazzle Fashion
Baby Tree Group
Hundsun Technologies
Beijing Enlight Media
Suning.com
Alibaba Pictures
HTSC
Easyhome New Retail Group
YTO Express
Best
Red Star Macalline Group
Lianhua Supermarket
Ant Group

図Ⅲ-2　テンセントとアリババテンセントの投資ネットワーク

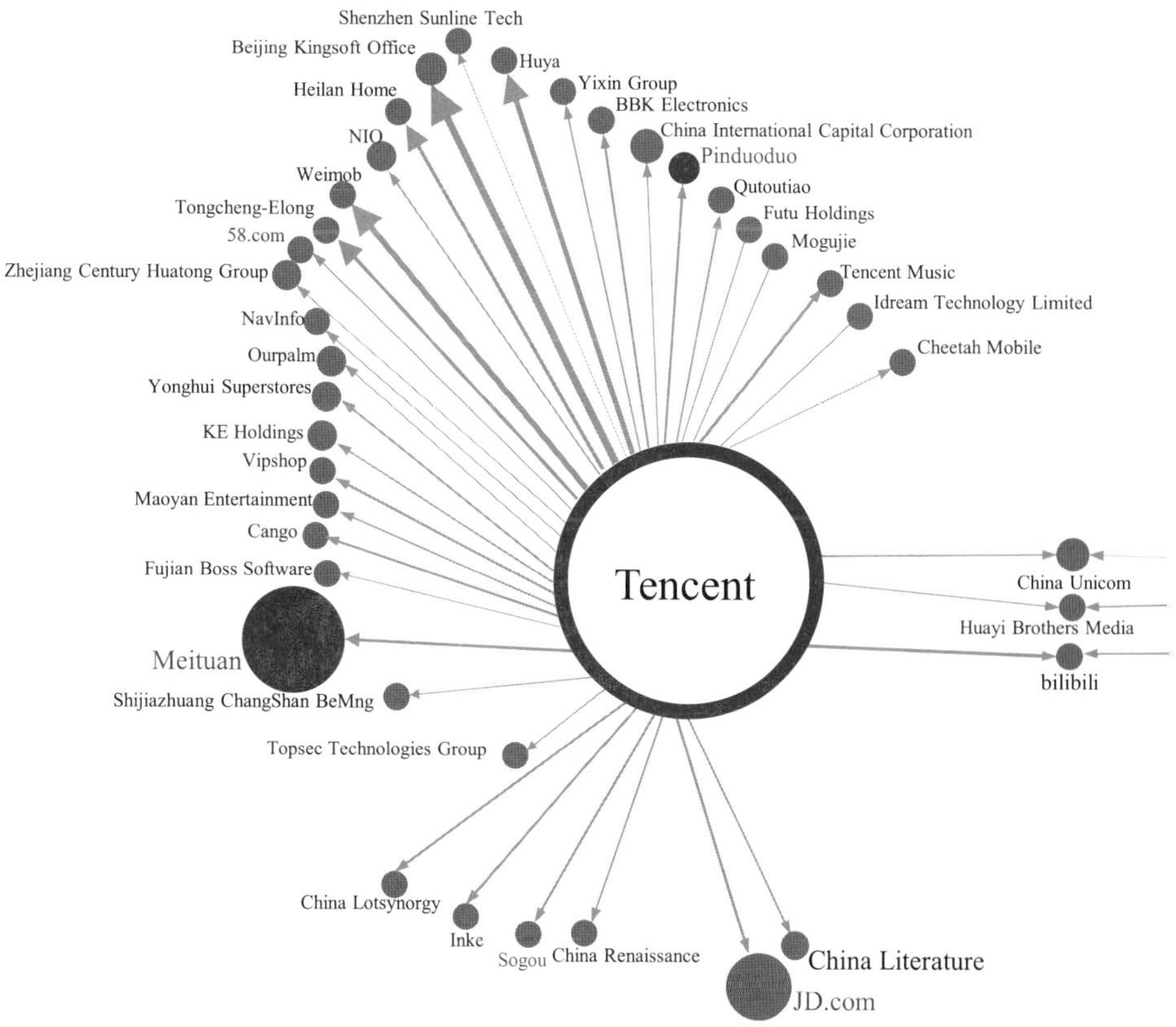

CASE 8

テンセント

Tencent

模倣戦略からオープンプラットフォームへ

デジタルエコノミーの「宮殿」ではなく「森」を作る

創業者

馬化騰

ポニー・マー

「テンセントはインターネットのコネクターとなり、一方ではパートナーと、もう一方では大規模なユーザーとつながり、健全で活発なインターネットのエコシステムを共同で創造し、すべてのものを結びつける。」

社　　名	：騰訊（Tencent）
創　　業	：1998年
I　P　O	：2004年（香港証券取引所）
売 上 高	：4820億元（約8兆円、2020年）
純 利 益	：1598億元（約2兆6000億円、2020年）

生態系の作り方

1

模倣の順序

「まず山があって森がある。森を作って木を作って枝と葉っぱとなる。そういう順序を心得なければ成功しない。家具で言えば、食器棚はどうするという単品レベルの模倣は枝葉にあたる。やはり、ホームファッションという生活の場についての発想が必要である。その上でどのようなスタイルがあるかという選択がある。色や機能というのはその後にくる」

これはビジネスにおける生態系の作り方についてのコメントです。模倣にも順序があるということをわかりやすく伝えたものです。日本でニトリを創業した似鳥昭雄さんの言葉です。[01]

01 2012年の筆者によるインタビューより。似鳥さんは「発明は模倣の集積だ、イノベーションで模倣でないものはない」ともおっしゃっています。

成功の秘訣というのは、時代や国を超えても変わらないものなのでしょう。実は、中国のテンセントもこれと同じようにして急成長を果たしました。創業者の馬化騰（ポニー・マー）さんは「模倣は最も穏当なイノベーションだ」と明言し[02]、模倣によってさまざまな事業を生み出し、成長させたのです。

第1期と第2期の成長パターン

テンセントは、1998年に中国広東省深圳で設立されたインターネットサービス企業です。2004年には香港証券取引所に上場を果たし、現在では、中国最大規模のオンライン・コミュニティを立ち上げるに至っています。

テンセントはSNS、決済、ポータルサイト、ゲームや動画配信サービスをはじめとしたエンターテインメントなどの分野でビジネスを行っており、数多くの特許も取得しています。

2020年の売上は4820億元（約8兆円）、純利益は1598億元（約2兆6000億円）に達します。時価総額は2020年6月23日終値時点で、65兆2000億円と過去最高値を更新し、一時アリババを抜いてアジア首位になりました[03]。

テンセントの急成長のカギは、卓越した模倣戦略と連続的なマイ

02 熊江（2013）p.73より。ただし、テンセントはマイクロイノベーションを積み重ねて「漸進的イノベーション」を引き起こしているとも考えられます。

03 『Bloomberg』2020年6月24日より。テンセントはオンラインゲームや決済システムやソーシャルメディアを揃えており、コロナ禍においてもこれらのデジタルサービスが好調であったことも影響していると考えられます。

テンセントの本社ビル

写真：アフロ

デジタルエコノミーを追い風に指数関数的に成長

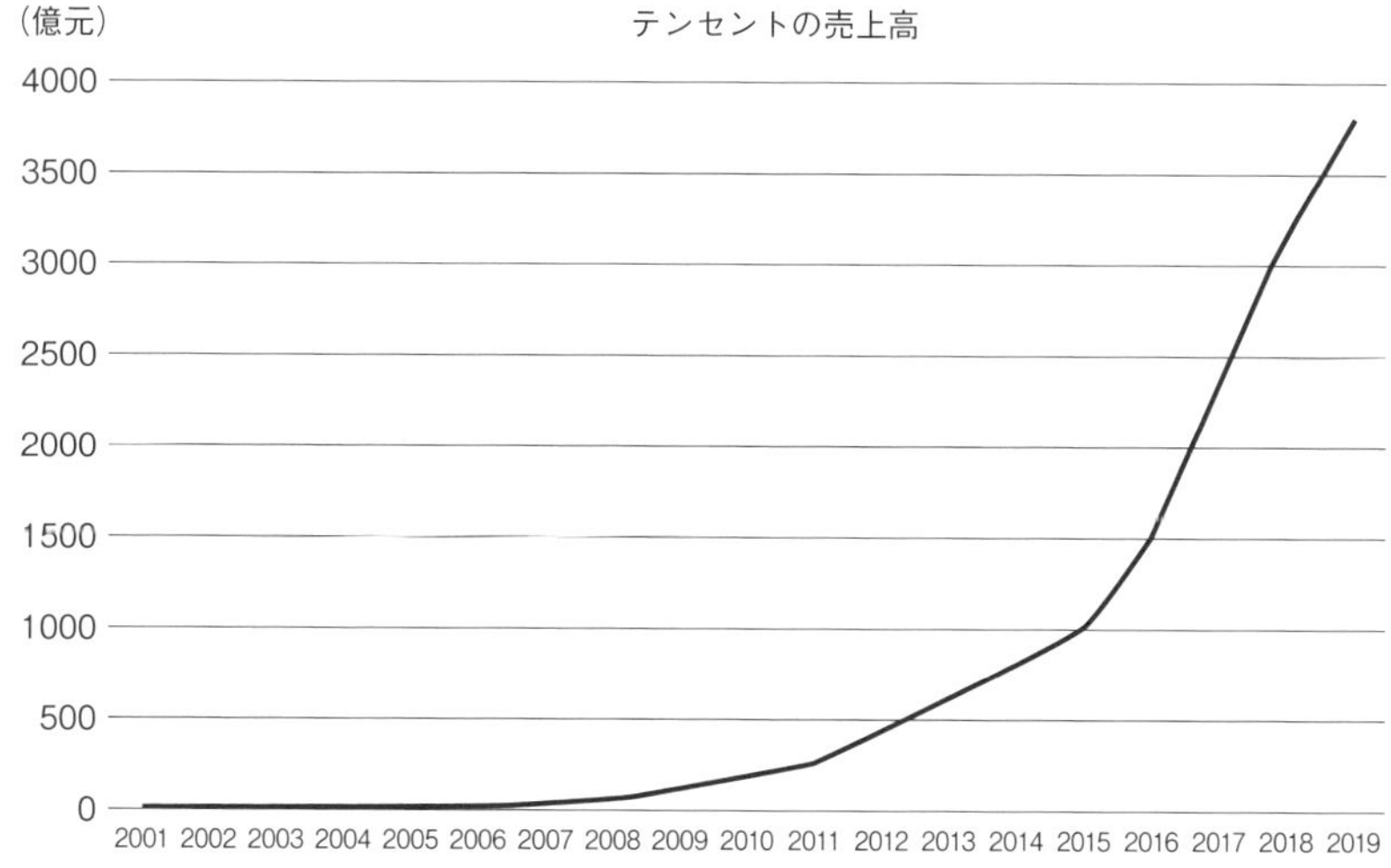

クロイノベーションにあります。同社の成長ステージは、1988〜2010年の第1期と、2011年〜現在までの第2期に分けられます。どちらのステージも遠い世界からの模倣を起点にして成長していますが、サービスを充実させる方法において違いもあります。

第1期は海外の先進サービスの模倣によってインスタントメッセンジャーのQQを開発し、その利用者を各種サービスに誘導できるような仕組みを作りました。テンセントは国内のライバルを迅速に模倣し、自社に利用者を誘導することで成果を上げることができたのです。[04]

第2期のポイントはオープンイノベーションです。基盤となるインスタントメッセンジャーのウェイシンこそ海外のものを模倣しましたが、そこに結びつけるサービスはパートナー企業に委ねました。自らサービスを拡充するのではなく、出資したパートナーやサードパーティ企業へと誘導したのです。

04 第1期の模倣戦略についての分析は、筆者らと楊路達との共同研究によるものです。ケースの執筆にあたっては、主に熊江（2013）、呉（2017）、馬化騰さんが中国の各種メディアで語ったコメント、『商界評論』2013年12月号などを用いました。

初期の模倣戦略 2

第1期に立ち上げたサービス

テンセントが1998〜2010年まで手掛けてきた主要なサービスとして、次のようなものがあります。

◎インスタントメッセンジャー：ＱＱ
◎ポータルサイト：ＱＱドットコム
◎オンラインゲーム：テンセント・ゲームズ
◎電子商取引：パイパイ（拍拍、PaiPai）
◎検索エンジンサービス：ソウソウ（捜捜、SOSO）
◎ＳＮＳ：ＱＱ空間（Qzone）

第1期の模倣戦略

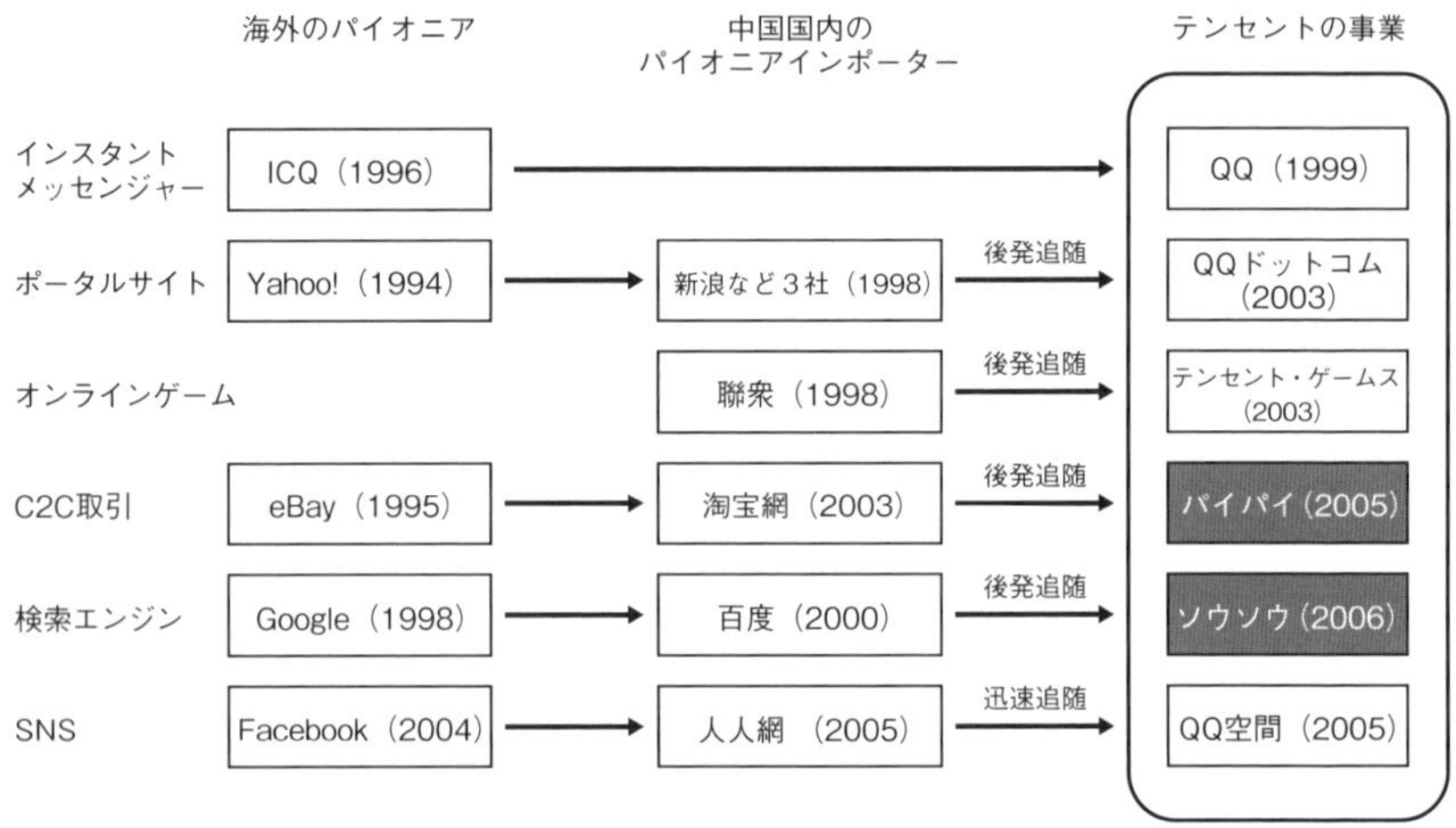

これらのサービスのほとんどが、模倣から生まれていますが、その性質はさまざまです。大別して、海外や異業種や過去からお手本を参照してイノベーションを引き起こすという創造的な模倣と、国内の同業他社をそのまま真似るという効率的な模倣があります。前者を遠い世界からの模倣、後者を近い世界の模倣と呼ぶことにしましょう。

テンセントの場合、プラットフォームとなりうるサービス基盤については遠い世界から模倣して独自の仕組みを構築しました。その一方で、基盤の上にのる製品やサービスについては、近い世界の模倣によって効率的に増やしているのです。

そして、注目すべきはその順序であり、戦略的に重要なところからおさえているという点です。

馬さんは、まず基盤サービスについては、

イスラエルで開発されたICQというインスタントメッセンジャーをお手本にして機能改善を行い、QQを開発しました。QQをリリースして、わずか9カ月で登録人数は100万人を超え、サービス基盤を確立することができました。インスタントメッセンジャーというのは、ネットユーザーが最初に利用するサービスで、利用頻度も高いものです。ネットにアクセスする入り口になるという意味で「ポータル価値」を持ちうるサービス基盤なのです。

テンセントは、この基盤の上に、次々と新しいサービスを投入しました。それが、ポータルサイトの「QQドットコム」、オンラインゲームの「テンセント・ゲームズ」、SNSの「QQ空間」です。いずれも、国内の同業他社を効率的に模倣することで成功を収めました。

イスラエルから模倣して生まれたインスタントメッセンジャー「QQ」

QQは1999年にテンセントによって開発されたインスタントメッセンジャーです。メッセージの送受信、音声通話、ビデオ通話、ファイル送受信機能などを備えており、コンピューターやスマホなどの端末で利用できます。月間アクティブユーザー数は6億9000万人に達します(2020年第1四半期)。

そのお手本は、1996年に世界で初めてインスタントメッセンジャーを開発したイスラエルのミラビリス社のICQです。ICQは、正式リリースの7カ月後に登録数が

ICQの不備を改善してQQを開発

ＩＣＱの不備	ＱＱで行われた改善
英語でしか使えない	中国語に対応させる
友人の情報がパソコンに保存される	友人の情報がサーバーに保存される
オンライン状態のみ会話できる	オフライン状態でも会話できる
知り合いとしかコミュニケーションできない	知り合いでなくてもコミュニケーション可能

１００万人に達した大ヒットサービスでした。類似したインスタントメッセンジャーが続々と開発され、その中にはアメリカン・オンラインのＡＩＭ（AOL Instant Messenger）、マイクロソフトのＭＳＮメッセンジャー、ヤフーのページャー（Yahoo! Pager）などが含まれます。

ＩＣＱは中国でも使われていましたが、中国語バージョンがありませんでした。馬さんはＩＣＱの機能を改善し、ＱＱを作り出しました。ＱＱは、リリースされてから、わずか９カ月で登録人数が１００万人を上回りました。

馬さんが行った主たる改善は４つです。①中国語に対応できるようにした。②登録した友人の情報をサーバーに保存できるようにした。③サーバーにメッセージを保存しておくことで、友人がオンラインではなくても送信できるように改善した。④知り合いの人でなくてもコミュニケーションできる設計とした。

２０００年にはポップアップ広告をスタートさせました。ＱＱを開くと、パソコンの画面の右下に自動的にポップアップ広告が表示され、ポータルサイトやオンラインゲームへのリンクが表示されます。これによって、多くのユーザーを自社の関連事業に誘導することができるのです。

国内のライバルを模倣したポータルサイト「QQドットコム」

馬さんは、2003年、インターネット広告の巨大な事業機会を見込んで、ポータルサイト「QQドットコム」を開設しました。しかし、そのときすでに、中国では網易（163.com）、捜狐（Sohu.com）、新浪（Sina.com）という3つのポータルサイトが支配的でした。この状況でポータルサイトとしての知名度を上げるのは容易ではありません。

馬さんは、前述したQQのポップアップ広告によって、利用者をポータルサイトへと誘導します。そして、そのポータルサイト「QQドットコム」でニュースなどの優良なコンテンツを示すことができれば利用者を増やせると考えたのです。

テンセントは新聞社や他のポータルサイトから優秀な人材をヘッドハンティングしました。中国大手新聞社である広州日報グループの編集長に声をかけ、新浪や捜狐からも約500人の編集者を招き入れたのです。こうして、ニュース、コミュニティ、エンターテインメントや生活のさまざまな情報を提供できるようになりました。先行するポータルサイトを追い上げて、2006年にはポータルサイトの3強に入りました。

さらに、2008年の北京オリンピックにQQのポップアップ広告で試合結果やメダルの獲得状況を他社よりもスピーディーにユーザーに届け、人気を博しました。QQドットコムのオリンピック期間の平均アクセス数は10億に達して他社を凌駕し、ついに中国で1位にまで上り詰めました。

国内のパイオニアを模倣した「テンセント・ゲームズ」

テンセントが本格的にオンラインゲームへの参入を検討し始めたのは2002年頃だと言われます。その当時、ネットカフェでオンラインゲームをする利用者が増える一方、インスタントメッセンジャーQQを使う人がどんどん減ってきたそうです。

そこで馬さんは、中国ゲーム業界のパイオニアである聯衆[05]（リエンジョン）を模倣し、チェスやトランプのようなカジュアルなゲームをユーザーに提供することにしました。カジュアルゲームの市場はすでに立ち上がっており、QQの基盤も活用しやすかったのです。2003年には、QQのユーザーは、アカウントを新たに作成しなくてもオンラインゲームを楽しめるようになりました。

ゲームの種類は中国チェス、五目並べ、トランプといったカジュアル

05 聯衆は1998年3月に設立されたオンラインゲーム会社です。創業者の鮑岳橋（バオ・ユエチャオ）さんは、検索エンジンとオンライン・エンターテインメントの市場に将来性があると考えました。鮑氏の趣味が囲碁であり、チェスや囲碁などのゲームサイトを作ろうと考えました。

ゲームでしたが、1年後の2004年にはQQゲームズ（現在はテンセントゲームズ）の同時接続者数は62万を突破しました。聯衆よりゲーム業界への進出が5年も遅れたのですが、わずか1年で聯衆から中国国内での市場リーダーの地位を奪うことができたのです。

さらにテンセントはゲーム事業を拡充し、MMORPG、ACG、オンラインプラットフォームゲーム、ソーシャルゲームなどの分野にも参入しました。現在、ゲーム事業はテンセントの主たる収入源となっています。

「テンセントゲームズ」を見る

（QRコードをスマホで読み込んでください）

迅速に追随したSNS「QQ空間」

アメリカの巨大SNSのフェイスブックが開設されたのは2004年です。しかし、そのフェイスブックも唯一のパイオニアではなく、「ソーシャル・ネットワークというアイデアの40年間の進化の相続人のひとりに過ぎない」[06]と言われます。実際、SixDegrees（1997年）、Friendster（2002年）、ならびにMySpace（2003年）などはフェイスブックよりも先行していました。

中国ではアメリカから少し遅れてブログが流行り始め、SNSサイトが広がる土壌が整っていきました。2005年にはフェイスブックそっくりのSNSサイト「校内網」も誕生し、話題を呼びました。

06 デビッド・カークパトリック／滑川海彦、高橋信夫訳（2011）『フェイスブック　若き天才の野望』日経BP、p.89より。

テンセントは、SNSについては、国内の先行者たちが圧倒的な優位を築き上げる前に追随すべきだと考え、2005年にQQ空間を立ち上げました。他のサービスと同様、QQの画面から直接QQ空間のサイトにアクセスできるように工夫されています。ユーザーは、ブログや写真の投稿、動画や音楽の視聴などの機能を利用することができます。また、自分の好みに合わせて、個人ホームページの背景を自由に設定したり、個人のホームページを作成したりすることもできます。

テンセントのQQ空間は、サービスを本格化する中で、ブログやゲームなどの機能を導入し、利用者を引きつけていきました。ポップアップ広告の効果もあり、中国における主要なSNSのプラットフォームになりました。2016年第2四半期までにQQ空間の月間アクティブユーザーは6億5000万人に達し、国内で先行していたSNSたちを超えました。

先行優位を覆せなかった「パイパイ」

後発追随によって成果を上げてきたテンセントですが、国内のライバルの模倣がすべてうまくいったわけではありません。オークション機能も備えるC2Cオンライン取引プラットフォームでは、先行するアリババグループのタオバオ（淘宝網、Taobao.com）に追いつくことはできませんでした。

テンセントがC2Cのオンライン取引ビジネスに参入したのは2005年のことです。先行者であるイーベイやタオバオから人材をヘッドハンティングし、80人の体制でパイパイ

（拍拍、PaiPai.com）を立ち上げました。テンセントは膨大なQQユーザーの基盤を活用し、後発参入でありながら市場2位を取るまでに至りました。

しかし、タオバオとの差はあまりにも大き過ぎました。2010年になっても、タオバオの市場占有率が83・5％なのに対し、パイパイは11・5％にとどまります。2012年、馬さんは講演で「電子商取引についてタオバオを手本にしてやってきたが、まったく同じようなものはやりにくい。やればやるほど希望がもてなくなる」と胸の内を明かしています。

C2Cオンライン取引プラットフォームというのは、出品されている商品の豊富さがすべてです。1人勝ちしやすいという特性を持っていて、当時アメリカではイーベイが、そして日本ではヤフオクが支配的でした。中国では、すでにタオバオが優勢であったため、多くのユーザーがそこに出品し、多くの取引がそこで行われていました。後述するように、テンセントは2014年にパイパイを中国のJDドットコムに譲渡することにしました。

技術不足に悩まされた「ソウソウ」

検索エンジンサービスもパイパイと同じような命運をたどっています。中国語検索エンジンサイトの最大手は、2000年に北京で設立されたバイドゥ（百度、Baidu）です。テンセントのソウソウ（捜捜、SOSO）がサービスを開始したのは2006年であり、バイドゥが発足してから6年以上が経過していました。すでに、バイドゥは技術と市場シェアにおいて圧倒的な優位を築いていました。

検索エンジンは高度な技術が必要です。QQの基盤をもとに、後発から巻き返しを図ったテンセントでしたが、検索エンジンというのは、そもそも優れたエンジンがなければ使ってもらえません。インスタントメッセンジャーの画面から検索エンジンのソウソウのサイトに誘導できたとしても、思ったような検索結果が得られなければ、ユーザーはこのエンジンを利用することはありません。

技術の問題もあり、ソウソウの業績はなかなか上がりませんでした。後述するように、2013年にテンセントはソウゴウ（捜狗）に4億4800万ドル投資し、自社のソウソウをソウゴウと統合させることにしました。

3 「パクリ模倣による支配の戦略」の限界

3Q大戦

テンセントは後発追随によって成長を遂げましたが、やがて限界に直面します。他社が先行した事業を模倣することによって自社事業を立ち上げて巻き返すという戦略が、ビジネスの生態系全体を壊しかねないという批判にさらされたからです。[07]

「模倣ばかりで創造的ではない」
「市場を独り占めしようとしている」
「閉鎖的で周囲にとって何もいいことがない」

07 呉暁波さんは、著書『テンセント』（プレジデント社）で「三つの罪」として言い表しています（p.402）。

スタートアップ企業は、テンセントが自分たちの事業領域に参入することを恐れました。テンセントに模倣されては勝ち目がありません。投資家たちも、自らが支援しているスタートアップ企業が競争に巻き込まれないように、テンセントが参入しない業界を選ぶようになりました。業界にこのような空気が漂う中、テンセントに対する批判は、中国の大手セキュリティソフト企業「奇虎３６０（チーフー３６０）」との争いを経て、頂点に達します。

少し詳しく説明しましょう。２０１０年5月、テンセントはチーフー３６０と酷似したセキュリティソフト「ＱＱ電脳管家」をリリースしました。このとき、利用者がＱＱをダウンロードしたらセキュリティソフトも自動的にインストールされる設定にしたのです。

当時のＱＱのユーザーは1億人を突破していたので、チーフー３６０としては瞬時にしてマーケットシェアが奪われかねない状況です。同社は脅威を感じて、ネット上で「テンセントのＱＱが不当に利用者の情報を盗み見ている」などの記事を拡散しました。また、それと同時に、ＱＱの盗み見を防げる自社のソフト「３６０隠私保護器」を配布したのです。これがネット上での騒ぎとなって、テンセントは非難されてしまいます。

テンセントは即座に盗み見を否定し、チーフー３６０を訴え、誹謗と中傷をやめるように求めました。ところがチーフー３６０の攻勢は止まらず、広告配信を含めたＱＱの一部機能を取り外せるソフト「扣扣保鏢（コウコウバオビャオ）」を配布し始めます。するとたった数日の間に、２０００万人以上の利用者がコウコウバオビャオをインストールしたのです。

これを見過ごすことができなかったテンセントも反撃に出ます。チーフー３６０をインストールしたパソコンに次のようなメッセージを画面に表示して、どちらを支持するかの二者択一を迫りました。

「ＱＱ利用者へ　私たちは、今まさに非常に難しい決断をしたところです。３６０社がＱＱ拡張機能への侵害と悪質な名誉毀損をやめるまで、３６０のソフトウェアを搭載したコンピューターでＱＱの実行を停止することを決定しました[08]」

二者択一を迫るテンセントのこの姿勢は業界に波紋を投げかけ、政府が介入するまでに至ります。一連の争いは、中国のインターネット業界におけるはじめての不正競争、独占禁止案件であり、２社のサービスの頭文字をとって「３Ｑ大戦」と呼ばれました。

訴訟合戦の結果は、最終的にテンセントが勝ちましたが、業界での評判はガタ落ちです。２０１０年11月11日、テンセントは創立12周年を迎えるにあたって、これまでの戦略を大幅に見直します。この記念すべき日に馬さんは全従業員にメールを出して「３Ｑ大戦」に対する反省と、今後の方向性を打ち出しました。

「われわれはテンセントプラットフォームの開放を促し、エコシステムの調和に配慮します。テンセントは最も強く、大きな企業になるのではなく、最もリスペクトされる会社になります[09]」

08 テンセント（2010年11月4日）.「テンセントからすべてのQQユーザーへの手紙」https://xian.qq.com/a/20101104/000 040.htm（アクセス日：2021年3月28日）

09 馬化騰（2010年11月12日）.「テンセント12周年馬化騰が従業員への書簡：未来への扉を開く」『テンセントテック』. https://tech.qq.com/a/20101112/000310.htm（アクセス日：2021年3月28日）

開放政策とパクリ政策の見直し

馬さんたちは、閉鎖性を改め、パクリと揶揄される模倣を見直していきます。まず、閉鎖性については、2010年12月5日に「開放」と「分け合う」という2つの原則を打ち立てました。そして、それに続く半年を「戦略転換の準備期間」と位置づけて3つのアクションを取ったのです。

①テンセント社内ではコミュニケーションや交流を重ね、組織、戦略の調整を行う
②各業界の専門家を招いて10回の会議を開き、外部評価として意見を取り入れる
③各プラットフォームを開放するための準備を進める

宣言通り、2011年6月には北京で千人規模の「協力パートナー大会」を開催し、馬さんは、QQ、QQ空間、ソウソウ、パイパイなどの自社の8つのプラットフォームを開放すると表明しました。これによってサードパーティ企業は膨大なトラフィックを活用して自社事業を展開できるようになります。テンセントを利用している人たちは数億人に達するので、開放政策の恩恵は計り知れません。[10]

プラットフォームを開放するだけでなく、テンセントは2011年に50億元規模のファンドを設立し、有望なITスタートアップに積極的に投資することを決めました。さらに、

オープンイノベーションを推進し、テンセントの技術と資源を活用できるようにして、彼らを支援することにしたのです。

テンセントは、第1期においては、同業他社のサービスを模倣することで自社事業を立ち上げて生態系を築いてきました。生み出される価値のほとんどがテンセントのものとなりましたが、その業界で活動する多くの企業を苦しめる閉鎖的なものになってしまいました。このあり方の限界を悟ったテンセントは、同業他社のパクリ模倣を取りやめることにしたのです。

しかしながら、テンセントは模倣戦略すべてを取りやめたわけではありませんでした。次世代の基盤となるメッセンジャーアプリについては、再び、遠い世界からの創造的な模倣を行います。海外の模倣であれば、国内の生態系を傷つけることもないので第2期の原則にも反しません。

10 馬さんは「将来的には、当社のプラットフォーム全体で10万人以上の開発者が活躍し、10万件以上の非常に優れたアプリがあり、すべてのユーザーが利用できるようになることを願っています」と述べています。「2011年テンセント開放大会」サイト http://www.techweb.com.cn/special/zt/2011QQopen/?eghj3（アクセス日：2021年3月28日）。

進化した模倣戦略 4

第2期に携わってきたサービス

テンセントが2011年以降の第2期に携わってきた主要なサービスとして、次のようなものがあります。

- ◎インスタントメッセンジャー：ウェイシン（微信、Weixin、国際版はウィーチャット）
- ◎電子商取引：JDドットコム（京東商城、JD.com）
- ◎検索エンジンサービス：ソウゴウ（捜狗、Sogou）
- ◎配車サービス：ディディ（滴滴、DiDi）
- ◎ホテル予約とフードデリバリー：メイトゥアン（美団、Meituan）

第2期の模倣戦略とオープンプラットフォーム

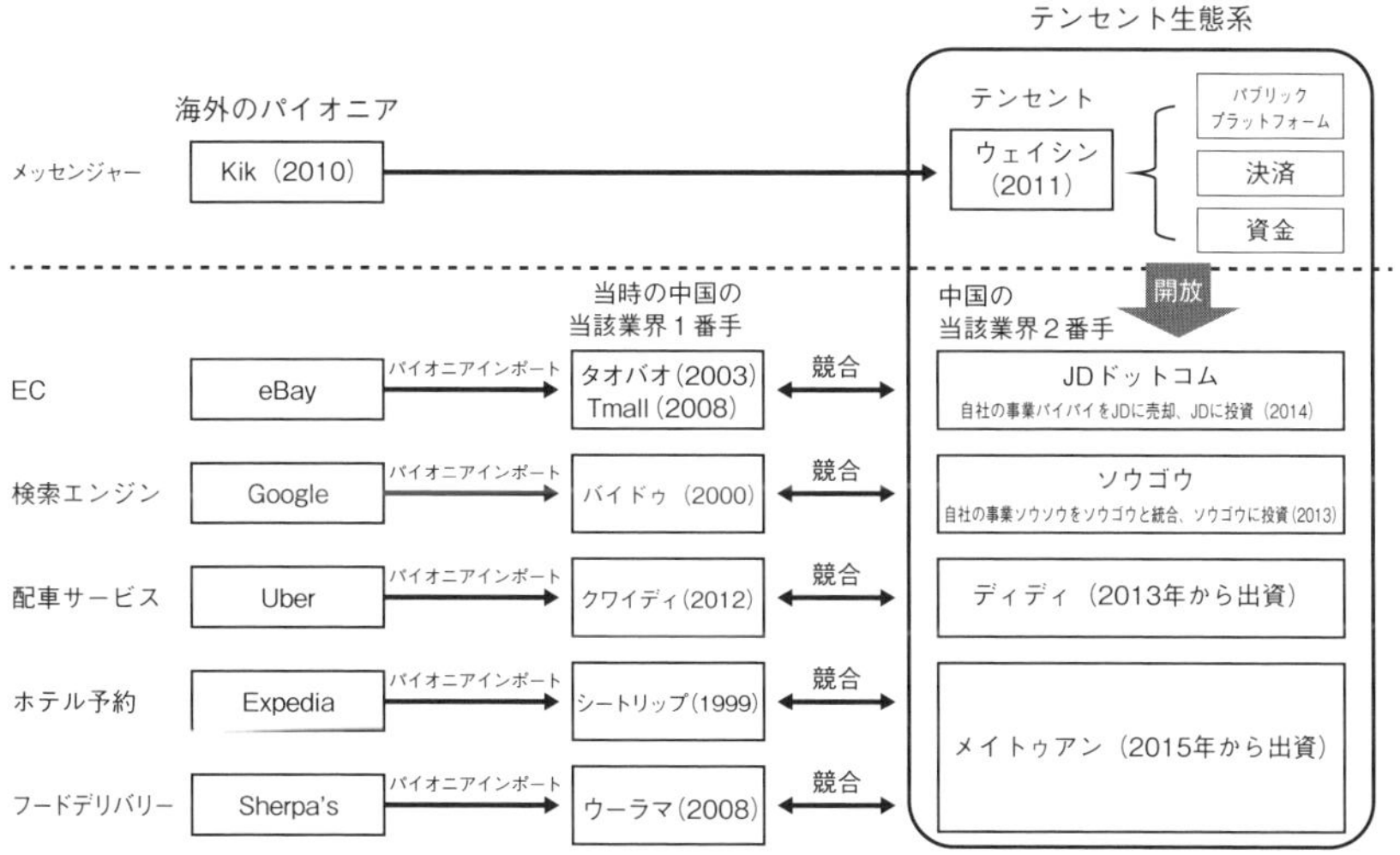

これらのサービスのうち、模倣によって生まれたのは、プラットフォームの基盤となるウェイシン（微信）のみです。戦略的に重要なサービス基盤について遠い世界からの模倣によって独自の仕組みを構築したのです。

第1期と異なるのは、業界の生態系を健全に保つために、オープンプラットフォーム戦略をとった点です。新たな自社事業を立ち上げるのではなく、テンセントのプラットフォームの活性化に協力してくれるパートナーに声をかけていきました。

そのパートナーは、業界の1番手ではなく、それに敵対する2番手企業でした。1番手企業はすでに業界で一定の地位を確立しており、テンセントと競合関係にあり独立志向が高かったからです。

テンセントは、2番手企業に自社のプラットフォームを開放し、決済インフラを整え、積極的に出資して彼らがビジネスをしやすい環境を整え、成果を上げました。

第2期の基盤となるウェイシンの誕生から順に説明していきましょう。

利用者数10億人の「ウェイシン（微信）」

ウェイシンはテンセントの第2期の成長を支えるインスタントメッセンジャーです。中国語でウェイシン「微信」とは〝微少の文字数の手紙〟を意味し、これが名前の由来となっています。利用者はアプリを使って文字、画像、音声メッセージなどを送受信して、コミュニケーションをとることができます。メッセンジャー機能とＳＮＳ機能が融合したサービスであり、日本におけるＬＩＮＥのような存在です。

注目すべき点はその利用者数増加のスピードです。リリースして、わずか1年2カ月でウェイシンは利用者数1億人を突破しました。ＱＱの場合は利用者を1億人に増やすまでに10年かかりました。フェイスブックは4年6カ月、ツイッターは4年1カ月かかっています。２０１８年にウェイシンとその国際版ウィーチャットの月間アクティブユーザー数を合わせて、10億人を突破し、中国国内のアプリでは初の快挙として報じられました。

ウェイシンのお手本となったのは、２０１０年10月にカナダのKik Interactive Inc.がリリースしたKikです。スマホ向けの無料のインスタントメッセンジャーのKikは、たった15日で利用者１００万人を獲得して、ＩＴ業界の注目を集めました。

当時、テンセント社内でＱＱメールの開発チームを率いていた張小龍さんも、Kikに注目した1人です。[11] スマホが登場してから間もない時期であり、これに適したコミュニケーションアプリが開発されていませんでした。ショートメールや、パソコンベースで開発したアプリはあったのですが、いずれも使いにくく利用者の評判が芳しくありません。

張さんが馬さんに「Kikのようなアプリを作りたい」と打診したところ、すぐに承認されました。[12] 10人ほどしかいなかったQQメールアプリの開発チームが、わずか2カ月でウェイシンを作り上げ、2011年1月21日にリリースしたのです。

エコシステムの構築

開放政策へと舵を切ったテンセントは、各業界の有望な企業をサポートし、自社のエコシステムに参加してもらうことに徹します。その主たるサポートは次の3つです。

①有望企業に投資しウェイシンと連携させる仕組みを作る
②パブリックプラットフォーム（WeChat Public Platform）を整える
③決済ツールのウィーチャットペイ（WeChat Pay）を立ち上げる

11 前述したように、QQからいろんなプロダクトが派生しましたが、そのうちの1つはQQメールです。2005年に、テンセントはFoxmailを買収し、創業者の張小龍さんにQQメールの改善を任せていました。張小龍さんは2005～2010年の間に、QQメールの改善に取り組んでいました。

12「筆者が取材した際に、張小龍はQQメールの『閲読空間』で初めてKikという新しいプロダクトのことを知ったと明かした。…ある日の深夜、張は馬化騰に対し、自分の広州チームにKikのようなプロダクトを開発させてほしいとメールを送ったところ、すぐに同意する返信がきた」呉曉波（2017）（邦訳15章）p.473より。

ウェイシンの画面

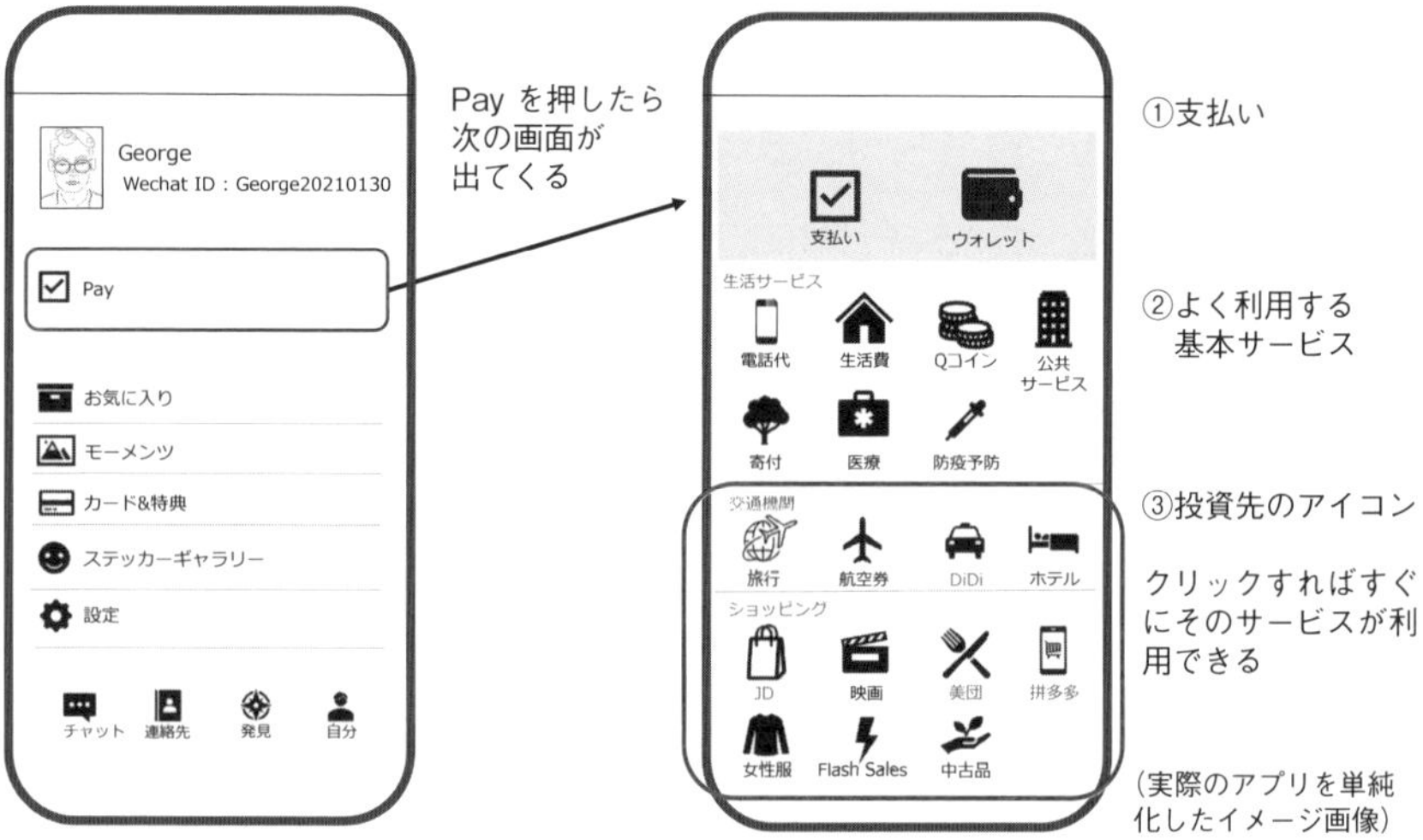

①有望な企業に投資し、連携

第１のサポートは、積極的な投資と利用者への紹介です。テンセントは２０１１年から、各事業領域で有望な企業に対して投資を行い、支援し始めます。そして、投資先のサービスに、ウェイシンの利用者を紹介したのです。ウェイシンアプリを開くと、目立ったところにテンセントの投資先企業のサービスのアイコンが並んでいます。それをクリックすればすぐにそのサービスが利用できます。このような紹介によって、テンセントは膨大な利用者をパートナー企業に結びつけることができました。

②パブリックプラットフォームの開放

第２のサポートは、個人や企業が情報の発信やサービスの提供をするための環境づくりです。テンセントは、２０１２年８月にウェイシン上に「パブリックプラットフォーム」

を立ち上げ、個人や企業が低コストで情報を発信し、サービスを提供できるようにしました。これによって彼らは、まるで新聞や雑誌などのメディアのように記事を配信することが可能になりました。

海外の企業も利用可能で、日系企業もアカウント登録して自社の製品やサービスを紹介しています。たとえば、旅行者向けに東武グループは百貨店情報や観光情報を提供したり、森ビルは六本木ヒルズのイベントを紹介しています。タカラトミーは毎月新製品のおもちゃを紹介しています。

このプラットフォームは毎年進化していて、2014年には、企業内部向けのサービスが追加されました。企業アカウントを設定することで、社内のコミュニケーション、社内の情報の共有、共有ドライブ、日報など企業向けのサービスが利用可能になったのです。[13]

③決済ツールの立ち上げ

第3のサポートは、誰もが幅広く使える決済サービスです。2013年8月に、ウェイシンに決済ツール「ウィーチャットペイ」が追加されました。競合するアリペイ(支付宝、Alipay)のモバイル決済は2009年にサービスを開始しているので4年遅れです。使い方はとても簡単で、利用者が銀行の口座情報を登録し、その口座からお金をチャージし、店舗側にQRコードを提示することで商品やサービ

13 「購読アカウント」と「企業アカウント」以外にも、利用者に簡易なサービスを提供したり、取引したりできる「サービスアカウント」や、ウィーチャット内でそのまま使用できるアプリ「ミニプログラム」があります。いずれも個人事業主や企業により簡単にビジネスを行えるように設計されています。パブリックプラットフォームを活用することによって、個人事業主でも企業でも低コストで効率的に利用者に情報やサービスを提供できます。

スへの支払いを行うことができます。

テンセントは、ショッピングモールやECサイトに、1つひとつ声をかけて連携してもらいました。イベントを開催して、利用者にQRコードで決済してもらうことで、利便性を体感してもらいました。

しかし、この決済システムを普及させるためには、利用者側だけでなく、店舗側にもメリットが必要です。通常であれば、店舗もその費用を大なり小なり負担するところ、テンセントはこの費用を肩代わりしました。システムを導入するときには、初期費用や保証金が徴収されることがありますが、テンセントはそういった費用なしに導入してもらえるようにして、ウィーチャットペイの普及を進めたのです。

COLUMN

お年玉機能の大成功

ウィーチャットペイの利用が爆発的に広がったきっかけは、「お年玉（紅包、ホンバオ）」機能です。中国では、春節に親戚や子どもにお年玉を配るという風習があります。従業員に配る企業も多いです。テンセントも例外ではありません。春節明けの最初の日は、従業員は役員からお年玉をもらうため、オフィスの外まで長い列をつくっていました。

テンセントは2014年の春節に向けて社内で使うためにお年玉機能を開発してみ

ました。ところが、面白くて使いやすかったので、社員が社外にも拡散しました。一般利用者に盛大に宣伝しなかったにもかかわらず、大晦日に２０００万個のお年玉が受け取られました。

お年玉機能を使うには、配る人も受け取る人もまず自分の銀行のカードをウィーチャットペイと紐づける必要があります。ちょっとした手間はかかりますが、利用者たちはおもしろがって登録の手続きをとり、ウィーチャットペイは普及しました。

お年玉の種類は２つあります。１つは、お年玉の数と1個あたりの金額を指定するもの、そしてもう１つはお年玉の数と総額を指定するものです。後者の場合、グループチャットに送付され、受け手は早い者順で選ばれますが、1個あたりの金額はランダムに決まるので、開けてみるまでわかりません。こうしたゲーム感覚が人気を博し、一気に広がりました。

お年玉機能の人気に鑑みて、１年後の２０１５年の春節にテンセントは中国国営中央テレビとタイアップ企画を組みました。旧暦の大晦日の夜に放送される年越し番組の放送中に、利用者がスマホを振れば、番組スポンサーが提供するお年玉が得られるイベントでした。その夜だけで、受け取られたお年玉の個数は10億を突破し、前年と比べて約50倍になりました。

エコシステムの構築

以上の3つによって、サードパーティを支えるインフラが整いました。自分でコンテンツを企画制作するのではなく、サードパーティや外部に委ねて機会を創出するという成長戦略を形成していったのです。2014年、ウェイシンの生みの親である張小龍さんは次のように語りました。

「われわれはすべてを支配するつもりはありません。エコシステムのすべてを自分たちでやるのではなく、ウェイシンをベースにしたエコシステムを構築していきたいと考えているのです。簡単に言えば、自分たちの宮殿ではなく、森を作りたいと思っています。森全体が育つ環境を目指していますし、自分たちで作るのではなく、森の中ですべての生き物、あるいは動植物が自由に育つようになってほしいのです[14]」

それでは、どのような企業がウェイシンをベースにしたエコシステムに参加し、成長しているのでしょうか。代表的なパートナー企業について説明していきましょう。

14 Jasonwang（2014年12月11日）.「張小龍：微信パブリックプラットフォームの8つのルール」『テンセントテック』（講演録）. https://tech.qq.com/a/20141211/026981.htmより引用、筆者翻訳（アクセス日：2021年3月28日）。

ＪＤドットコムとの連携

ＥＣにおける代表的なパートナーがＪＤドットコム（京東商城、以下ＪＤ）です。ＪＤは１９９８年に劉強東（リュウ・チャンドン）さんによって創立され、２００４年に電子商取引事業に参入したネット企業です。アリババが運営するタオバオ（Ｃ２Ｃ）やＴモール（Ｂ２Ｃ）とは異なり、ＪＤは自らも商品を仕入れて販売する直販事業も行っています。また、ＪＤは中国全土に自前の物流・配送ネットワークを構築しているため、ほとんどの商品は注文当日、もしくは翌日までに配送することができます。ＥＣ業界ではその配送のスピードが評判となり、中国のアマゾン・ドットコムだと言われています。

ＪＤは直販による商品品質の管理、配送のスピードによって着実に中国ＥＣ業界で成長し、２０１４年にアメリカのナスダック市場で上場を果たしました。２０２０年第１四半期の売上は１４６２億元（約2兆２０００億円）であり、年間アクティブユーザーは約3億８７００万人（前年比24・8％増）に達します。

ＪＤのこの躍進に注目したテンセントは、先に述べたように自社事業としては成功の見込みが薄い「パイパイ」を含む傘下のＥＣ事業をＪＤに売却しました。そして、ＪＤに約2億ドル（当時約２２０億円）の投資を行い、ＪＤの株式の15％を取得したのです。

ＪＤと資本関係を築いたテンセントは、ウェイシンやＱＱの利用者にＪＤを紹介して支援します。ウェイシンの目立ったところにＪＤのアイコンを並べ、クリックすればすぐＪＤを利用できるようにしたのです。

JDはテンセントと連携することによって、B2C事業の優位性がさらに強まり、「パイパイ」を買収したことによってC2C事業に進出することができました。

検索エンジン「ソウゴウ（捜狗）」との連携

検索エンジンにおける代表パートナーは「ソウゴウ（捜狗）」です。この会社もテンセントとの連携によって躍進しました。先に述べたように、テンセントも自社で検索エンジン「ソウソウ（捜捜）」を開発していましたが、芳しい結果は残せませんでした。そこで、テンセントは、2013年9月にソウソウをソウゴウと統合しました。それと同時に、ソウゴウに4・48億ドル投資し、株式の36・5％を取得したのです。

この連携によって、ソウゴウはテンセント公認の検索エンジンとなりました。テンセントのデフォルトの検索エンジンとして、さまざまな検索機能が備わり、ウェイシン内の膨大なコンテンツを容易に検索できるようにチューニングされました。

ソウゴウは、バイドゥに次いで中国検索市場2位を占めています。2017年に米国ニューヨーク証券取引所で上場を果たしましたが、テンセントは検索機能を強化するため、2020年9月にソウゴウを147億元（約2230億円）で買収。ソウゴウをテンセントの完全子会社にしました。

配車アプリ「ディディ（滴滴）」への投資

配車アプリにおけるパートナーは、「ディディチューシン（滴滴出行）」です。2011年から、中国の配車サービス業界ではベンチャーが乱立し、数十社が競争を繰り広げていました。起業家の程維（チェン・ウェイ）さんもその1人で、北京で2012年にタクシー配車アプリ「ディディダーアチャー（嘀嘀打車）」をリリースしました（2015年に「ディディチューシン（滴滴出行）」に変更。以下「ディディ」）。

その後、ディディはタクシーの配車だけでなく、私用車の配車、相乗り配車、バス、シェアバイクなど多様なサービスを提供し、利用者を伸ばしていきました。

利用者を伸ばすことができた背景には、テンセントの支援があります。2013年4月からテンセントはディディに出資し、ウェイシンアプリからディディを使えるようにしたのです。また、決済ツールのウィーチャットペイも連携させました。

しかし、ライバルたちも黙ってはいません。利用者とドライバーを獲得するための競争は激しくなり、テンセントに支援されたディディとアリババが出資する「クァイディ（快的）」とが熾烈な価格競争を繰り広げ、2014年に全国規模のキャンペーン合戦が勃発しました。最終的に、2015年2月にディディとクァイディとが合併して決着。その後、ディディはウーバーの中国事業も買収し、中国最大の配車サービスプロバイダーとなりました。

熾烈な競争を勝ち抜いたディディの利用者数は5億5000万人に達しています。企業価値は約3700億元（約6兆円）であり、中国未上場企業の中で第3位となっています（2020年11月時点）。

「メイトゥアン（美団）」への投資

フードデリバリーやホテルの予約におけるパートナーはメイトゥアンです。本書のCASE 6で述べたように、メイトゥアンは2010年に王興さんによって設立されたO2O（Online to Offline）企業です。起業当初はグルーポン型の事業から始まりましたが、現在、フードデリバリー事業、ならびにホテル、旅行、食事、生活に関連するサービスのオンライン予約事業が2本柱となって同社を支えています。2018年に香港で上場し、2020年5月末に時価総額は1000億ドル（約10兆7800億円）を突破し、アリババとテンセントに次いで時価総額が中国IT企業の中で3番目になりました。

メイトゥアンがテンセントのエコシステムに入ったのは、2015年です。もともとアリババから出資を受けていたメイトゥアンですが、この年にテンセントが出資する中国版食べログの「大衆点評（ダージョンディエンピン）」社と合併。テンセントから10億ドル（約1210億円）の追加出資を受けて、テンセントの仲間入りをしたのです。

その後、テンセントはメイトゥアンに継続的に資金支援を続けると同時に、トラフィックを流して成長を加速させます。ウェイシンやQQのアプリ内にはメイトゥアンのアイコンが並んでいるので、膨大なユーザーがメイトゥアンを利用するようになったのです。

後発のフードデリバリー事業でもテンセントによる支援の恩恵を被ります。2013年、先発企業の「ウーラマ（餓了麼）」より5年遅れて参入したメイトゥアンでしたが、テンセントエコシステムに入ってからは成長が加速し、全国各地に展開して瞬く間に業界1位に成長しました。また、ホテル予約事業も中国のOTA（オンライン・トラベル・エージェント）の王者である「シートリップ（携程）」に迫り、2位にまで上昇しています。

成長の論理 5

プラットフォームで包み込む

テンセントの模倣戦略は、専門的にはプラットフォーム・エンベロプメント戦略とも呼ばれるものです[15]。まず、サービスプラットフォームの基盤部分をおさえてから、次に、そこに付加できるサービスを後発優位で包み込むように支配していきます（エンベロプは封筒という意味）。その典型例はマイクロソフトであり、基本OSの「ウィンドウズ」によって業界標準を取り、ワープロや表計算ソフト、インターネット閲覧ソフトなどを次々に支配してきました。

テンセントの第1期の特徴は、プラットフォームの基盤については遠い世界から創造的な模倣をする一方で、その上にのるサービスについては近い世界から効率的な模倣をしたという点です。QQプラットフォームの上で、ポータル、

15 この戦略を提唱したのはEisenmann, Parker, & Van Alstyne（2011）です。根来・足代（2011）はいち早くこの概念を日本で紹介しました。

図8-1　テンセント第1期の好循環

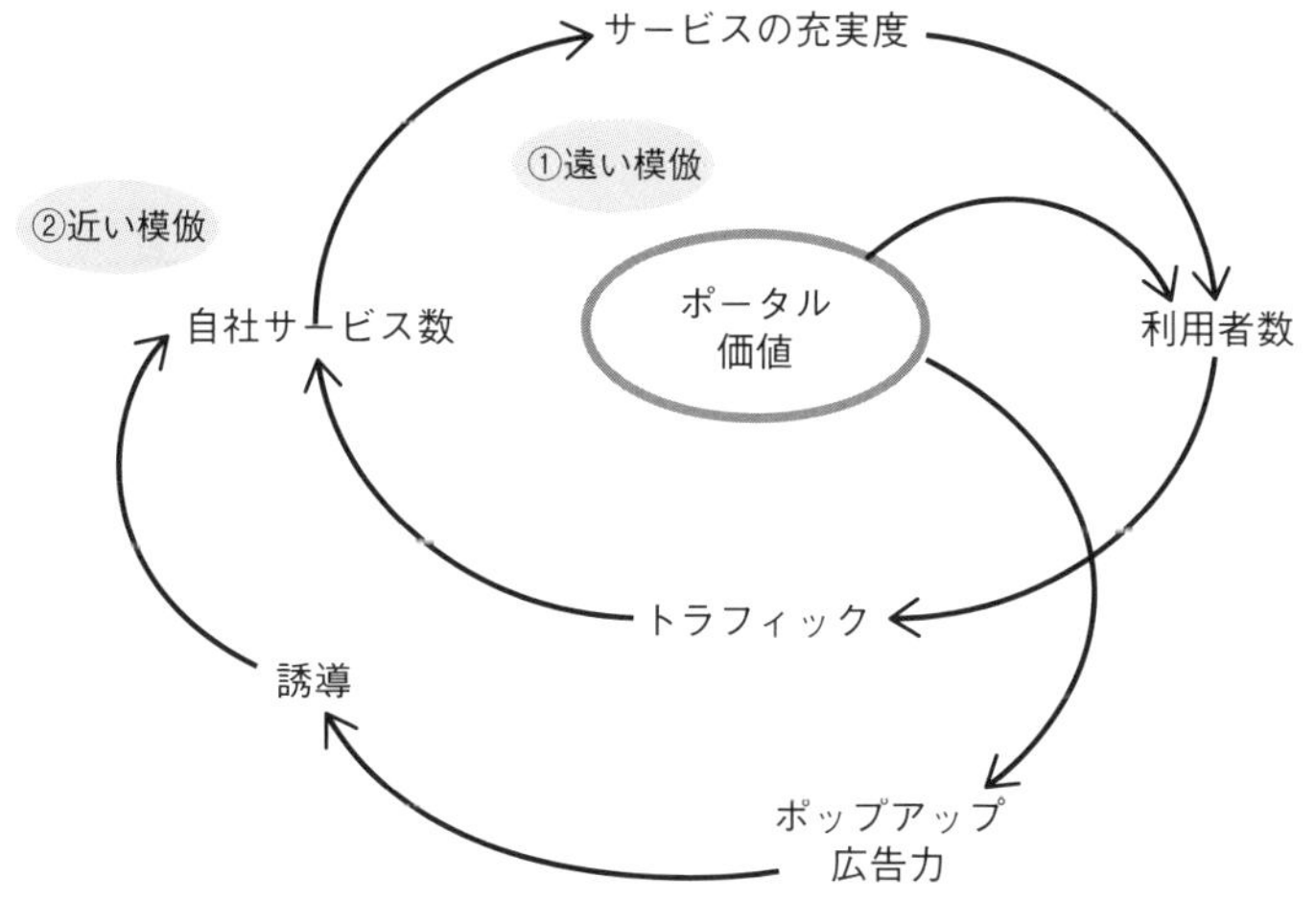

ゲーム、ならびにSNSというサービスを、国内ライバルの模倣によって展開したのです。

この成長戦略を好循環の図式によって描いてみましょう。まず、テンセントはパイオニアインポーターとして、遠い世界からの模倣によって基盤となる事業のQQを開始しました。単純な模倣ではなく、中国の利用者に向けて最適化を行い、「利用者数」を増やします。その「トラフィック」を収益に結びつけるために、近い世界からの模倣によって「自社サービス数」を増やしていったわけです。

サービス数が増えれば、そこに行けばなんでも揃うという利便性が高まり、「サービスの充実度」が増します。これがさらなる利用者を呼び込み、好循環が生まれるのです。この好循環が繰り返されることでテンセントのバリュードライバーの力も増します。それは、利用者の入り口としての「ポータル価値」の力です。インスタントメッセンジャーのQQ

からさまざまなサービスに結びつける「ポータル価値」の力なのです。

「ポータル価値」が高まれば、ポップアップ広告によって利用者たちをさまざまなサービスに結びつけることも容易です。広告に関心のある利用者たちを狙い打つように誘導できるというのは質的な強みだといえます。テンセントはトラフィック数という量的な強みだけでなく、成約率を高める質の面でも力を発揮し、次々と新サービスを開発して自社のプラットフォームにのせていきました。

模倣による包囲を超えて

しかし、行きすぎた模倣は、ＩＴ業界からの反発を受けます。テンセントは、生み出した価値をすべて自社で独占してしまったため、「閉鎖的だ」と利用者からも批判されるようになりました。

そこで、第2期では、プラットフォームの基盤については遠い世界から創造的な模倣をする一方で、その上にのるサービスについてはオープンにパートナー企業を呼び込むことにしました。ウェイシンプラットフォームの上に、ＥＣ、検索エンジン、配車アプリ、ならびに生活情報についてのサービスを取り揃えるために、有力なパートナーに声をかけていきました。そして、彼らに出資して関係を強め、プラットフォームとの連携を通じて彼らの成長を支援しました。包み込んでいくという基本的なエンベロプメント戦略は同一にしつつも、オープンなエコシステムを築いたのです。

図8-2　テンセント第２期の好循環

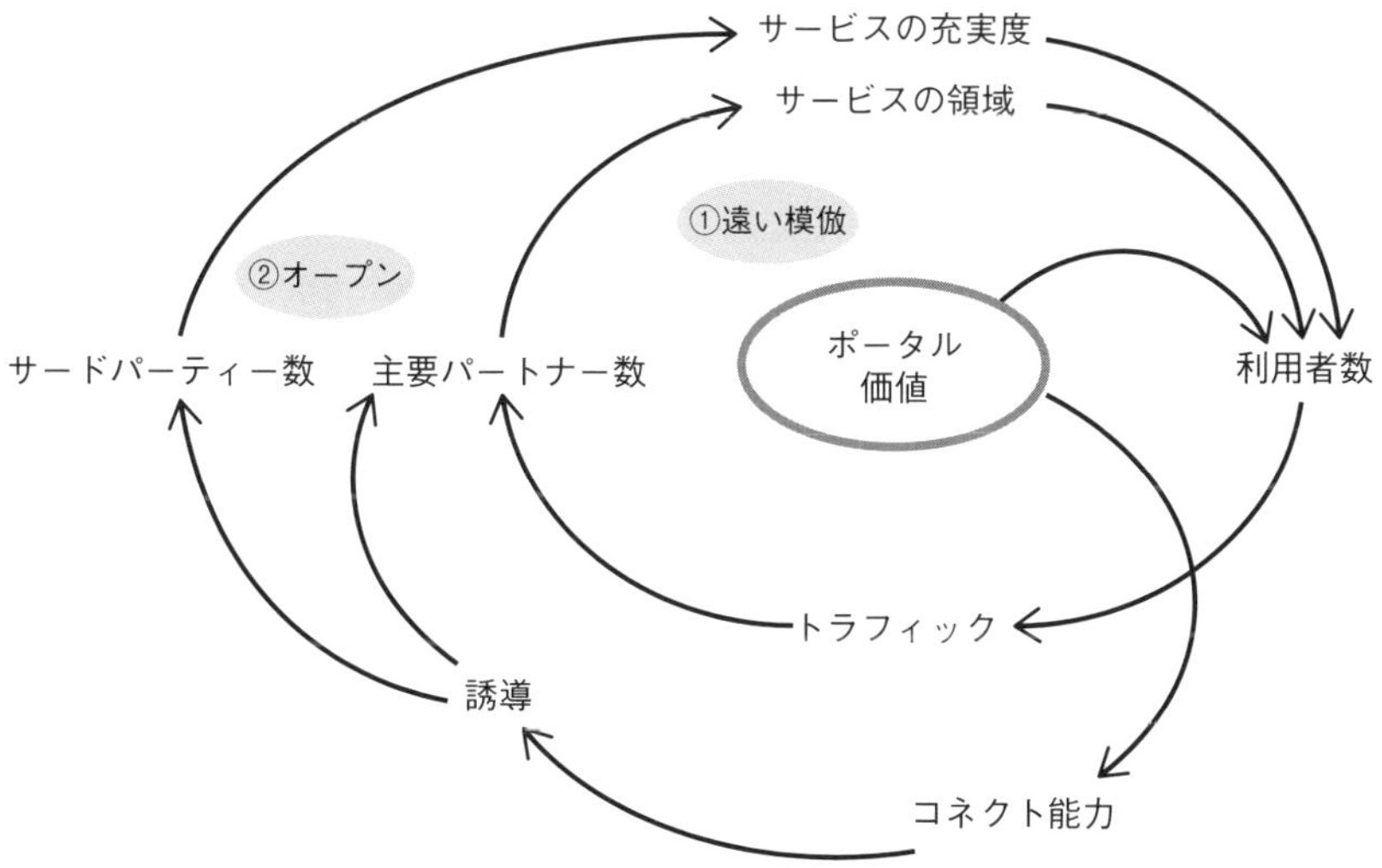

好循環の図式で描いてみると、基本的には第１期と同じ構造であることがわかります。まず、海外のサービスKikを模倣し、基盤となるウェイシンを開発してスマホ時代における「ポータル価値」を高めます。

その一方で、エコシステムを築くために、新しいプラットフォームをオープンにします。まず、有望なパートナーに対しては出資を行うと同時に、利用者に紹介することで成功を確かなものにします。中国版アマゾンと言われるＪＤ、検索エンジンのソウゴウ、Ｏ２Ｏサービスメイトゥアンなどはいずれも、新しいサービス領域を開拓してくれる主要パートナーです。

テンセントは、これらの企業に手厚い支援をしてエコシステムのサービス領域を拡大していきました。領域を拡大できれば、あとは隙間を埋めればよいだけです。たくさんのサードパーティに参加してもらい、サービスを拡充して好循環を強化しました。

図8－2をご覧ください。「主要パートナー数」が増えれば、プラットフォーム上の「サービス領域」が拡大し「利用者数」が増えて好循環が作動します。また「サードパーティの数」が増えれば、プラットフォーム上の「サービスの充実度」が高まり「利用者数」が増えます。このような好循環によってテンセントは第2期の成長を実現したのです。しかも第1期のように自社で事業を立ち上げる必要はなく、支援するだけで良いので、エコシステム構築の効率はさらに高まりました。

膨大なトラフィックがあるという量的な強みだけではなく、その「コネクト能力」も健在です。テンセントはウェイシンの決済画面の目立つところに、出資したパートナーのサービスを表示して、利用者たちを「誘導」します。テンセント陣営に協力したい「サードパーティ数」はますます増えて、サービスは充実し、利用者も増えていきました。

CASE 8の要点

- 模倣は効率的にビジネスを立ち上げる方法です。テンセントは、模倣という手段を用いてエコシステムを構築することに成功しました。

- 模倣には順序があります。山があって森があり、木があって枝葉が茂るように、基盤となるサービスから整備して、それから製品・サービスを整える必要があります。
- テンセントの第1期の成長ステージでは、基盤についてはイスラエルの先進サービスを模倣する一方で、製品やサービスについては国内のライバルを模倣することで効率的に整備していきました。
- テンセントの第2期の成長ステージでは、基盤についてはカナダの先進サービスを模倣する一方で、製品やサービスについてはオープンイノベーションによって効率的に整備していきました。
- テンセントのエコシステムは、インスタントメッセンジャーという基盤サービスで利用者を集め、その利用者をエコシステムのパートナー企業やサードパーティ企業に誘導することで成り立っています。
- これによって、より多くのパートナー企業やサードパーティ企業がエコシステムに加わるようになるので、サービスがますます拡充し、より多くの利用者を引きつけて好循環を生み出すことができます。

COLUMN

テンセントのビジネスモデルのピクト図解

テンセントのビジネスモデルはインスタントメッセンジャーＱＱを中心とした第1期と、ウェイシン（微信）を中心とした第2期の2つに分かれます。ピクト図解で説明しましょう（作図：近藤祐大、劉慰健、坂井貴之）。

〈第1期　1998〜2010年〉

テンセントの融業

テンセントは、インスタントメッセンジャーＱＱという便利な連絡ツールを無料で提供し、普及させました。ＱＱの他に、ウェブサービス、ゲーム、さらにＥＣサイトとさまざまな事業を展開しています。

テンセントはＱＱによって顧客基盤を確立すると、ソフトウェア内での広告によって利用者を各サービスに誘導していきました。利用者はＱＱアカウントを作れば1つのソフトウェアから複数のサービスにアクセスできます。

インスタントメッセンジャー「ＱＱ」

第１期の中核サービスはパソコン向けの「インスタントメッセンジャー」でした。利用者はソフトウェアをパソコンにインストールすることでメールやチャット、電話の機能を無料で利用できます。また、「月額料金」を支払うことで有料会員になり「プレミアムサービス」を使えるようになります。有料会員にはさまざまな特典があり、友達の登録上限数が増え、自作のスタンプが使えるようになります。

ウェブサービス「ＱＱドットコム」「ソウソウ」

「ポータルサイト」のＱＱドットコムではエンターテインメント、ライフスタイル、スポーツといった多くのニュースを閲覧できます。

「検索サービス」のソウソウではテンセント独自の技術を用いて利用者に「検索サービス」を提供しています。これらのウェブサービスは利用者に無料で提供されます。「広告枠」を広告主に提供することで収入を得る「広告モデル」です。

ゲーム「ＱＱゲームズ」

ＱＱゲームズでは「ゲーム」を無料で楽しむことができます。遊び相手はＱＱアカウントを持っている友人たちです。ゲーム内には「広告枠」があり、多くの広告主が広告を出しています。ゲームには一部有料のものもあり、ゲームの攻略に役立つ「アイテム」を購入することでさらに楽しむことができます。アイテム以外にも、利用者は「月額料金」を支払うことで、「プレミアムサービス」を受けられます。「広告モデル」と「フリーミアムモデル」の組み合わせです。[16]

ECサイト「パイパイ」

ECサイトのパイパイは、出店者に「出店の場」を提供する一方で、利用者に「商品情報」を提供しマッチングさせます。サイト上に「広告枠」を設けて広告収入を得るほかに、「プロモーションサービス」を提供します。たとえば、商品をサイト内の目立つ場所に表示したり、検索上位に表示させることなどです。パイパイは出店者と購入者とを結ぶ「マッチングモデル」と「広告モデル」を組み合わせています。

16　図8-3のピクト図解では、全体の構造を読み取りやすくするために「フリーミアムモデル」を簡略化して「継続モデル」のような形で示しています。

図8-3
テンセント第1期の
ピクト図解

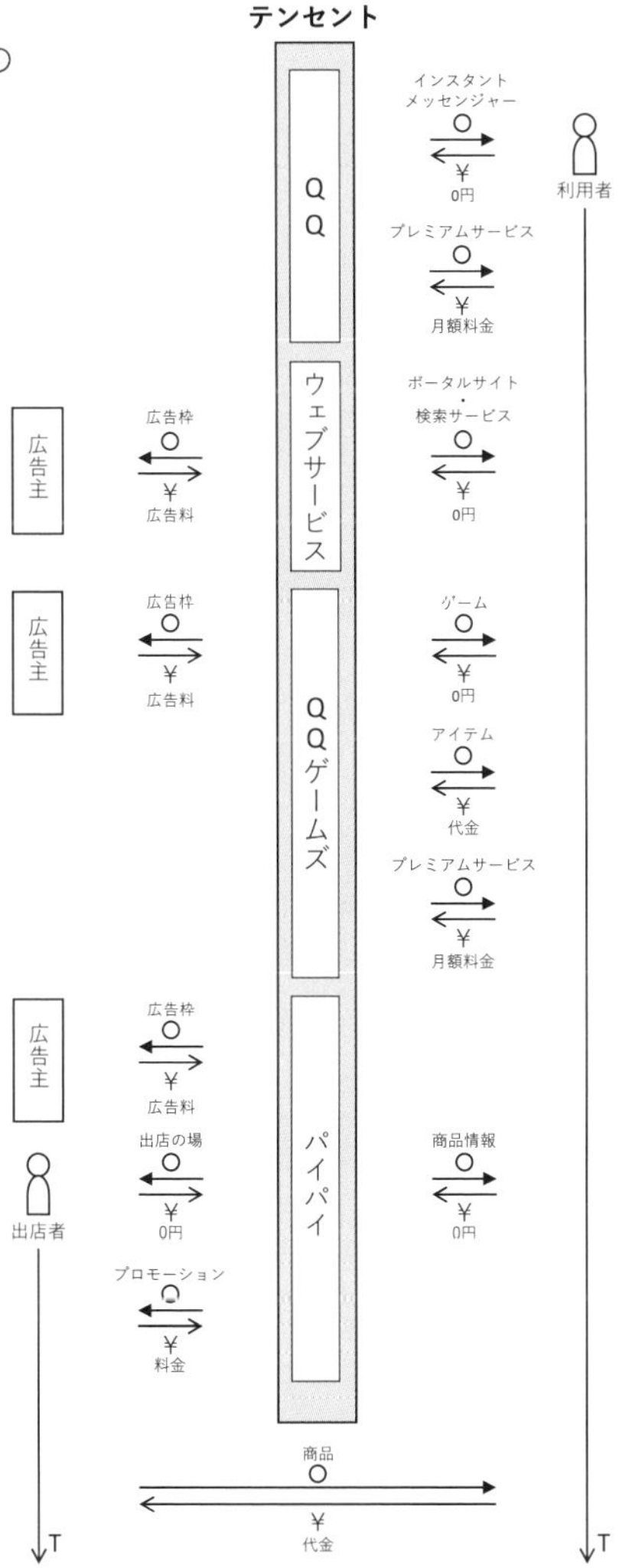

〈第2期　2011年以降〉

テンセントの横展開

第2期のテンセントは、第1期のビジネスモデルをスマホアプリに横展開したものだと言えるでしょう。

インスタントメッセンジャー「ウェイシン」

第2期の中核サービスであるウェイシンはチャットや電話、音声メッセージ、スタンプといった機能が使えるスマホ向けの「インスタントメッセンジャー」です。アプリをダウンロードすれば利用者は無料でメッセンジャーを使うことができます。アプリ内の「広告枠」を提供し「広告モデル」で収益を上げています。

決済サービス「ウィーチャットペイ」

アプリ内で利用できるサービスの1つがウィーチャットペイです。利用者は銀行口座の情報を登録することでパートナー企業や加盟店でのQRコード決済、電子決済といった「決済サービス」が利用できます。これによってパートナー企業や加盟店は迅速な決済が可能になり、テンセントには手数料が支払われます。決済手数料で収益を得る「マッチングモデル」です。

また、代金の後払いや分割払いができる「クレジットサービス」も提供しています。この決済サービスは手数料のほか利息で収益を得る「継続モデル」と言えます。

以上のようにテンセントは、ウェイシンでは「広告モデル」で、ウィーチャットペイの決済サービスでは「マッチングモデル」と「継続モデル」とを組み合わせて収益を上げているのです。

図8-4
テンセント第2期のピクト図解

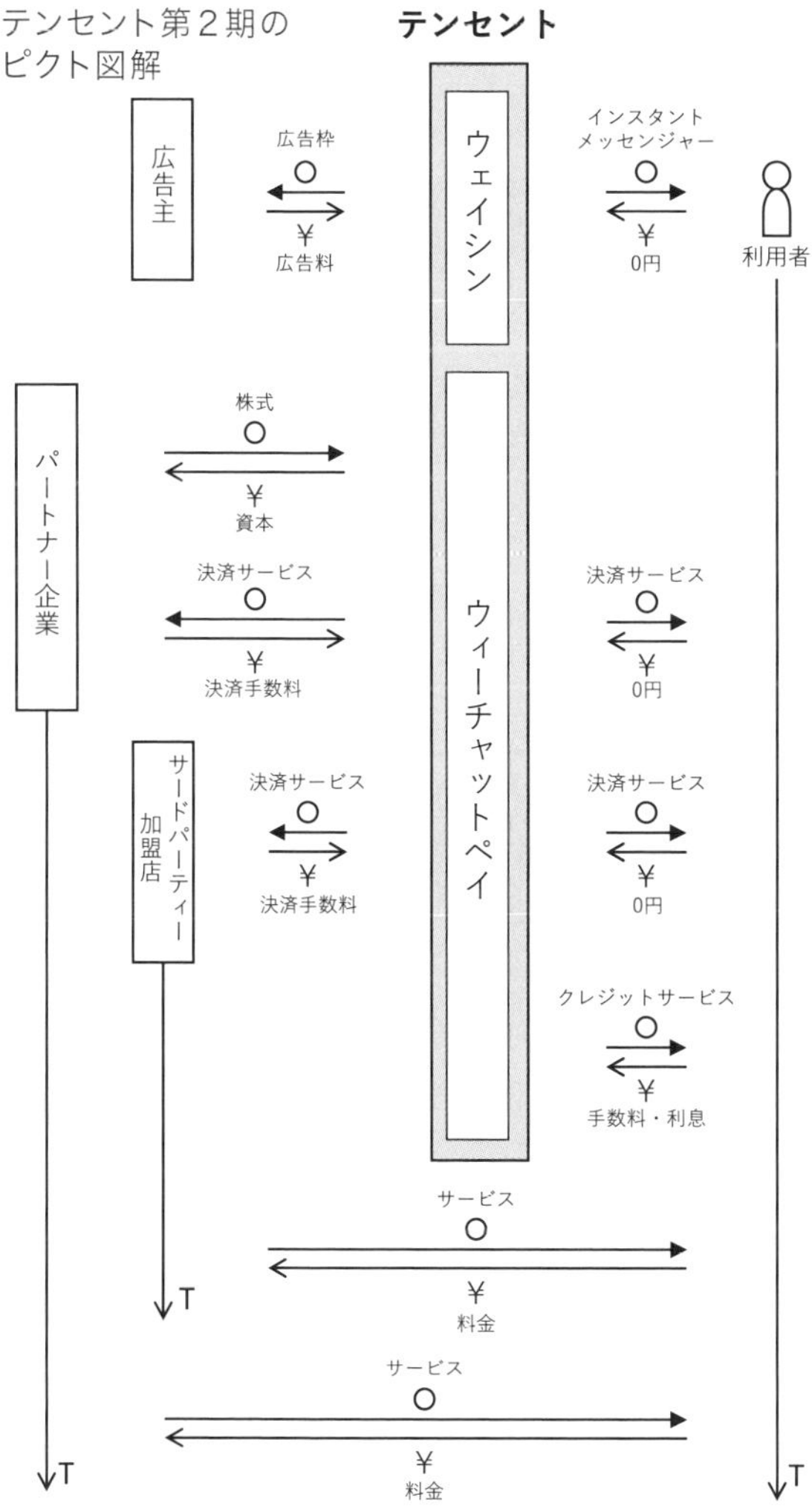

CASE 9

アリババ

Alibaba

EC、リアル店舗、金融、クラウドなどを統合

新しい事業を次々と展開し巨大グループに

創業者

馬雲
ジャック・マー

「あらゆるビジネスの可能性を広げる力になる。」

社名	阿里巴巴集団(Alibaba Group)
創業	1999年
IPO	2014年(米国ニューヨーク証券取引所)
売上高	5097億元(約8兆2000億円、2020会計年度)
純利益	1403億元(2兆2000億円、2020会計年度)

賢者の学び

1

優れたお手本を反面教師にする

お手本となるべきは良い教師。これには異存がありません。しかし、実際には良い教師ばかりではないですし、人間というのは悪い教師からも学んでいます。「人のふり見てわがふり直せ」といいますが、ビジネスの世界でも同じことです。反面教師だって立派な模範（ただし、逆の意味での模範）となるのです。

反面教師というのは、毛沢東の演説からきた言葉です。毛沢東は、間違った行いをする者がいたら、除外するのではなく悪い見本として見せしめにするべきだといいました。それをモデルとして共有できれば、望ましくない行動を防ぐことができるからです。賢者が愚者から学ぶことのほうが、愚者が賢者から学ぶことよりも多いのです。

ビジネスで反面教師といえば、正しい判断と行動ができなくて失敗した企業のことです。

しかし、反面教師にふさわしいのは失敗ビジネスばかりではありません。どれほど「良いお手本」であっても、完全無欠ではないので、至らないところを見つけて「反面教師」にできます。良いお手本の弱点を見極め、その逆を考えることで、新しいサービスを考案する糸口がつかめます。

中国のアリババもこのような発想でビジネスを立ち上げることに成功しました。創業者の馬雲（ジャック・マー）さんは、「イーベイ（eBay）は多くの機会を与えてくれた。われわれはイーベイの弱点をフルに利用し、ライバルに致命的な打撃を与えた[01]」と語っています。イーベイの至らないところを補い、成長の足がかりをつかみ、巨大エコシステムの創造に成功しました。

あらゆるビジネスの可能性を広げる

アリババ（阿里巴巴）は、1999年に中国浙江省杭州市で設立されたEコマースプラットフォーム企業です。2014年に米国ニューヨーク証券取引所で上場し、当時世界最大規模のIPO（新規株式公開）となりました。2020会計年度の売上高は5097億人民元（約8兆2000億円）、純利益は1403億元（約2兆2000億円）に達しました。

アリババは「あらゆるビジネスの可能性を広げる力になる（譲天下没有難做的生意）」というミッションを掲げ、ECプラットフォーム、金融、物流、クラウド

01 『第一財経日報』（2006年12月22日）より。イーベイは中国市場の特殊性を考慮に入れていなかったとコメントされています。

サービス、エンターテインメントなどの事業を提供しています。それ以外にも、企業の買収、投資も積極的に行っています。

ジャック・マーさんは、1994年に通訳としてアメリカに渡航し、そのときにインターネットに初めて触れ、その可能性を肌で感じました。本格的にビジネスを始めたのは1999年で、意欲的な中小企業が海外と交易できるようにするために、企業間電子商取引サイトのアリババドットコムを立ち上げました。

その名の由来は『千夜一夜物語』の1篇「アリババと40人の盗賊」にあります。「開け、ゴマ」と呪文を唱えるような気持ちで、当時、一部の大手企業にしか開放されていなかった交易の機会を中小企業にも開放しようとしたのです。B2B向けのEコマース事業はこうして始まりました。

「あらゆるビジネスの可能性を広げる力になる」というミッションはこのときに打ち立てられました。

2 タオバオの躍進

イーベイの脅威

アリババドットコムが黒字に転換し始めたのは2002年頃からです。ちょうどその頃、アメリカのイーベイが中国市場のポテンシャルを見込んで、中国市場への参入を進めていました。

当時、中国にはイーベイを模倣したイーチュー（易趣、EachNet）が、ネットオークションをはじめとするC2C向けのEコマース事業をリードしていました。2002年3月の時点で、利用者は300万人以上で、5万種類以上の品揃えを実現し、毎月の流通額は200万ドルを超えていました。

イーベイは、そのイーチューに段階的に資本参加を進め、2003年6月には完全に買収し、C2CのEコマース市場の90％以上のシェアを一気に獲得したのです。

C2Cとは言っても、この事業には個人事業主や小規模商店も参加可能です。これに危機感を覚えたジャック・マーさんは、C2CのEコマース事業に参入することにしました。将来的に、自らが依ってたつB2Bビジネスが侵食されかねないと感じ取ったからです。2003年5月、アリババはイーベイの中国への進出を防御しつつ、中国の膨大な消費者に向けてサービスを提供するためにタオバオ(淘宝、Taobao)を立ち上げました。

イーベイの限界を見つけて対処

そのビジネスモデルは基本的にイーベイを模倣したものです。しかしその一方で、イーベイを反面教師にしてデザインされたものでもありました。アメリカ市場のやり方をそのまま持ち込もうとしたイーベイの限界を見つけ出し、適切に対処していったのです。

当時の中国の状況からみるとイーベイの限界は大きく3つありました。

◎出品や取引にかかる手数料
◎売り手と買い手のコミュニケーション
◎決済と信用への対応

出品や取引を無料にする

第1に、イーベイはアメリカでの事業と同じように、中国でも出品や取引に手数料を課していました。それゆえ、出店者は商品をサイト上にアップロードするたびに一定の手数料を支払わなくてはなりません。また、無事に取引が成立した後にも手数料が発生していました。

そこで、ジャック・マーさんは、タオバオでは出品や取引にかかる手数料を3年間無料にすると発表しました。その結果、大量の出店者がイーベイから流入すると同時に、これまで利用したことがなかった個人や店舗がC2CのEコマースを利用するようになったのです。

出品される商品が増えれば、購入する利用者も増えます。タオバオのトラフィックが多くなるにつれ、イーベイに出品していた大規模店舗もタオバオにも出店するようになりました。

手数料無料のキャンペーンはさらに3年間延長され、ますます多くの利用者を集め、広告料収入を得ることができました。

直接のコミュニケーションを可能にする

イーベイの第2の問題は、出店者と購入者の直接コミュニケーションが禁じられている点です。双方の直接コミュニケーションを許すと、直取引をしようとする利用者が出てきて取引手数料が取れなくなってしまうからです。

アリババの「タオバオ」には「宝探し」という意味が込められている

写真：アフロ

6年で10倍近く成長

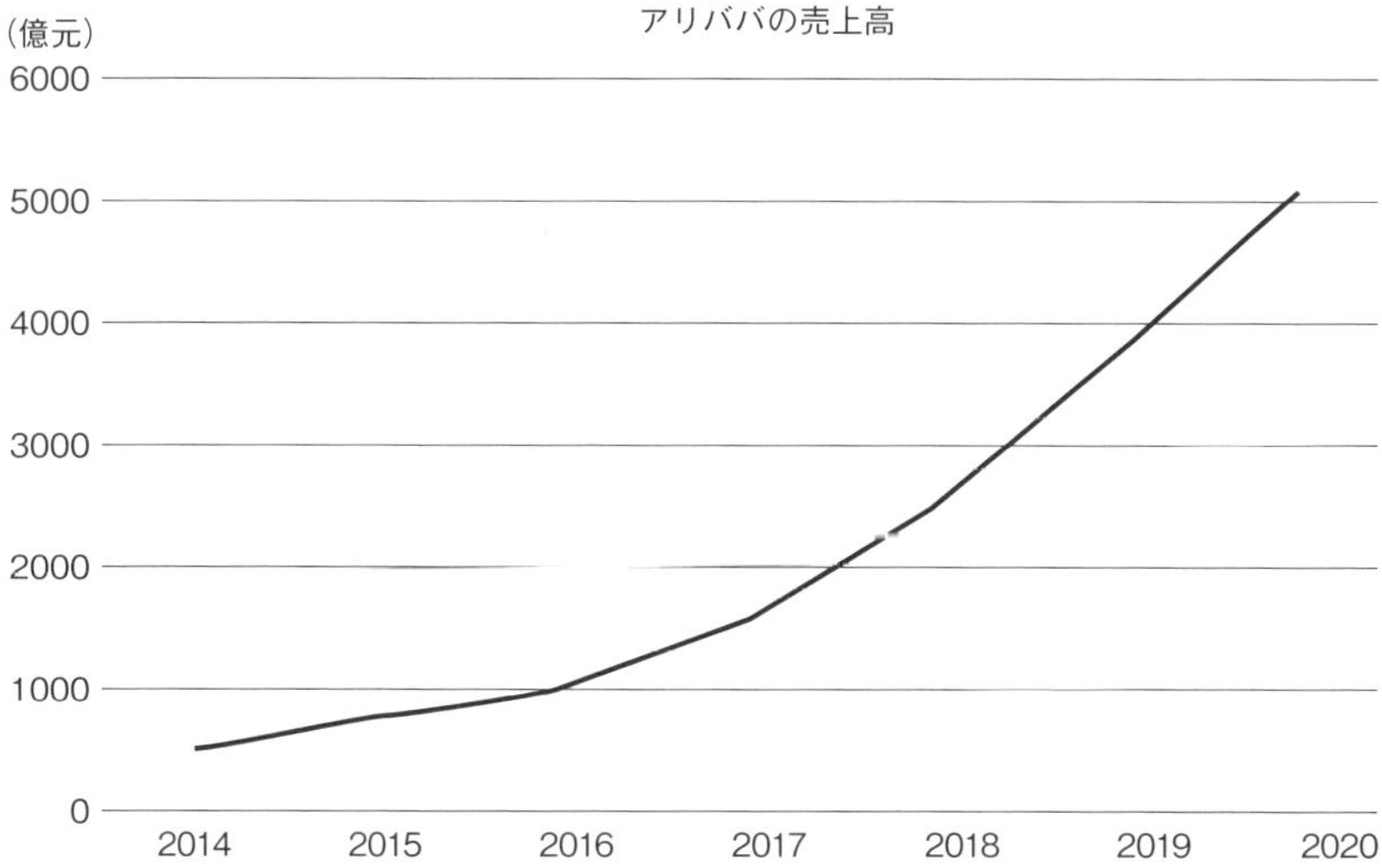

しかし、アリババは出店費用や取引手数料を無料にしていたので、店舗と利用者のコミュニケーションを禁止する必要がありません。むしろ両者のコミュニケーションを促す必要があると考え、アリワンワン（阿里旺旺）というインスタントメッセンジャーを導入しました。利用者はこれを通じて、出店者に商品について質問したり、値引き交渉したりできます。一方、店舗側も利用者と親しく交流ができて、魅力的なサービスが提供できるようになりました。オンラインでの取引がまだ普及していない状況では、オフラインの小売店と同じように即時にコミュニケーションできるのは何よりの強みです。利用者の心理障壁を下げ、取引がより円滑に行われるようになりました。

エスクロー決済によって信用を担保する

イーベイの第3の問題は決済にありました。アメリカでは、イーベイはペイパル（PayPal）を使っていました。ペイパルは銀行口座やクレジットカードを登録し、個人間での送金と入金ができるオンライン決済サービスです。

しかし、当時中国ではクレジットカードが普及しておらず、中国のオンライン取引では使えませんでした。また、中国政府の銀行業に対する監督管理も厳しく、外国決済サービスであるペイパルの導入は容易ではなかったのです。

それゆえ、中国ではクレジットカードや当時普及し始めたデビットカードを持っているごく少数の購買者しかイーベイを利用することはできませんでした。そのため、直接会って代

エスクロー決済としてスタートしたアリペイの仕組み

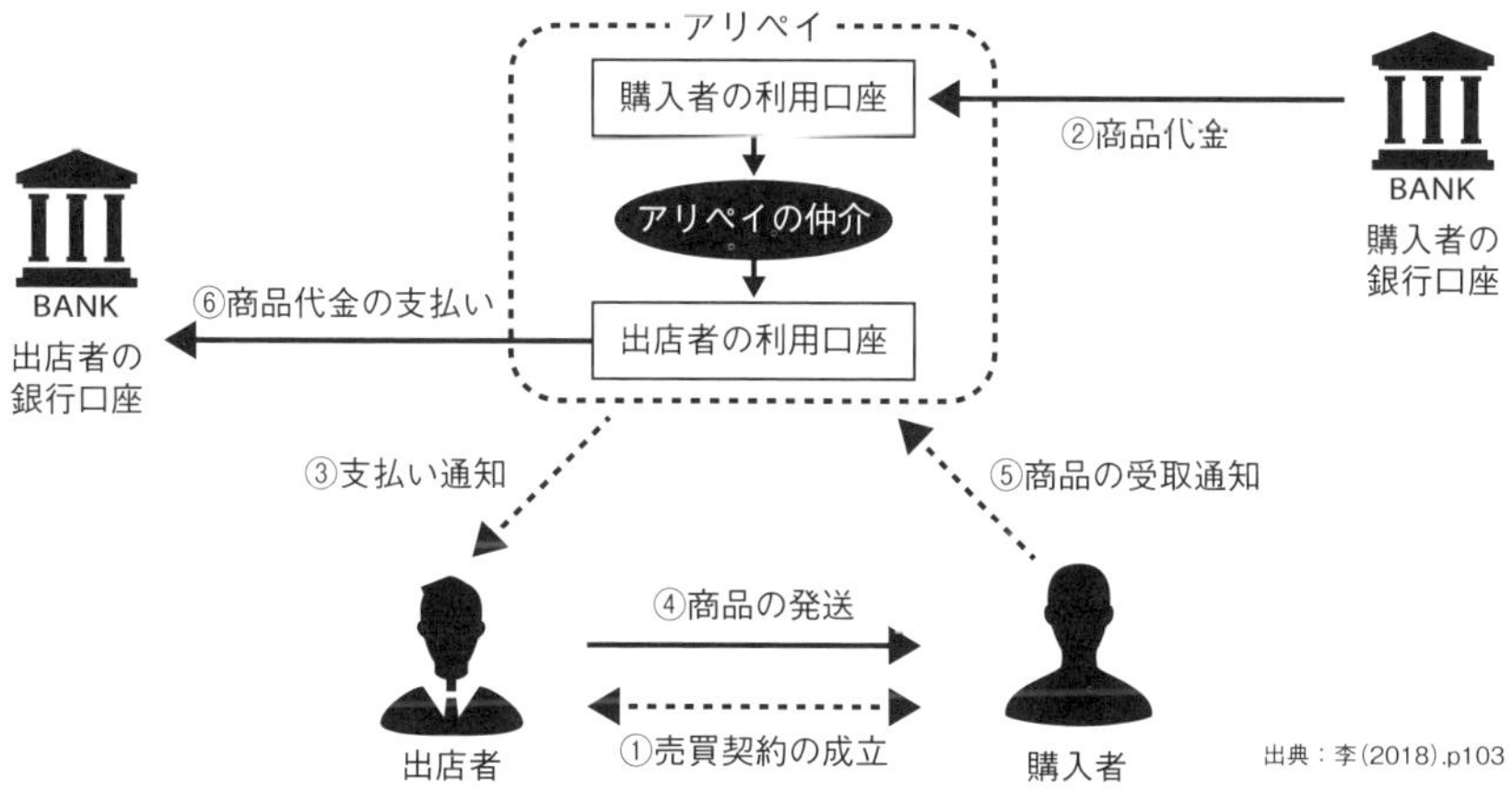

出典：李(2018).p103

まず、①購入者と出店者の間で売買契約が成立すると、②購入者の銀行口座から購入者のアリペイの利用口座へ商品代金が振り込まれます。アリペイへの振り込みが確認できると、③出店者にはアリペイから支払い通知が届きます。④支払い通知を受け取った出店者は購入者に商品を発送して、購入者が商品を無事に受け取ることができたら、⑤商品の受取通知をアリペイに送ります。そして、商品の受取通知が確認された後にアリペイ内で購入者の利用口座から出店者の利用口座へと代金が移り、⑥出店者の銀行口座へと商品代金の支払いが行われるのです。

金と引き換えに商品を受け取ろうとする利用者も目立つようになりました。しかし、取引当日に現れなかったり、詐欺にあったりするトラブルも起こりました。

そこでタオバオでは、アリババが第三者として決済を仲介して取引の安全性を保証することにしました。それがエスクローサービスです。

タオバオは、購入者から代金をアリペイの口座に一時的に預かり、購入者が出店者から商品を受け取ったことを確認した後で、預かっていた代金を出店者に支払うという流れです。これによって、オンライン上の取引における信用問題が解消されました。

こうして生まれたのがアリペイ(支付宝、Alipay)です。

イーベイを撤退に追い込む

タオバオとイーベイの競争が続く中で、市場規模は大きくなっていきました。そしてタオバオは市場シェアを2003年の8%から2005年の59%にまで伸ばし、イーベイを打ち負かすことができました。

イーベイは2006年に中国のサイトを閉鎖し、中国市場から事実上撤退しました。アリババはイーベイを反面教師にしてサービスをローカライズした結果、イーベイに勝つことができたのです。

この結果に対して、ジャック・マーさんは名言を残しています。

「イーベイは海の中のサメかもしれないが、私は揚子江のワニだ。海で戦えば負けるが、川で対決すれば私は勝つ[02]」

配送をエスクローに取り込む

イーベイの撤退後もタオバオ事業は伸びていきました。しかし当時の中国の宅配サービスはまだ十分に発達しておらず、配送でのクレームが絶えませんでした。とくに利用者が増えてからはなおさらです。取引数が爆発的に増えて、

02 この発言の背景についてはErisman（2015）に詳しい。彼はアリババ初のアメリカ人社員としてチームに参加し、副社長を務めた人物です。

配送業者のサーバーダウンや脆弱なセキュリティ機能に起因する利用者のフィッシング被害など、トラブルが増加したのです。

タオバオに対するクレームのほとんどは配送にかかわるものでした。「商品の到着が遅れた」「商品が届かなかった」「商品が配送の途中で破損してしまった」という声が目立ちました。いずれも売主の責任ではありません。

これを看過できないアリババは、2006年に配送システムを見直すことにしました。配送業者の協力を得て、受注、梱包、在庫管理、発送、受け渡し、代金回収までの一連の業務をエスクロー決済と連動させることにしたのです。

その方法は単純です。出店者が商品を発送した後、必ずタオバオのシステムに荷物追跡番号を入力してもらうようにしました。この追跡番号がなければ、エスクロー決済をする中で、受取人である購入者は取引を完結できないようにしたのです。

そして番号がわかれば、売り手である出店者も買い手である購入者も、そして両者を仲介するアリババも荷物が追跡できるようにしました。これによってトラブルは激減し、利用者たちの使い心地が向上したのです。

タオバオの成長の循環

こうしてタオバオのビジネスモデルは成長軌道に乗りました。その循環は図9－1のように示すことができます。

図9-1　タオバオの好循環

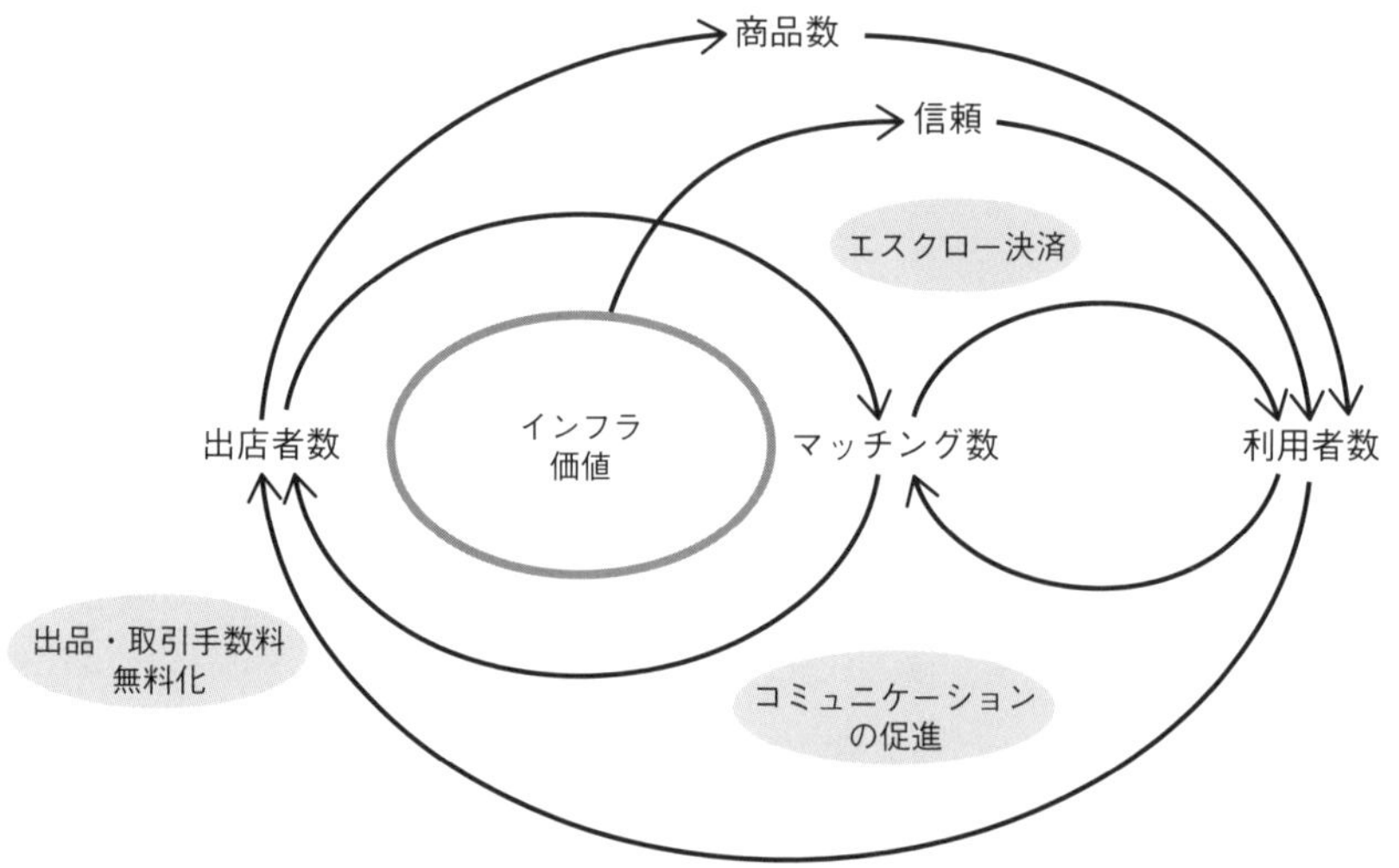

まず、供給サイドについては、出品手数料と取引手数料を無料にして、「出店者数」を増やします。同時に、需要サイドについて、エスクロー決済を導入して「信頼」を高め「利用者数」を増やします。これによって供給サイドと需要サイドの好循環がそれぞれ回り始めます。さらに、出店者と購買者とのコミュニケーションを促進させることで、両サイドをまたがる好循環が強化されるのです。

タオバオはイーベイを反面教師にすることで、コミュニケーション、決済、物流などのインフラを整備して「インフラ価値」を高めました。これがバリュードライバーになって急成長のC2C向けのEコマースが成長したのです。

エコシステムの構築 3

さらなる成長に向けた課題

さらなる成長に向けて、アリババは２００８年４月にタオバオのＥＣ事業をさらに拡充しました。Ｃ２Ｃに加えて、Ｂ２ＣのＥＣプラットフォーム「タオバオ商城」（２０１２年に「天猫（Tmall）」へ改名）をリリースしたのです。タオバオ商城に出店できるのは、大企業で、かつブランドを持つところに限られています。２００９年の11月11日「独身の日」には、全商品50％割引（送料無料）のセールを開催して、話題を呼びました[03]。

しかし、アリババの事業展開はＥＣだけにとどまりませんでした。「ＥＣサイトの成功に胡座をかいていていいのか」「アリペイをＥＣサイトの決済にとどめるのではなく、金融サービスに展開する足がかりとすべきではな

03 2020年の取引額は4982億元（約7兆9000億円）に達しました。中国国内で競合するECサイトもこれに乗じて11月11日にセールを行うようになりました。

いか」

物流においても、十分に整備されているとはいえず、2007年の段階では、在庫、ピッキング、配送などにかかわるデータ管理は不十分であり、効率化はさらに進められそうでした。

アリババのミッションは「あらゆるビジネスの可能性を広げる力になる」というものです。アリババドットコムとタオバオの成功によって、中小企業や個人事業主の可能性を広げましたが、まだまだやれることがあると感じていたのです。

戦略会議

アリババでは年に2〜3回「戦略会議」を開催して、将来に向けた経営課題について徹底的に協議します。2007年9月の戦略会議は、アリババにとってのターニングポイントとなるものであり、同社がGAFAと肩を並べるグローバル企業へと進化するきっかけとなりました。

この戦略会議で、アリババの経営幹部たちは、今後10年の目標について激しく議論を交わしました。アリババは破竹の勢いで成長しており、企業価値も100億ドルに達していました。しかし「次はどこへ向かうべきか」が見えていません。6人の副社長は、それぞれ異なる見解を持っていてコンセンサスが得られなかったのです。

アリペイは、タオバオを支えるために背水の陣で生まれたイノベーションです。いつまで

2007年に策定されたアリババエコシステム

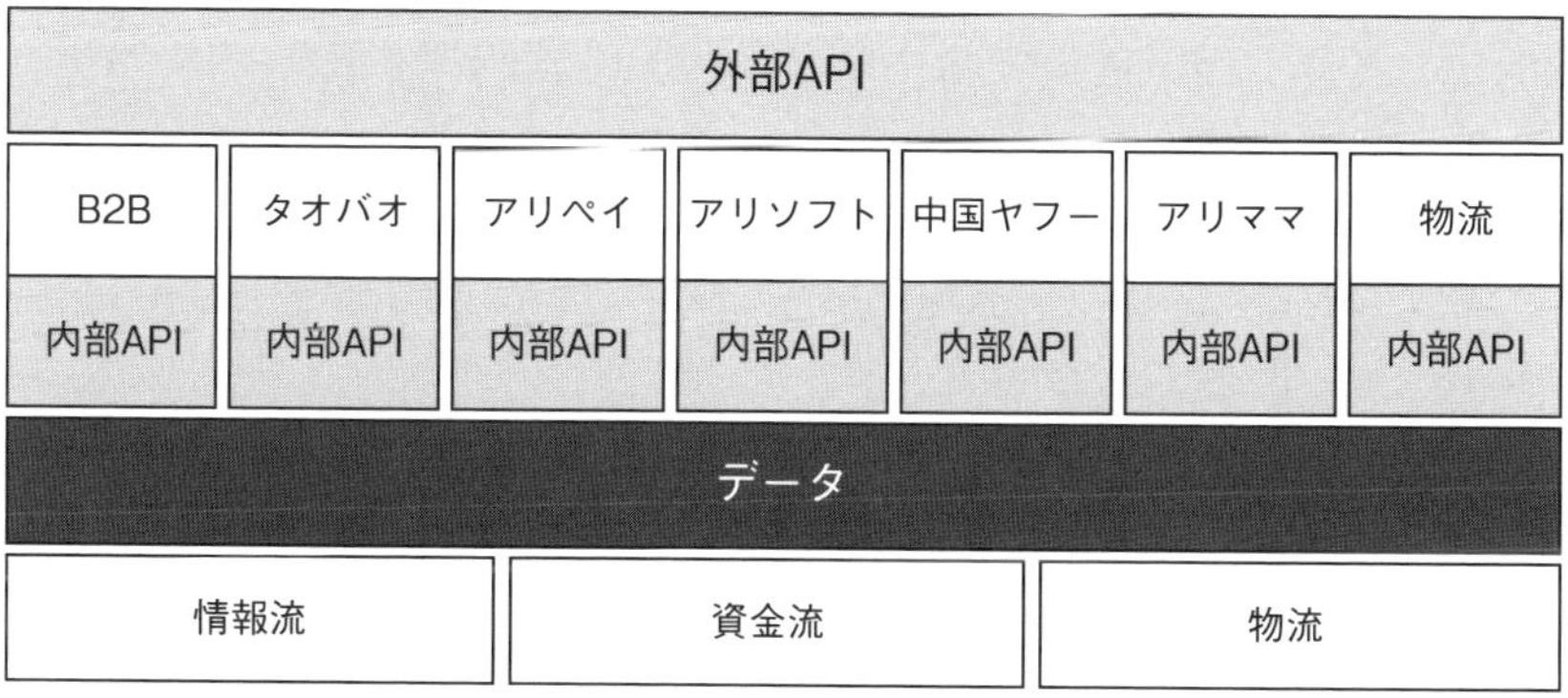

出典：曾鳴（2018）『智能商業』中信出版

も「決済サービス」という枠の中に収めておいてよいのかが問題になりました。むしろ、タオバオとは切り離して考え、新たに「金融サービス」として発展させるべきではないかと主張する幹部もいて、意見が激しく対立しました。

高級ホテルのＶＩＰルームでの協議だったと言われます。高層にある一室でしたが、それだけに地に足が着かない気持ちだったそうです。誰もが密室に閉じ込められている気分で、見通しもききません。

しかし、奇跡的にも、あるキーワードがその会議の方向性を決めました。それが、エコシステムについての洞察です。エコシステムがアリババの将来を左右する、真の鍵であることに気づいたのです。

最終的に、「オープンで協調的で繁栄したＥコマースエコシステムを構築する」という基本方針が打ち立てられ、アリババの将来の青写真が描かれました。それが、「アリババエコシステム」です。

アリババにあるすべての事業をデータ統合し、内部のインターフェイス（内部ＡＰＩ）と外部インターフェイス（外部ＡＰＩ）を切り分けて、上層のレイヤーについてオープンにしていくという構想が定まりました。

データ統合とAPIの公開

ポイントは２つあります。

第１は、アリババグループを一気通貫するための、データ統合です。アリババエコシステムの図には、当時のグループ会社が示されていますが、それらの事業部門を横断的にデータ共有することで、「情報流」「物流」「資金流」の統合が進むと考えられました。

データ統合が進めば、事業の領域を横断するようなサービスの連携が可能になります。利用者の購買履歴からレコメンドを行うと同時に在庫管理を行ったり、売り手や買い手の取引データを用いて与信のための信用スコアを算定したりして、ファイナンス事業に役立てられます。

そして第２のポイントは、ＡＰＩ（Application Programming Interface）の公開です。[04] 外部の個人事業主や中小企業は、タオバオ上でアパレルや雑貨、日用品などのショップを開設して、さまざまなインフラを活用しています。

ＡＰＩの開放によって、サードパーティ開発者は便利なツールを開発し、出品者に使ってもらうことができます。具体的には、価格比較ツールやデー

04 APIというのは、アプリケーション同士の連携を可能にするための取り決めのことです。APIが提供されることで、アリババが保有している機能を呼び出すことができるので、外部の開発者は全てを自身で開発する必要がなくなります。

タ分析ツール、出品サポートツールといった派生サービスなどが開発できるので、出品者はタオバオを有効に活用できるようになります。

1000億ドルの希望

この全体像は、戦略会議の2日目の深夜11～12時に描かれました。アリババ前最高戦略責任者である曾鳴（ゾン・ミン）さんは、これが実現すればアリババの企業価値は飛躍的に高まると感じました。当時、アリババの企業価値は100億ドルでしたが、それが10倍の1000億ドルにまで高まるというのです。ゾンミンさんは、自著『智能商業』で次のように語っています。

「アリババの歴史上初めて、この目標を達成すれば、1000億ドル規模の企業になるかもしれないと感じました。『数千億ドル』という言葉が初めて感じられました」

アリババのミッションは「あらゆるビジネスの可能性を広げる力になる」というものです。タオバオに収まることなく「オープンで協調的なEコマース・エコシステム」を構築すれば、同社のミッションを10倍の水準で達成できるようになる。それが「1000億ドルの希望」です。

4 クラウドや金融へデータを統合

戦略の実施

2007年の戦略会議で合意に達した基本方針は、翌2008年から実行に移されていきます。データを統合するためにクラウドサービスが整備されました。これと同時に、ビジネスのインフラとして実質的に支える物流機能と金融機能がそれぞれ強化され、最後に統合しました。

「あらゆるビジネスの可能性を広げる力」を10倍にするためには、エコシステムを支える機能も10倍でなければなりません。情報流、物流、金融という3大機能のそれぞれについてイノベーションを生み出し、その後に統合していく必要があるのです。タオバオをはじめとするEコマース事業が安定的に収益を伸ばしていたので、情報流、物流、金融にかかわる事業部門は思い切った挑戦をすることができました。

サーバーからクラウドへ

2007年当時、アリババは他の一般的な大企業と同様、IBMのサーバーとオラクルのデータベースに頼ってシステム構築をしていました。その延長線上でアリババ全体のデータを統合するとなると、設備投資が膨大になります。ハードウェアにかかる費用はもちろん、必要とされるライセンス契約も多岐にわたり、とてもまかないきれません。

そこで、ジャック・マーさんは、当時、最先端であったクラウドコンピューティングに目をつけます。クラウドサービスのAWS（アマゾン・ウェブ・サービス）が登場したのは2006年。アメリカでは話題になっていましたが、世界的には普及していません。アリババ内にも何をどのように構築すればよいかを知る者がおらず、その立ち上げは困難をきわめました。

2008年に入って間もなく、マイクロソフトの調査機関の「マイクロソフト・リサーチ・アジア」から王堅さんを招き入れ、クラウド事業を統括してもらうことにしました。しかし、最先端の技術なので一筋縄ではうまくいきません。同年10月に開発が始まり、多くの投資が行われましたがほとんど進展しませんでした。社員からも激しく反対され、エンジニアたちも先行きがわからず、辞めてしまう者も出てきました。

それでも、ジャック・マーさんは開発の手を止めませんでした。「私はクラウド事業に毎年10億を投資する。10年かかってもできない場合はまた考えよう」と言ったそうです。約5

年間の試行錯誤を重ねて、2013年に無事にスーパーコンピューティングエンジン「飛天(Apsara)」を開発することができました。

2021年現在、アリババクラウドは200カ国と地域の企業、開発者、政府にサービスを提供しています。中国での市場シェアは1位であり、世界でもAWS、マイクロソフトのアジュール(Azure)に続いて3位を占めています。

労働集約からデジタル物流へ

物流においてもアリババは、イノベーションを敢行します。2013年、アリババは物流プラットフォームの立ち上げに乗り出します。同年5月、中国の主要な物流会社と、小売業者たちに協力を呼びかけ、共同出資で物流プラットフォームを立ち上げました。その名は「菜鳥網絡(ツァイニャオネットワーク、以下ツァイニャオ)」です。菜鳥というのは中国語では「初心者」を意味します。努力し、常に学び、未来を恐れ、昨日への感謝を忘れない鳥でありたい。このような思いからその名前がつけられました。

その当時、物流各社のデータベースはシステムの仕様が異なっており、データのフォーマットも共通ではありませんでした。電子化が進んでおらず、データの蓄積も不十分でした。効率は悪く、コストも下がりません。国土が広いということもあり、住所録も完全で

「アリババクラウド」を見る

(QRコードをスマホで読み込んでください)

はなかったので、商品が届かないということも珍しくありませんでした。

そこでツァイニャオは、データのデジタル化とフォーマットの標準化を進めました。住所のデータベースについても一から構築し直し、正確に住所を特定できるようにしました。データプラットフォームを構築し、物流バリューチェーン全体を効率化したのです。

現在、ツァイニャオの物流サービスは最適化され、荷物も追跡可能な状態です。すべてデジタル化されているので、過去の膨大なデータを分析して利用者のニーズや利用者の行動をあらかじめ予測することも可能です。注文される前に、商品は倉庫に運び込まれており、注文から間髪なく届けられるようになっています。

決済ツールから資金運用へ

金融についてもイノベーションを進めました。アリババはエスクロー決済でオンライン取引の信頼性を高め、アリペイの利用者を順調に伸ばしていました。２００９年の利用者は2億人に達していました。

アリペイを進化させれば、タオバオ以外の決済にも活用してもらえます。さらに国民の財布として資金運用にも活用してもらえば、これまでにない金融サービスが実現するのです。このような目論見で２０１３年6月にリリースされたのがユエバオ（余額宝）です。ユエバオの登場によって、アリペイは単なる決済のツールから、インターネット金融サービスの基盤となりました。

この利便性は従来の資金運用サービスとは比べ物になりません。これまでの銀行のサービスだと、資金運用をするには少なくとも5万元ほど準備する必要がありました。身分証明書の提示も必要で手続きがとても面倒だったのです。その上、急にお金が必要になったとしても、すぐに換金することができませんでした。

少し詳しく説明しましょう。ユエバオはアリペイにチャージされている余剰資金を、わずか1元から手軽に運用できる金融サービスです。利回りは従来の銀行の預金の金利（当時0・35％程度）よりもはるかに高く（利率6％以上）、利用者にとって大きなメリットがありました。利用者はユエバオにある資金を、手数料なしでオンラインショッピングやオフラインの決済に充てられます。出し入れ自由なので、とても便利なのです。

利用方法が簡単で、かつ利率が高いユエバオは大ヒットします。利用者は1年で1億人を突破し、中国最大のファンドとなりました。

開かれたデジタル与信へ

アリババは与信についてもイノベーションを起こしました。アリペイとユエバオから得られる情報によって信用スコアを算出できるようにしたのです。それが個人の信用度を点数化する「芝麻信用（セサミクレジット）」です。

アリペイやユエバオの爆発的な普及で、アリババにさまざまなデータが集まるようになりました。外部のパートナーから得られる情報により、公共料金や社会保険料の支払い履歴、

セサミクレジットの信用スコア

（実際のアプリを単純化したイメージ画像）

納税や学歴に至るまで把握でき、さらに民事訴訟、クレジットカードの滞納、社交関係なども勘案することで、その利用者の信頼度が正確に評価できるようになったのです。

膨大なデータから個人の信用を決定するのは、①信用履歴、②行動嗜好、③返済能力、④身元特性（社会的地位・身分、年齢、学歴、職業など）、⑤社交関係、という5つの次元であることがわかりました。客観的かつ公平に信用スコアを算出することで信用度が評価できます。スコアの範囲は350点から950点までであり、高得点であるほど信用度が高いとされます。

セサミクレジットのおかげで、社会的な弱者といわれる人々にも恩恵がもたらされました。従来の信用機関は、学生、ブルーカラー労働者、フリーランスなどの人たちの購買履歴がわからず、信用度を評価しきれませんでした。しかし、セサミクレジットの場合、アリババのEコマースで買い物をしさえすれば、信用度が蓄積され評価されていきます。これまでローンを借りたことがない人、クレジットカードの申し込みができない人も、十分な信用スコアがあれば、さまざまな便益が受けられるようになりました。

たとえば信用スコアが600を超える場合、デポジットなしで家を借りることができたり、車をレンタルできたり、ホテルの予約ができたりします。迅速にローンの申請ができるようにもなりました。

銀行や一部のノンバンクなどに限られていた個人の信用度の利用が、セサミクレジットの登場で、ネット決済業者、少額貸付業者、流通業者などにも利用可能となり、エコシステムが活性化したのです。

2014年10月に、アリババはアントフィナンシャル（螞蟻金服、現・螞蟻集団＝アントグループ）」を設立しました。アリペイやユエバオなどの業務を統括し金融プラットフォームを拡充したのです。

5 新小売OMOへ

オンラインとオフラインの融合

いよいよ最後の仕上げです。クラウドへの全面的な移行によってデータを統合するという作業は、2014年1月9日に始まり、2015年6月30日までかかりました。情報流、物流、金融、与信のデータを統合し、すべての業務をアリババクラウドへと移行するのに、約1年半を要したのです。

こうして2007年の戦略会議で出された構想が、およそ8年がかりで実現しました。「あらゆるビジネスの可能性を広げる」というミッションを思う存分発揮する条件が整ったのです。この時期からアリババのイノベーション創出力はますます加速して、新小売（OMO）を提唱するようになります。

OMOとは、Online Merges with Offlineの略であり、オンラインとオフラインの融合を意味します。ネット上の利用者をリアル店舗に誘導する一方で、リアル店舗の利用者の行動からネットでのサービス提案を行うなど、オンラインとオフラインが融合する世界が実現しつつあります。

アリババはOMOを2つのタイプに分けて推進することにしました。1つは、旧来の小売のあり方を刷新するというもので[05]、もう1つは新しい小売業態を創出するというものです。前者と後者の例を1つずつ紹介しましょう。

シームレスな買い物体験

2016年10月に、ジャック・マーさんは講演で「ニューリテール（新零售）」の概念を掲げました。それは、データと技術を用いて、オフラインとオンラインとを継ぎ目なく融合し、利用者にシームレス、かつ効率的な買い物体験を提供するというものです。

ニューリテールを実現するために、アリババは従来の小売企業への積極的な投資や買収によって、変革を進めていきました。その代表例が「銀泰商業集団（Intime Retail、インタイムリテール）」の買収です。

銀泰商業集団は浙江省最大手の百貨店です。1998年に設立され、2007年に香港市場で上場を果たし、中国全土で29店舗の百貨店と17店舗のショッピングモールを有しています。中国有数の百貨店でブランド力も

05 たとえば、アリババのB2B流通プラットフォームの導入によって、中国の地方都市や農村部の小規模小売店はアリババのビックデータを用い、仕入れ、在庫管理や販促などを効率化しました。約150万店舗以上（全店舗数の約6分の1）に導入されています。

あったのですが、Eコマースの台頭によって、業績は悪化していました。

アリババは2014年から銀泰への出資を始め、2017年には銀泰を子会社にしました。アリババは買収によって新しい時代の百貨店像を描き出すために、EC運営、決済、物流といった自社が構築したインフラとビッグデータ、技術を応用して、銀泰を変革しようとしたのです。

具体的な施策としては、まず、アリババと銀泰との間で顧客、商品、決済のデータを整合させました。

次に、銀泰と共同でいくつかのアプリをリリースしました。たとえば「ミャオジエ」というアプリを使えば、オンラインで注文した商品が、最寄りの店舗から直接送られてきます。

実店舗には「営業時間」がありますが、オンラインにはありません。アリババのデータによれば、タオバオの注文の36%は21~22時の間に出されています。実店舗だと多くの店が閉店している時間帯です。銀泰が「ミャオジエ」を導入して以来、営業時間の概念がなくなりました。毎日22~26時の間に約5万人の顧客が買い物をするようになったのです。

オンラインでの便益が増しただけではありません。実店舗での体験も向上しました。[06] アプリは、銀泰百貨店の店舗で買い物するときにも利用できます。クラウド型POSシステムが導入されているため、顧客は決済のために列に並ぶ必要もありません。買い物が終われば、そのまま配

06 銀泰百貨店ではロボットは倉庫からカウンターまで商品を運び、倉庫スタッフの負担を軽減しています。ビューティーブランドエリアでは、AR（拡張現実）技術を使ったバーチャルメイクアップ体験ができます。倉庫では、デジタル分類システムを活用して、スタッフがオンライン注文を効率的に処理し、サービスの品質を向上させています。

送も頼めるので重い荷物を家まで持ち帰ることもなくなりました。銀泰の18店舗についていえば、店から10㎞圏内であれば、２時間以内に商品が届けられます。

２０１８年、銀泰の売上は前年度から30・５％増えて業界トップとなりました。同年の中国90社の百貨店の売上は、前年度比で平均４・２％しか増加していないので、その差は一目瞭然です。

アリババは銀泰以外にも、スーパーマーケットなどの小売業者に投資を行い、新しい時代のＯＭＯリテールのあり方を探索しています。

生鮮スーパー「フーマフレッシュ」の大成功

伝統的な小売業者を変えるだけではありません。アリババは、ゼロから新しい業態を立ち上げてＯＭＯの可能性を広げていきます。その代表が、生鮮スーパー「フーマフレッシュ（盒馬鮮生）」です。フーマフレッシュは、都市を中心に出店が進められ、２０１９年末には中国全土で１９７以上の直営店があります。

フーマフレッシュのアプリ会員に登録すると、店内での買い物が便利になります。たとえば、商品をスマホのカメラでスキャンすると、商品の産地や詳細が表示されます。

利用者はアプリを使って買い物をするので、今までの買い物履歴がビッグデータとして蓄積されます。利用者のニーズも予測できる

「フーマフレッシュ」を見る

（QRコードをスマホで読み込んでください）

ようになるので、その人にぴったりのレコメンドをすることも可能です。関連する商品もオススメしてくれますし、次に同じような商品を購入したいときにも便利です。

フーマフレッシュの店舗のもう1つの魅力は、旬で手頃な海鮮が品揃えされている点です。その場で調理してもらい、イートインのコーナーでそのまま食べることもできます。

フーマフレッシュの店舗は、EC注文の倉庫も兼ねています。フーマ専用アプリで注文すると、店舗から半径3km圏内であれば、30分以内に自宅や職場などに届けられるのです。インフラを用いて、オンラインとオフラインを融合させた結果、フーマフレッシュ実店舗1㎡あたりの売上は、伝統的なスーパーの3〜5倍にまで達しました。

アリババのエコシステムの好循環

2007年の戦略会議以降、アリババのプラットフォームは1つに統合されました。Eコマース、リアル店舗、金融、物流、クラウドサービスなど、従来縦割りで運営されていた世界が1つになり、インフラの価値が高まったのです。

インフラの価値が高まれば、ビジネスチャンスが広がります。Eコマースの取引情報を金融サービスに生かしたり、物流や在庫の最適化を見据えて大胆なセールスを仕掛けたり、迅速に新しい企画を打ち出せるようになるのです。

図9－2をご覧ください。システムシンキング図でいえば、「利用者数」の増大が「市場機会」をもたらし「エコシステム参加者数」を増やして「サービスの充実度」を高めます。そし

図9-2　アリババのエコシステムの好循環

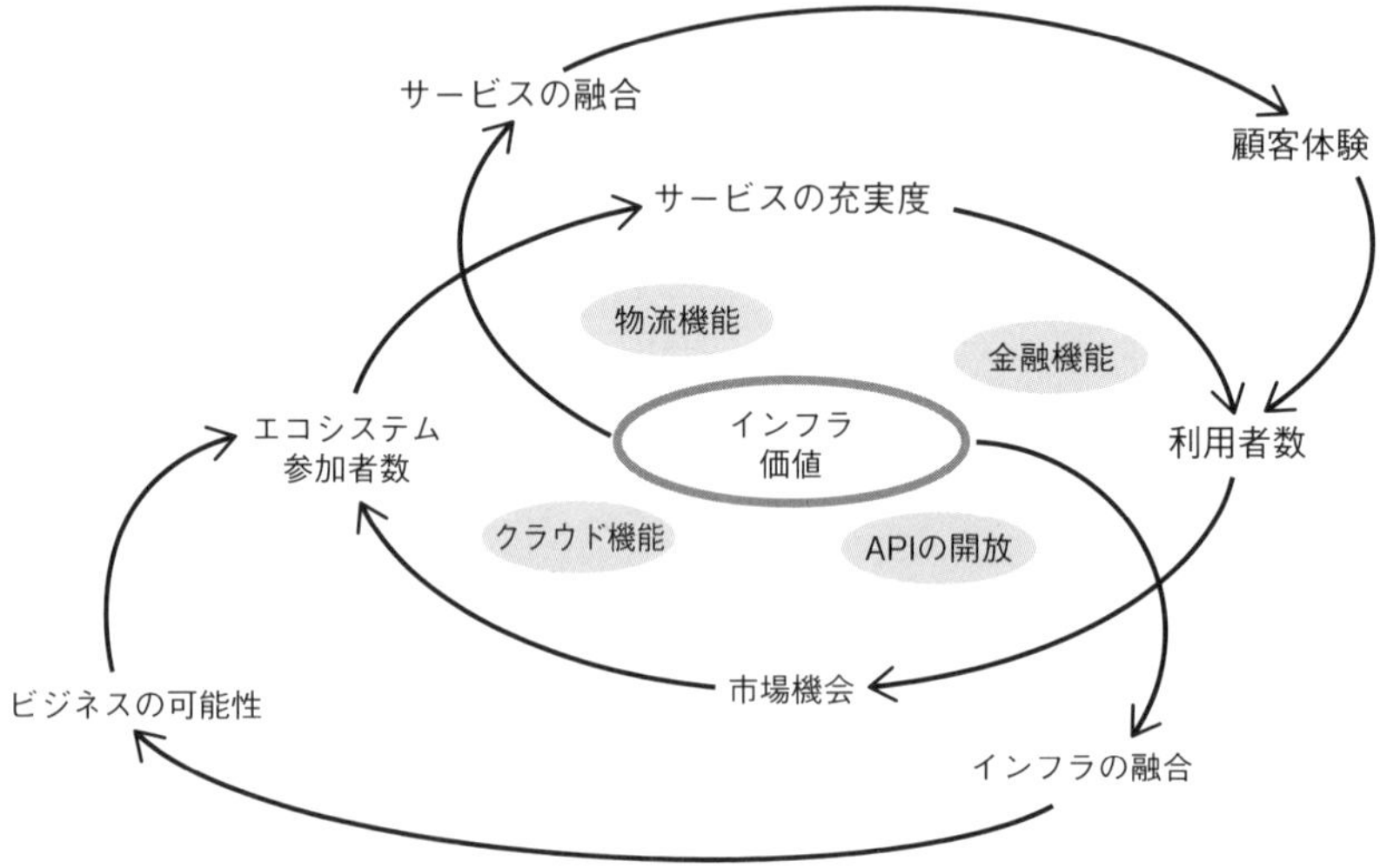

て「インフラの融合」が進むことで「ビジネスの可能性」は高まり、アリババの「エコシステム参加者数」はますます増加するのです。

一方、利用者の視点からみると、インフラ価値の向上は「サービスの融合」にもつながります。縦割りの企画と運営では得られなかったような、商品やサービスが分野横断的に提案され、「顧客体験」は高まり、アリババの「利用者数」を増やします。そして、さらなる「利用者数」の増大が「市場機会」を高め、「エコシステム参加者数」を増やすのです。

このような循環によって、アリババエコシステムは成長していきました。

CASE9の要点

- 創造的な模倣の1つに、悪いお手本から良い学びをするという模倣があります。アリババは、アメリカのC2C向けEコマースの至らない部分を反面教師にして、イノベーションを引き起こしました。
- アリババは、3つの打ち手によってイーベイを追いやり、タオバオを成長に導きました。それが①出品や取引にかかる手数料を無料化する、②売り手と買い手のコミュニケーションを促す、③エスクローの導入によってオンライン決済の信用を高める、というものです。
- タオバオの成功に安住せず、ジャック・マーさんは、「あらゆるビジネスの可能性を広げる」というミッションを実現するために、インフラの統合を進めました。情報支援、物流、金融、与信のそれぞれの機能においてイノベーションを引き起こしていきました。
- タオバオをはじめとするEコマースが安定的に収益を伸ばしていたので、大胆なイノベーションに挑戦できました。
- 新しい挑戦の典型が、ニューリテールと呼ばれるOMOです。それは、データと技術を用いて、オフラインとオンラインを融合し、利用者にシームレス、かつ効率的な消費体験を提供するというものです。統合されたインフラによって、「ニューリテール」と呼ばれる小売のイノベーションを推進する環境が整いました。

COLUMN

アリババのビジネスモデルのピクト図解

アリババを代表する3つのオンラインECをピクト図解で説明しましょう（作図：近藤祐大、劉慰健、坂井貴之）。

〈アリババドットコム　1999年〜〉

アリババドットコム（B2B）

アリババは、日用品や衣料品などを低価格で提供する中小企業に向けて、B2BオンラインECのアリババドットコムを設立しました。当時の中国では、海外企業と取引できる機会が限られており、しかもその機会は大企業が中心となっていました。

そこでアリババは中国の中小企業が海外企業と取引できる場となるマッチングプラットフォームを構築しました。中小企業には「出店の場」を提供し、海外企業には日用品や衣料品の「製品情報」を紹介したのです。

さらにアリババは、「プロモーション」や「見積書作成」のサービスなどでEC取引に不慣れな中国中小企業を支援しました。アリババは、それらのサービスの手数料収入からなる「マッチングモデル」を確立したのです。

図9-3　アリババドットコムのピクト図解

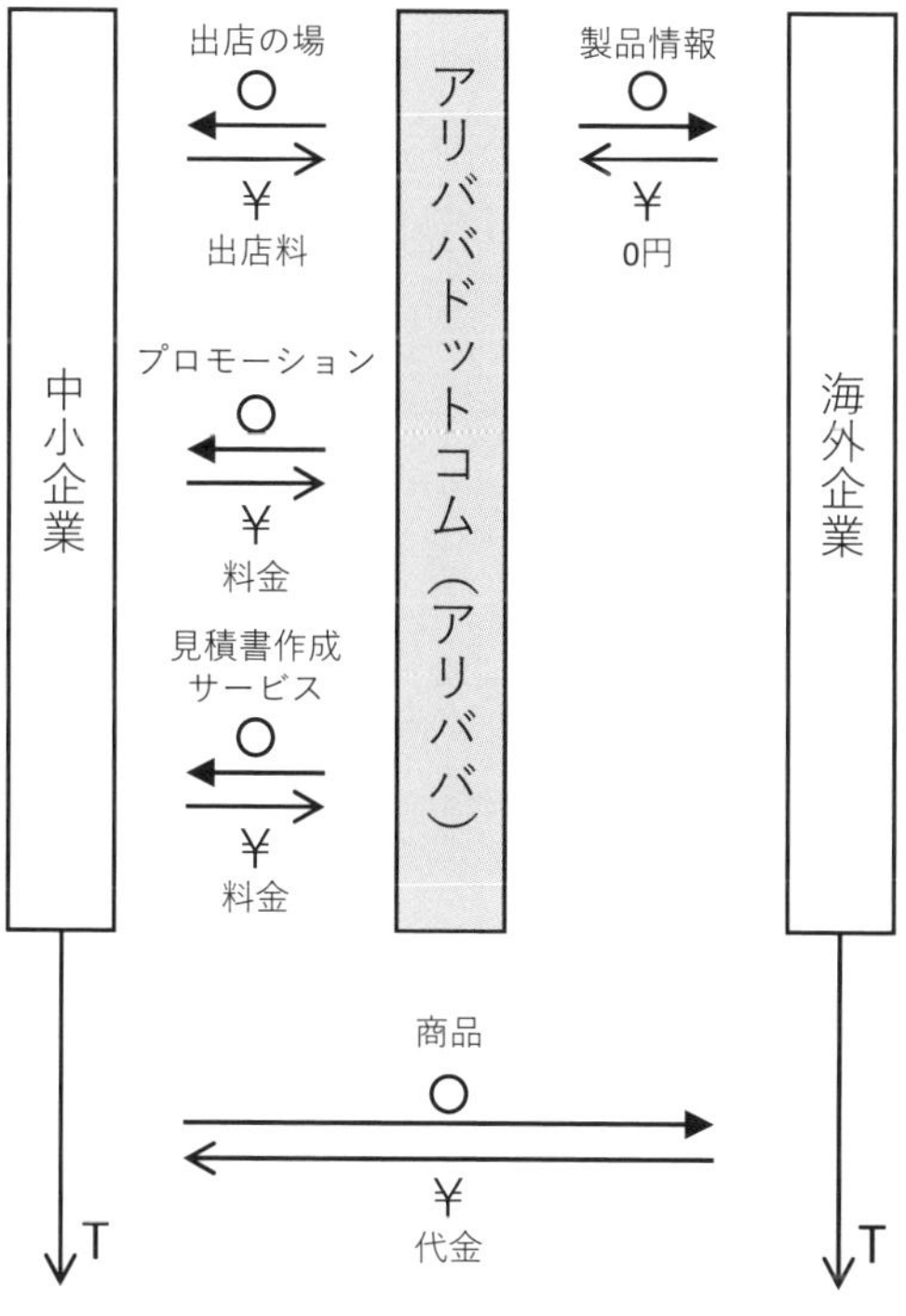

〈タオバオ　2003年〜〉

タオバオ（C2C）

タオバオはC2CのオンラインECサイトです。「出店の場」を無料で提供することで出店者の参加を促し、豊富な品揃えを実現しています。利用者はその「商品情報」の中から欲しいものを選び、アリペイで支払いを済ませて配送してもらいます。基本は「マッチングモデル」です。個人の「出店者」は営業力に乏しいため、タオバオが「プロモーション」サービスを提供します。たとえば、商品をサイト内の目立つ場所に表示したり、検索上位に表示させるなどです。

アントグループ（金融）

タオバオの決済サービス「アリペイ」を担っているのが、アリババの金融関連会社のアントグループです。「決済サービス」の利用については、利用者からも出店者からも手数料を徴収していません（¥0）。決済手数料を無料にして、タオバオの利用者の獲得とアリペイの普及につなげ、オフライン加盟店から決済の「手数料」を得るという仕組みなのです。

ツァイニャオネットワーク（物流）

アリババは既存の複数の配送会社と提携し、新たに物流ネットワークを構築し、「中国全土24時間、全世界72時間」のデリバリーを実現しています。ツァイニャオはこの「配送システム」を配送会社に提供して「利用料」を徴収します。配送会社はこのシステムを活用して、出店者に「配送サービス」を提供して「配送料」をもらい、購入された商品を利用者に届けるのです。

図9-4　タオバオのピクト図解

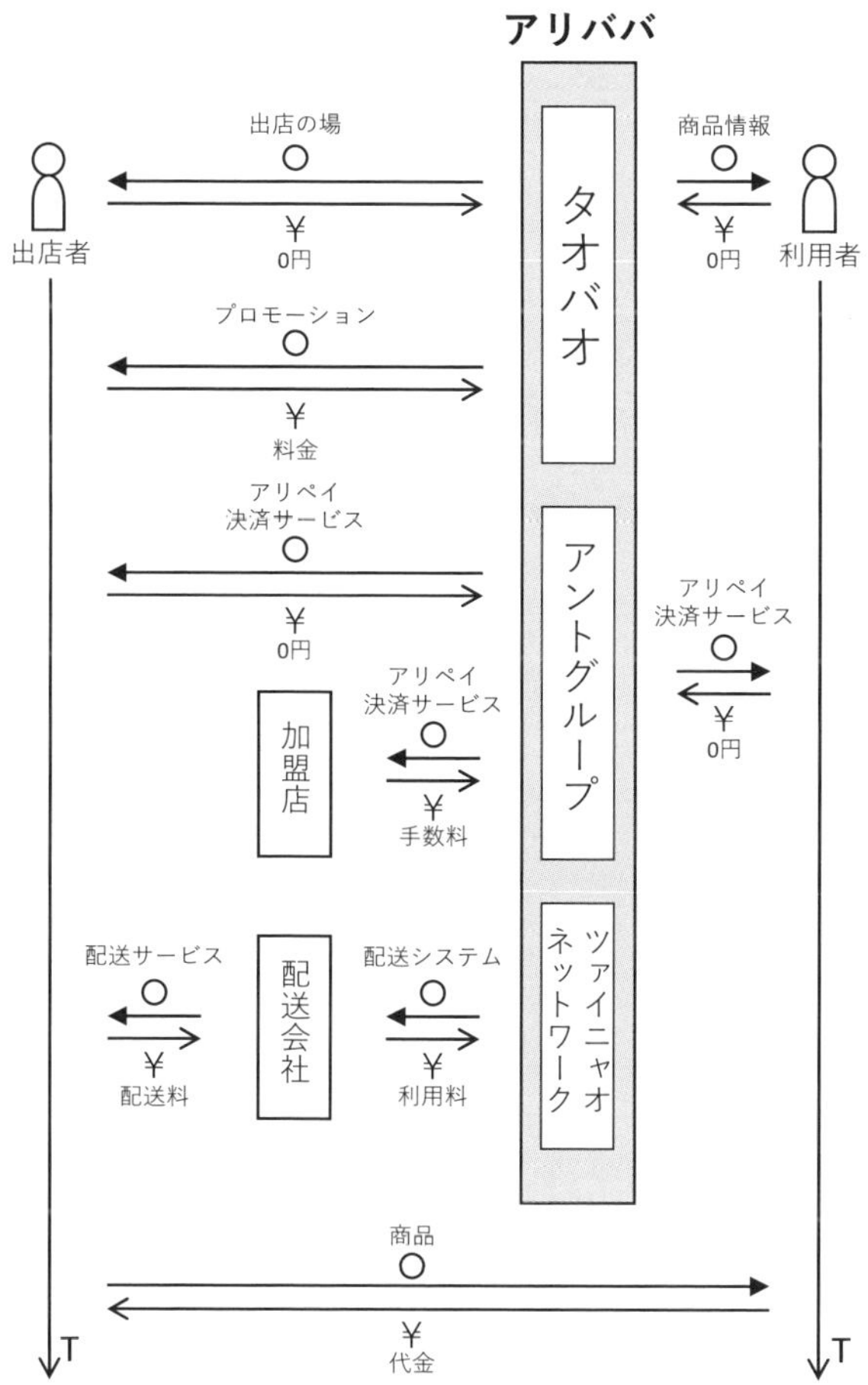

〈テンマオ　2008年～〉

テンマオ（B2C）

アリババは、タオバオの一部だった有名ブランドやその直営店の市場を分離し、B2CオンラインECのテンマオを設立しました。テンマオでは、タオバオとの差別化を図るため、出店企業に厳格な審査基準が設けられており、選ばれた企業だけが「出店料」を支払って出店できます。

一方、利用者はこのサイトで定評のある商品を買い求め、豊富な「商品情報」を閲覧しながら購買します。テンマオは優れた商品を提供する企業とそれを買い求める利用者とを結びつけるオンラインショッピングモールなのです。

基本は「マッチングモデル」であり、テンマオは、取引が成立するごとに出店企業から手数料が得られる仕組みです（これはテクニカルサービスを含む成約手数料です）。

アリババはテンマオにおいても「プロモーション」サービス、アントグループの「決済サービス」、ツァイニャオの「配送サービス」を利用しています。企業が出店してから商品が利用者に届くまでのすべてをサポートしているのです。

図9-5　テンマオのピクト図解

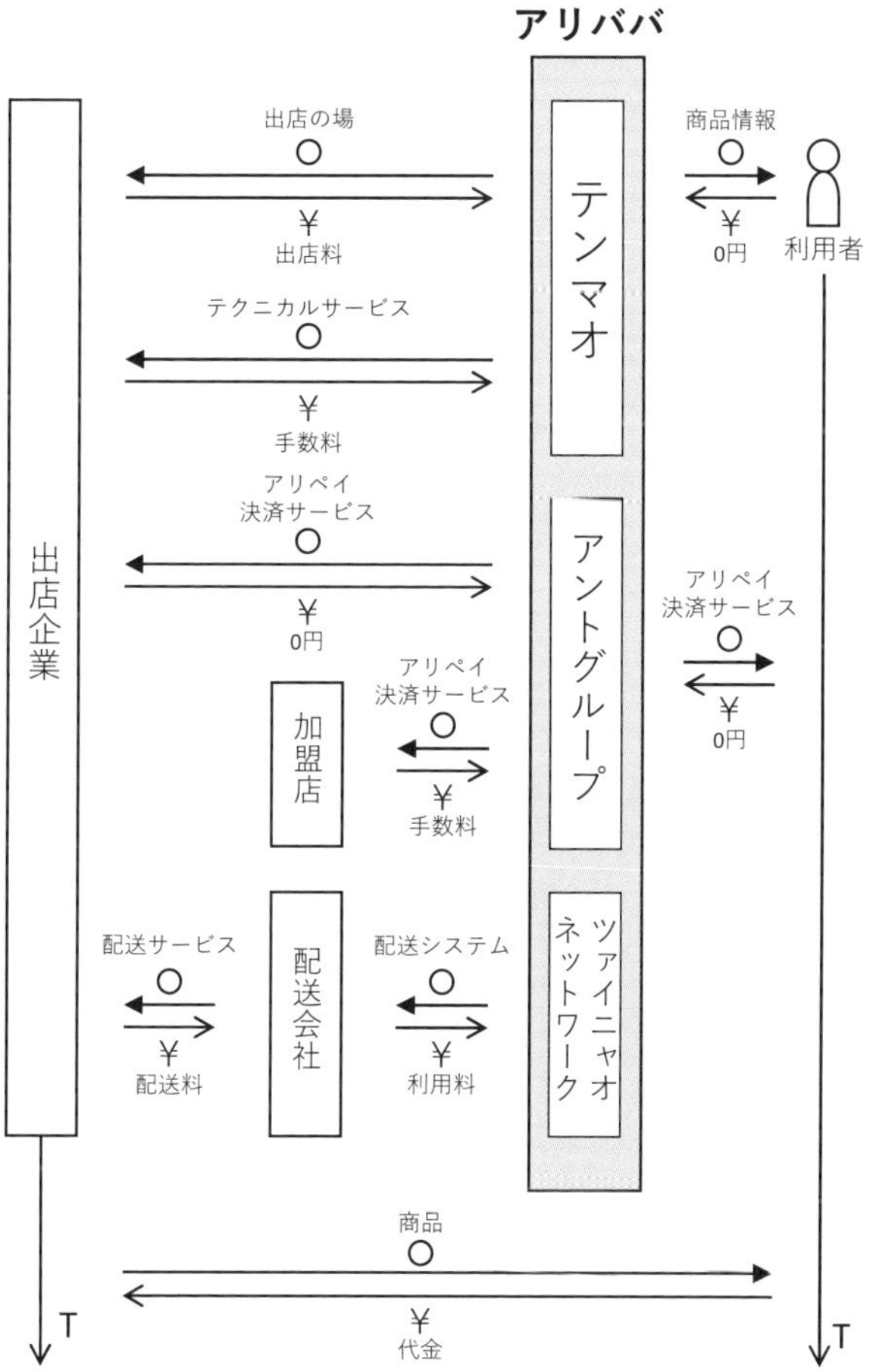

まとめ

史上最速成長の理由

中国スタートアップを支える
ミクロとマクロの好循環

マクロの好循環

1

特殊といえる中国の外部環境

本書を締めくくるにあたって、中国スタートアップが史上最速ともいえる急成長を成し遂げた理由について考えてみます。中国のビジネスモデルの発展プロセスには、世界中のスタートアップ起業家、投資家、イノベーションを目指す大企業、政策立案者、そして経営学者が注目しています。

一般的には、中国の経済が成長した背景にはいくつかの外部要因があると考えられています。その最たるものが市場規模です。中国の人口は約14億人であり、経済の自由化によって生み出される事業機会は他の国や市場とは比べものになりません。

さらに政府による保護政策が加味されればなおさらです。海外からの市場参入を政府が制限することで、中国企業は海外のライバルとの競争にさらされずに済みます。競争力をつけさせて、自国の産業を育てていくことができます。

また、中国といえば、欧米や日本とはプライバシーに関する社会制度や感覚がまったく異なります。歴史的に国家によって管理されてきた経緯もあり、それが当然視されやすい環境です。それゆえ、個人の便益と社会の秩序をもたらすのであれば「喜んで個人情報を提供しよう」という国民が多いそうです。デジタル化された環境で、利用者の購買情報や決済情報が集まりやすいわけです。

デジタル・リープフロッグを実現

さらに、エコシステムをゼロから設計できるという強みもありました。

中国型の市場経済を形にし、企業経営のあり方を確立する道のりは平坦なものではなかったはずです。しかし、既得権や既存のしがらみが少ないこともあり、最新のデジタル技術を最大限に活用しやすい状況だったのも確かです。最適化を追求して、思い切ったイノベーションを追求することができたので、先進諸国を超えて新しい時代のエコシステムを築き上げられました。

中国は、自国の経済が遅れていたがゆえに、これまでの制度やインフラに縛られる必要はありませんでした。つまり既存のビジネスインフラの整備が十分でなかったがゆえに、先進国が築いてきた技術を〝一足飛び〟に進化できたわけです。

このような現象を「リープフロッグ」といいます。リープフロッグとは、経済や社会インフラで後れを取っている新興国が、先進国を超えた発展を見せるという現象のことです。中国ではデジタル技術やＡＩ技術を活用する新しいサービスにおいて「デジタル・リープフロッグ」を実現しました。

リープフロッグは３つのタイプに分けられます（Lee & Lim, 2001）。

第１は、同じ経路を短期間で進むという「パスフォロー」です。これは、すでに開発された技術について、先進国が歩んできた道のりを早足でたどっていくという発展です。

第２は、特定の段階をスキップして短縮する「ステージスキップ」です。技術進歩が断続的で、前の世代の技術に熟知していなくても新世代の技術を使いこなせるような場合に有効です。アナログ技術からデジタル技術への転換はその好機となります。

第３は、新たな技術で道筋をつける「パス創造」で、先進国ではまだ社会で実装されていない技術を導入することです。世界に先駆けて実装した、決済や与信のシステムはこれに該当します。

このように考えると、急成長を促した経済環境として、少なくとも次の４つがあることがわかります。

①市場規模の大きさ
②保護政策による競争の制限
③プライバシーの意識の違い
④ゼロから最適化できる機会

2 ミクロの好循環

共通する5つの要因

しかしながら、1つひとつの企業を見ていくと、経済環境の要因だけで急成長を果たせたとは考えられません。この環境をうまく活用し、デジタル技術の本質を見定めて起業家精神を発揮してきたからこそ、急成長できたという側面もあります。

本書で紹介したスタートアップに共通するポイントは5つにまとめられます。

①ミッションを重視
②創造的な模倣による発想
③プロトタイピングによる実験
④外部資源の有効活用

⑤エコシステムの創出

それぞれについて詳しくみていきましょう。

①ミッションを重視

本書で紹介した企業には、いずれも社会的ミッションがありました。そのミッションは、急成長を果たした起業家たちの夢や理想に由来するものです。起業家たちは本気でその夢を追求し、ミッションを果たそうとしていました。

第3世代では、快看漫画の陳安妮さんは、漫画家になることを夢見て1%のチャンスに情熱を持って挑戦し続けました。新氧の創業者の金星さんは、美容整形の不透明で公正でないあり方を是正しようとしました。VIPKIDを創業した米雯娟さんは、国内に良質の英語教育をもたらし、北米のネイティブ教師に雇用の機会と自信を与えました。

第2世代では、バイトダンスの張一鳴さんは国内でレコメンド技術を開発しなければならないという使命感をもち、世界有数の技術を開発しました。シャオミを創業した雷軍さんは、値段が高くて性能が低いものしか作れない中国の製造業を是正するために高効率のビジネスモデルを築き上げ、ものづくりの1つの手本を示しました。

第1世代も同じです。アリババのジャック・マーさんは、「あらゆるビジネスの可能性を広げる」というミッションを追求し続け、皆が参加できるプラットフォームの構築に努力を惜しみませんでした。テンセントもエコシステムの調和に配慮し、「開放」と「分かち合い」

という2つの原則を打ち立てます。

ミッションや夢が明確であれば、軸足がブレることもありません。ピボット（方向転換）しなければならないときにも、一貫性を持った決断ができるようになります。

②創造的な模倣による発想

ミッションに駆り立てられた中国の起業家たちは、自国の経済社会を良くするために〝貪欲に学ぶ〟という姿勢を貫きました。〝独りよがりの独自性〟のわなに陥ることなく、優れたものは何でも取り込むという姿勢でビジネスモデルを作り上げていました。

しかも、本書で紹介した中国企業は、海外の先進事例を単純にそのまま〝真似る〟のではなく、創造的な模倣を実践しています。

第3世代のスタートアップで言えば、快看漫画は、閲覧履歴をコンテンツの制作やレコメンドに生かすという仕組みをネットフリックスから学びました。新氧は、美容整形先進国の韓国のインターネットサイトを参考にして初期の利用者を増やしていきました。SNSと共同購入を組み合わせて急成長したピンドゥオドゥオも、米国のグルーポンにヒントを得て、この画期的な仕組みを構築したと考えられます。

第2世代についても同じようなことが言えます。バイトダンスは自社のレコメンド技術をショートムービーに生かすときに、米国で流行していたMusical.lyのアプリやサービスをお手本にしました。メイトゥアンは米国のグルーポンがお手本ですし、コミュニティを成長の推進力にしたシャオミはスマホやストア展開においてアップルを参考にしました。

第1世代においては、さらに創造的な模倣が行われています。テンセントは模倣の順序を心得ており、プラットフォームの基盤を海外の先進事例から模倣することで自国にイノベーションをもたらしました。アリババは、中国に参入したイーベイを追いやるために、イーベイの優れた基本構造は模倣しつつ、その至らない部分は反面教師にしました。

模倣は急成長の鍵です。地球上の最先端を出発点にすれば、無駄な時間と労力を省いて短期間に成長できます。

③プロトタイピングによる実験

本書で紹介した企業は、いずれもプロトタイピングを作ってベンチャーキャピタルから投資を受けました。たとえば、第3世代の快看漫画は、実際にスマホアプリを開発し、縦スクロールで読める漫画を作りました。新氧は、韓国語を翻訳して情報サイトを作りましたし、VIPKIDも早くからマッチングプラットフォームを立ち上げています。

第2世代や第1世代の企業も同じです。インターネットビジネスは、プロトタイプを作って仮説検証しやすいということもあり、バイトダンス、メイトゥアン、シャオミ、テンセント、アリババのいずれもが、アイデアを形にして、パートナーをうまく巻き込んでいます。

伝統的な「従来の起業手法」では、完璧な計画を立てるためにできるだけ情報を集めて、実行後に想定外のことが起こらないように万全を尽くします。既に存在している事業についての計画なので、ある程度の予測がつくという前提を置いています。事前合理性や計画合理性を追求するもので、既存のビジネスで有効とされます。

伝統的な起業手法とリーンスタートアップ

	従来の起業手法　Traditional	リーンスタートアップ　Lean
戦略	事業計画	ビジネスモデル
	実行を重視	仮説を重視
製品開発プロセス	製品マネジメント	顧客開発
	プランをもとに一定の段階を踏みながら製品を準備	オフィスを飛び出して仮説を検証
エンジニアリング	ウォーターフォール開発	アジャイル開発
	事前に仕様をすべて固めてから作る	やり直しを重ねながら少しずつ作る
組織	職能別組織	アジャイル開発チームが主体
	経験と実行能力を重視した採用	柔軟性、スピード重視の採用
財務報告	会計	重要な指標
	損益計算書、貸借対照表、キャッシュ・フロー計算書	顧客獲得コスト、顧客の生涯価値、離反数、口コミ効果
失敗	例外的な事態	予想される事態
	幹部を更迭して立て直しを図る	うまくいかない場合は軌道修正
スピード	計画通りのスピード	迅速
	完全なデータをもとに事業を運営	
合理性の源	事前合理性と計画合理性	事後合理性と修正合理性

Blank（2013）p.45に「合理性の源」を筆者が追加

これに対して新しいビジネスにおいては、存在しない未知の事業に取り組んでいく必要があるので、予測がつきません。いくら時間とコストをかけても十分な情報が集められないので、「リーンスタートアップ」の方式で、仮説検証しながら事業を創造します。すなわち、プロトタイプを実際に作ってみて、市場の反応を見ながら必要な情報を集めていくのです。これは、仮説検証型の事後合理性や修正合理性を大切にしています。

④外部資源の有効活用

よきパートナーに恵まれれば、自社の力は何倍にもなります。もし、自社ですべてを賄おうとしていたら、これほどの速さで成長することはなかったでしょう。得意分野にフォーカスし、それ以外は周りをうまく使うという割り切りがあってこそ、短期間で成長できたのです。

第3世代では、快看漫画は、漫画家を育成することで作品を作り続けることができました。新氧は、美容整形をした患者に協力してもらって「整形日記」を立ち上げ、医師やクリニックの参加を呼びかけました。VIPKIDは北米の英語教師を中国の子どもたちとオンラインで結びました。ピンドゥオドゥオは優れたモノづくりができるメーカーの協力を得て、格安の製品を提供しました。

第2世代では、バイトダンスは外部のニュース記事や、利用者の投稿によって成り立っています。メイトゥアンは、中国全土の店の協力によって成り立っています。シャオミは利用者コミュニティの力を借りて製品開発とプロモーションを進めています。

第1世代においても、テンセントは主要のサービスの一部を外部パートナーに委ねていますし、それ以外のサービスについてもサードパーティが活躍しています。アリババは、プラットフォームの基盤こそ自社で統合管理していますが、商取引を行う主体である実際の店舗はすべて外部パートナーです。

⑤エコシステムの創出

本書で紹介した企業は、いずれも多くのパートナーの協力を得ることで、エコシステムを活性化させています。

たとえば、第3世代の快看漫画は、人材の発掘から、作品制作とプロモーションの支援、そして漫画家のタレント化を通じて「漫画家」を職業として成り立たせました。新氧は、包み隠されていた美容整形施術を「透明化」することによって市場を機能させました。VIPKIDは、北米の教師たちと「相互承認」できるコミュニティを築き上げ、中国をはじめとする海外の生徒に縁結びをしました。ピンドゥオドゥオは、優れたモノづくりができるメーカーに声をかけて、SNSの口コミの力によってブランド化を手助けしました。

第2世代でも同じようなことが言えます。バイトダンスは、ニュースアプリの「今日頭条」でメディア各社や政府機関にニュースを書き込んでもらったり、TikTokで若い人たちがショートムービーを制作しやすい環境を整えることで、エコシステムを築き上げました。メイトゥアンは、O2Oプラットフォームとして、オンラインの利用者をオフラインの実店舗に誘導して活性化させました。シャオミは、利用者コミュニティとの共同開発を進める一方で、社外のパートナーに出資することにより「三方よし」の関係を築きました。

第1世代では、テンセントはデジタルプラットフォームを築き上げ、検索エンジン、Eコマース、O2O事業のそれぞれの2番手企業を躍進させました。アリババは、リアルな商材にも通用するプラットフォームを構築し、中国全土のあらゆる事業者にビジネスチャンスを与えました。コミュニケーションや決済のみならず、金融と物流のインフラを築き上げることで、経済の基盤を支えているのです。

本書で紹介した中国のスタートアップに共通するポイントを洗い出すと、好循環によって急成長を遂げるビジネスモデルの平均像がおぼろげながら明確になります。

それは、社会的使命によってビジョンを打ち立て、模倣も厭わずに創造的にアイデア発想

図Ⅳ-1　成長を可能にするビジネスモデル創造プロセス

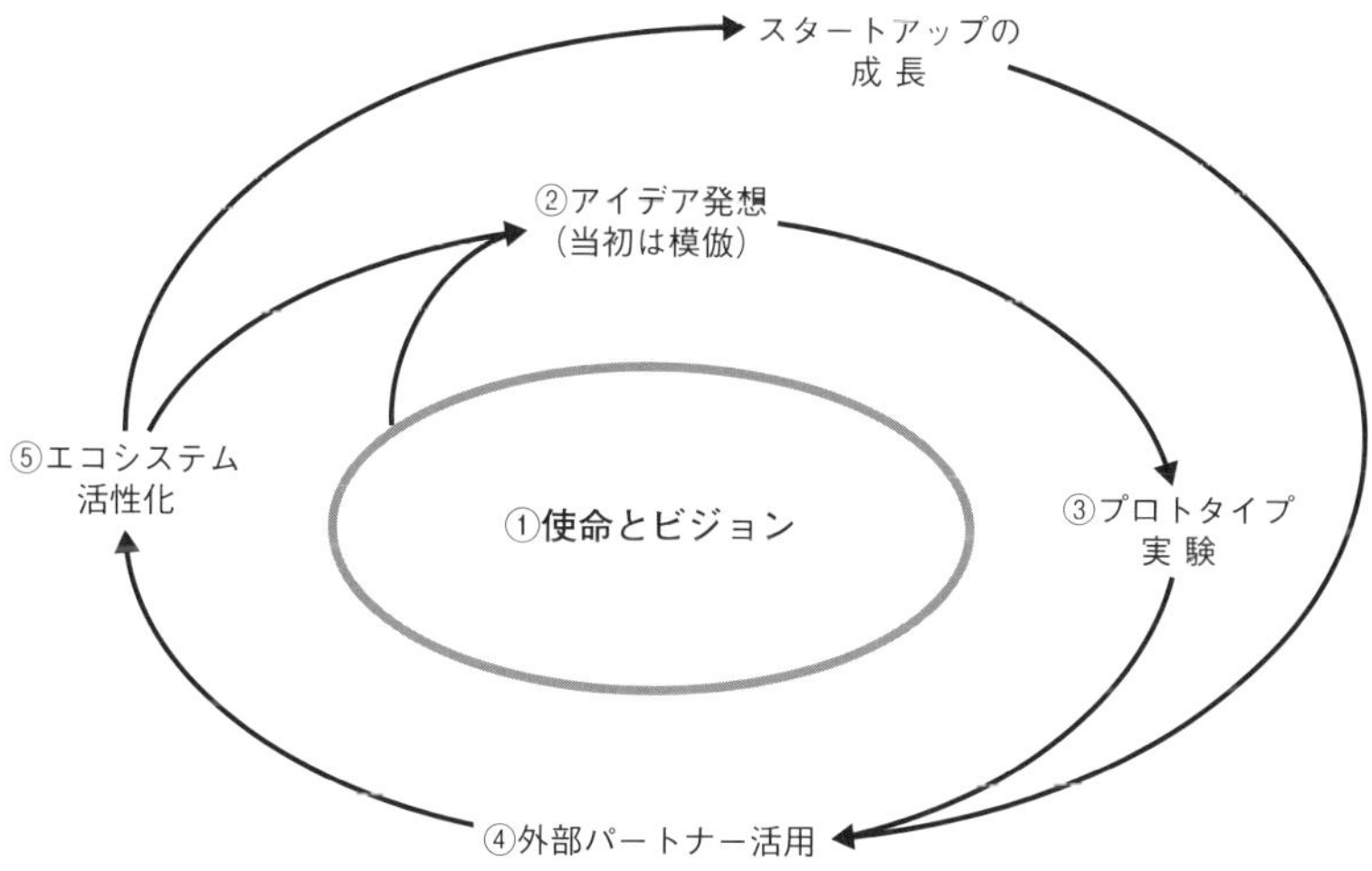

し、大いなる実験精神でプロトタイピングを行い、外部パートナーを巻き込むことでエコシステムを構築するというものです。

エコシステムが活性化すれば成長は加速します。その成長自体が、さらなる外部パートナーを呼び込みエコシステムを活性化させ、事業機会を生み出すという好循環がもたらされると考えられるのです。

3 ミクロとマクロを結ぶ 世代をまたがる好循環

急成長を促す土壌

中国スタートアップが史上最速とも言える急成長を成し遂げたのはなぜか。その答えを一言でいうとすれば、「好循環の仕組みを築くことができたから」でしょう。マネーがマネーを呼ぶ。情報が情報を生み出す。ある時点での価値創造が、次の時点の価値創造へとつながる。これが、最終的に、「好循環を生み出すビジネスモデル」として、急成長をもたらしたと考えられます。

しかしながら、「好循環を生み出すビジネスモデル」というのは、何の脈絡もなしに突如として生まれるものではありません。それを成り立たせる、経済のインフラ、技術のインフラ、市場環境などが整って、はじめてチャンスが到来します。

SNSが存在していなければ口コミは広がりませんし、決済システムが整備されていなければ、収入を得ることができません。ビッグデータを集めるインフラがなければ、最適な作品作りも実現しないのです。ビジネスモデルにおける好循環は、それだけで回るものではないのです。

中国の場合、まず、政府が新しい技術の社会的な活用を促し、産業を保護しつつもスタートアップを育成するインフラ作りを行っています。次に、中国の歴史的・社会的な背景があって、先進的な情報ネットワークと決済と与信のインフラが生まれ、ビッグデータの利用を可能にしました。最後に、このネットワークとインフラが、その上で急成長できるビジネスモデルを育む土壌となったと考えられます。

ビジネスモデルを育む土壌

たとえていえば、その土壌が新しいビジネスを生み出し、そこで育ったビジネスが、さらに豊かな土壌を作っていったということです。世代ごとに図示しながら詳しく見ていきましょう(図Ⅳ－2)。

(1)第1世代の誕生

本書で紹介した事業について触れながら整理しましょう。第1世代のスタートアップは、パソコンの普及とインターネットの整備によって、新しいサービスを生み出してきました。アリババは、ＥＣのマーケットプレイスを作り、エスクロー決済を導入することで、小さな企業や個人事業主であっても、インターネット上でビジネスができる環境を整えました。テンセントは、インスタントメッセンジャーのQQによってネットコミュニケーションの手段を確立し、デジタル財のためのプラットフォームを築きました。

本書では紹介していませんが、バイドゥ（百度）なども第1世代に位置づけられ、インターネットにおける検索サービスの基盤を築いたといえます。

②第2世代の誕生

アリババのタオバオにしてもテンセントのQQにしても、第1世代のサービスが普及することで、それが当たり前の存在になります。それに続く第2世代の起業家たちは、ECのマーケットプレイスやエスクロー決済、インスタントメッセンジャーがあることを前提に、次世代の新しいサービスを考案することができます。

たとえばメイトゥアンは、当初から決済サービスについてはアリババのアリペイに頼ることができました。中国ではクレジットカードが普及しておらず、ネット上の決済が未発達であったため、アリペイなしには急成長は見込めなかったはずです。

③第3世代の誕生

メイトゥアンをはじめとする第2世代のサービスが立ち上がれば、今度はそれが当たり前の存在になります。同時に第1世代のサービスも進化していくので、第3世代の起業家たちは、第2世代と第1世代が築き上げた新しいインフラのもとで新しいサービスを考案するこ

図IV-2　中国スタートアップのエコシステム

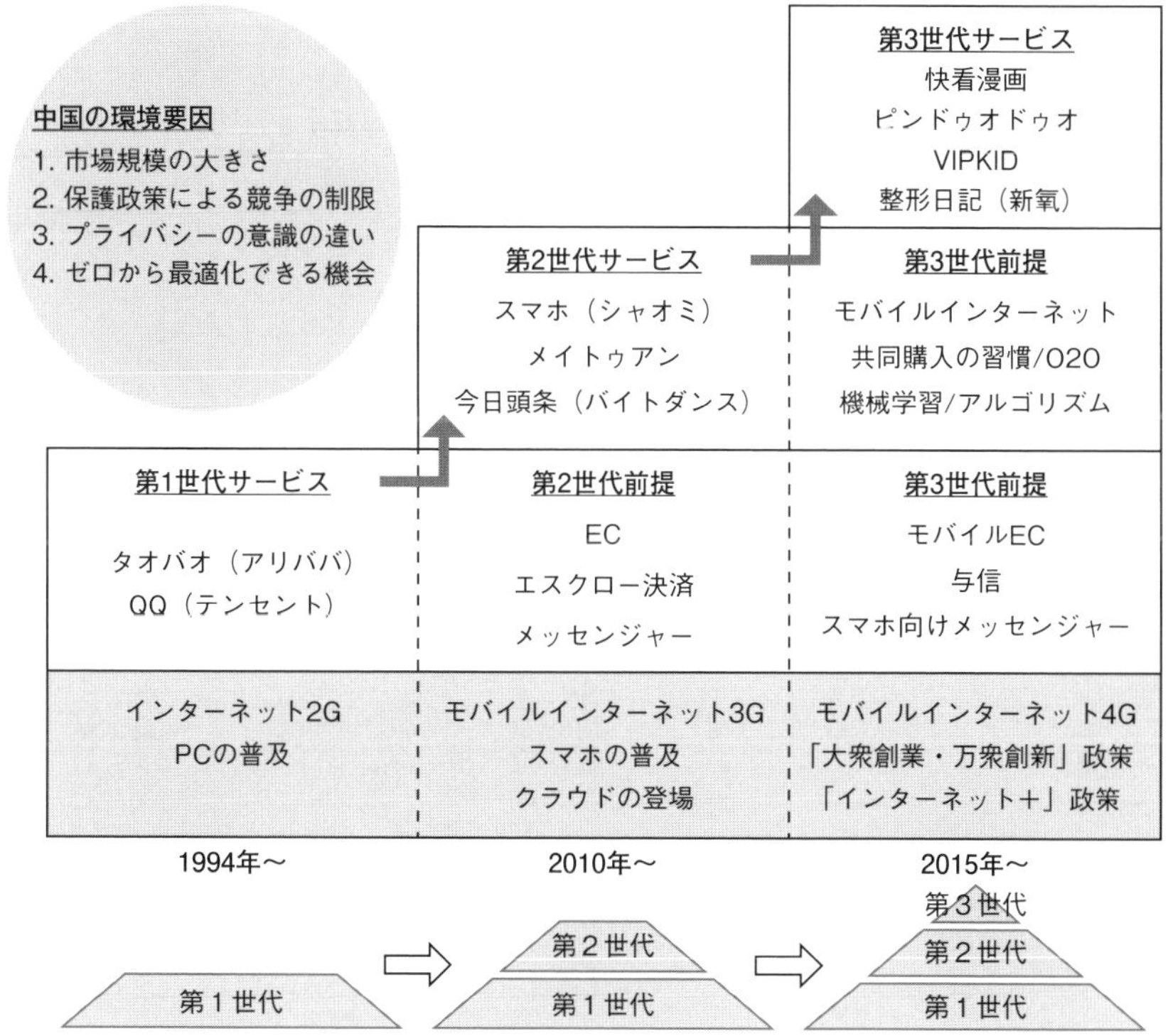

とができるようになるのです。

たとえば、ピンドゥオドゥオが急速に立ち上がることができたのは、メイトゥアンによって「インターネットでの共同購入」が当たり前になっていたからだと考えられます。同じように、快看漫画がスマホ最適化によって急成長できたのは、シャオミが高品質低価格のスマホを普及させていたからです。

VIPKIDや整形日記も含めて、第3世代のサービスのほとんどは、第1世代と第2世代が築き上げたインフラを前提にして新しいサービスを生み出しました。いずれも、アリババのアリペイやテンセントのウィーチャットペイなしでは生まれにくかったサービスです。図Ⅳ－2に示したように、スマホの普及、スマホ向けメッセンジャー／SNS、モバイル決済／与信、機械学習／AIアルゴリズムなどがあったからこそ、限られた投資で史上類を見ない急成長を成し遂げたと考えられます。

中国のビジネスは、アメリカのシリコンバレーなどと比べてもはるかに短い期間で成長を成し遂げています。このような急成長は、「特定の世代におけるミクロのループ」と「世代をまたがるマクロのループ」があって成り立つものです。これら異なるレベルの好循環が相互に結びつき、ピラミッドにたとえられるような産業構造を生み出しているように思えます。

それでは、ミクロとマクロを結びつける好循環というのはどのようなものなのでしょうか。

3 世代を結びつける好循環

単純化して示すと、ピラミッドを構成する3つの世代を結びつける好循環は図Ⅳ－3のようになります。

㊀起点となる第1世代

まず、第1世代のスタートアップ企業であるアリババやテンセントがインターネット時代のサービスを提供することで利用者を増やします。利用者が増えればサービス数も増えて、

図Ⅳ-3　中国スタートアップの3世代を結ぶ好循環

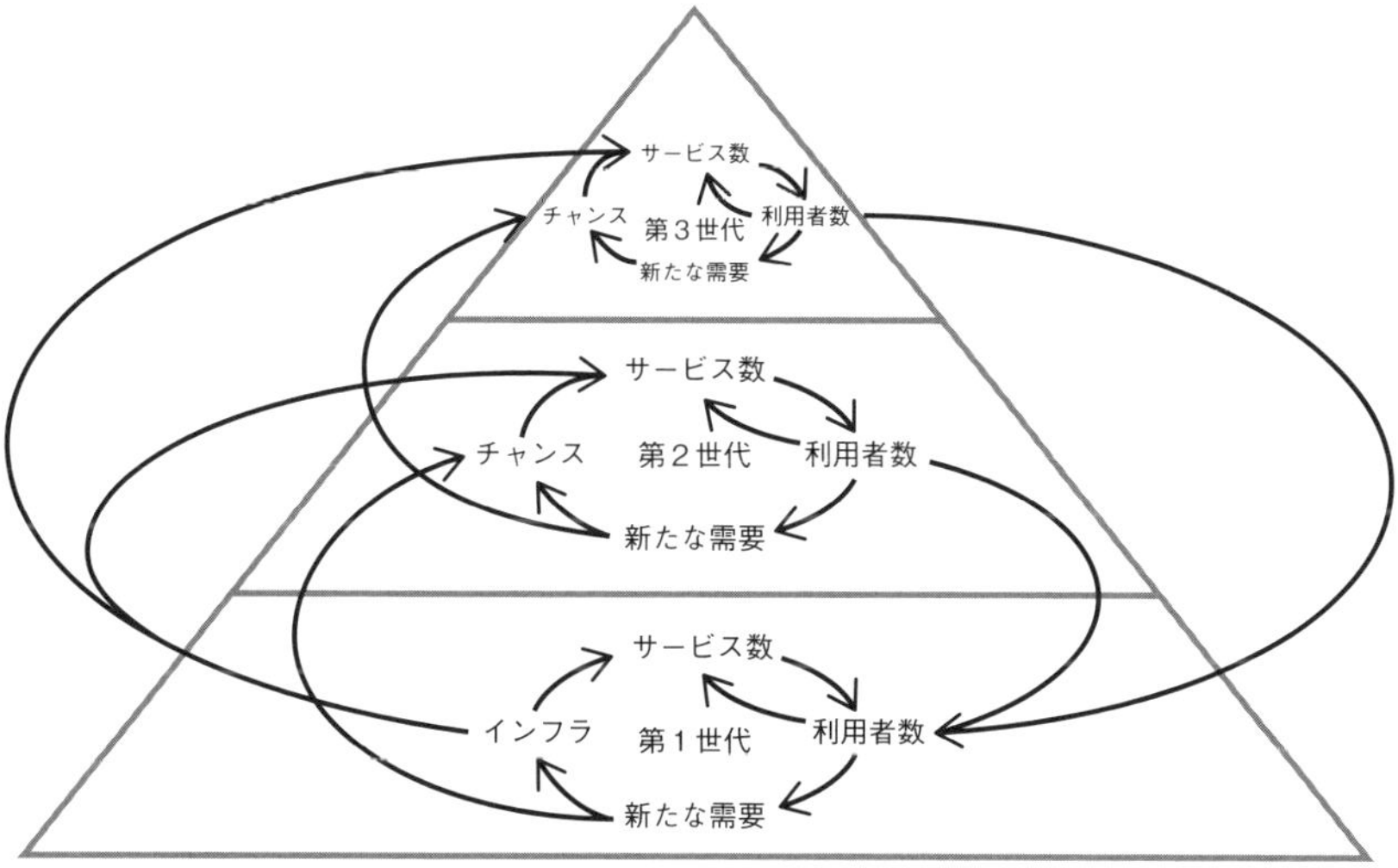

それが新たな利用者を呼び込むという循環が生まれます。同時に「より高性能なもの」「より安いもの」というように、あるニーズの充足が、より高次のニーズを刺激して、新たな需要を喚起します。これを満たすべくインフラのレベルは向上していきます。

このような好循環は、単一の企業によってもたらされるわけではありません。同じ世代の複数の企業がクラスターになって多様なサービスを生み出し、たくさんの利用者を呼び込み、総合的なインフラを作り上げていきます。その意味で、第1世代の企業群によって生み出される好循環なのです。

②第1世代から第2世代へ

第1世代によって築かれたインフラは、次の第2世代の前提条件になります。具体的には、パソコン向けのSNSやメッセンジャー、インターネットの検索エンジン、Eコマースのための決済サービスなどがその典型です。これらのインフラが整えば、少ない投資でビジネスができるので、第1世代のサービスはもちろん、第2世代のサービスも増えます。

また、第1世代のサービスは関連する市場や隙間の市場を生み出すのでビジネスチャンスが高まります。インフラが充実するとともに、新たな需要が創出されることよって、第2世代のスタートアップが増えていくのです。

第2世代のスタートアップは、高品質・低価格のスマホを普及させ、ニュースアプリ、共同購入、O2Oサービス、配車、フードデリバリーなどのサービスを生み出しました。第1世代の好循環と同じように、さまざまなサービスが利用者を増やし、新たな需要とチャンスが生まれ、サービスが増えていきました。

この間、第1世代のスタートアップもメッセンジャーや決済をスマホ向けに進化させ、金融や与信にかかわるサービスを開発。ビジネスを支援するクラウドサービスも生まれて、次世代のスタートアップはサーバーなどに投資して自前で情報システムを構築する必要がなくなりました。

③第2世代から第3世代へ

新しいサービスやインフラが拡充されることによって、第3世代のスタートアップは活気づきます。少ない投資で、関連市場や隙間の市場を掘り起こして成長することができるからです。

第1世代のアリババやテンセントは、自らはインフラを提供することに専念しています。

アリババは「あらゆるビジネスの可能性を広げる力となる」というミッションを掲げていますし、テンセントも「健全で活発なインターネットのエコシステムを共同に創造し、すべてのものを結びつける」といってオープンエコシステムを築いています。つまり、新たなビジネスチャンスが生まれても、それを〝我がモノ〟にするのではなく、外部の企業に委ねると明言しているのです。

実際、彼らはパートナー企業やサードパーティを自らのオープンなエコシステムに招き入れ、全体を活性化させるという戦略を貫いています。

この戦略が成り立つのは、彼らがそれでも儲かるという構造を作っているからです。図Ⅳ－3に描かれているように、第2世代や第3世代のサービスの利用者が増えれば、自らのインフラサービスの利用者も増え、最終的には自分たちの収益が上がるからです。

第1世代が築き上げ、進化させたインフラは新しい前提となって、第3世代のスタートアップを助けます。快看漫画、新氧、ＶＩＰＫＩＤは、いずれも第1世代と第2世代の築き上げたインフラに支えられて急成長を遂げています。

また、第2世代のメイトゥアンが共同購入の習慣を広めたことでで、ＳＮＳと共同購入を組み合わせた第3世代のピンドゥオドゥオのビジネスが広まりやすくなったとも言われます。このように、前の世代までのサービスが新しい需要を生み出し、それがチャンスとなって巡るということが起きているのです。

以上が、中国経済において急成長スタートアップが次から次へと生まれている理由です。

政府のインフラや政策をきっかけにピラミッドにたとえられるような産業構造が生まれました。ある世代のサービスが次の世代の新しい前提となり、その前提の上にビジネスチャンスが生まれるというメカニズムです。

こうして「ビジネスにおけるミクロのループ」と「世代をまたがるマクロのループ」とが結びつくことで好循環が強化され、史上類を見ない急成長のスタートアップを輩出してきたのだと考えられます。

有史以来の急成長は、中国という特別な環境下での現象ともいえるのですが、ビジネスモデルの発展手法に関する世界最先端の実験場であることも間違いありません。そして、その実験の成果から、起業家、投資家、イノベーションを目指す大企業、政策立案者、そして経営学者が学べることは多いのではないでしょうか[01]。

01 Erisman (2015) は、アリババ創業期から外国人幹部として参加してきた経験から、アリババのモデルから学ぶことは多く、複製可能な部分も少なくないと述べています。

あとがき

特殊なのか先進的なのか

本書を通じて、中国スタートアップが史上最速ともいえる急成長を成し遂げた理由について考えてきました。

類を見ない急成長については諸説ありますが、基本スタンスを大別すると2つに分けられます。

1つは、中国特殊説とも呼べるもので、中国のスタートアップ企業の急成長の原因は、中国に固有の外部環境に帰せられるものだという考えです。このスタンスに立つと、急成長の理由のほとんどは、市場、政治、社会制度、ならびに文化によるものなので、他の国の企業にとって有益な示唆はほとんど得られないとされます。

もう1つは、中国先進説とも呼べるもので、中国のスタートアップ企業の急成長は、起業家精神やイノベーションによるものだという考えです。中国スタートアップはデジタル技術を生かした先進事例であり、他国の企業もそこから学べることが多いとされます。ネット時代のインフラを最大限活用した中国スタートアップの経営手法は、一定の汎用性があると考えるのです。

本書のスタンスは、その中間に立つものです。

中国スタートアップの急成長の背景に中国固有の外部環境があるのは確かです。しかし、急成長をもたらす好循環は、このような外部環境がなければ作動しないというものだとは考えられません。前の世代のインフラや市場環境が次の世代のビジネスの前提条件になる、というのはどこの国や地域でも同じだからです。

個別の事例を見ていくと起業家はそれぞれの創意工夫によって他では見られない偉業を成し遂げています。中国スタートアップの急成長の論理は一定の汎用性を備えており、他の国や地域のスタートアップにとっても参考になります。中国ほどのスケールとスピード感が期待できないにしても、このようなエコシステムの好循環を再現することは可能なのではないでしょうか。

少なくとも、「中国の市場規模があるからこそできることだ」「政府が外資を追い出しているからだ」「プライバシーの基本が違うから参考にならない」と片づけるのではなく、学ぶべき点を見出していくことはできるでしょう。政府と大企業とスタートアップ企業が協力して「マクロとミクロ」を結びつける好循環を、われわれなりに追求していくべきだと考えます。

日本の産業を応援したい

本書を執筆しようとした理由は、2つあります。1つは、日本の産業におけるビジネスモデルイノベーションを応援したいからです。私たちの研究室では「遠い世界からの模倣」によるイノベーション創造を推奨しています。海外や異業種の先進的な事例を学び、それを自らの世界で実践することでビジネスモデルを創造するという方法を示し、実践に少しでも役立ちたいと思っているのです。

中国のスタートアップ事例は、ビジネスモデルイノベーションにうってつけの題材です。理想的な環境で行われた自然実験のようなものであり、大胆なアクションとその帰結を観察することができます。同じ環境を日本で整えられないにしても、そこから得られる知見は豊かなのです。

しかも、ビジネスモデルを取り巻く産業レベルにまで目を向けると、スタートアップに理想的な経済環境も読み取ることができます。どのような技術インフラ、経済インフラ、ならびに市場環境が揃えば、スタートアップは成長軌道に乗りやすいかも見えてくるのです。

本書で紹介できたのはわずか9社です。より多くの事例を紹介することもできました。しかし、幅広く学ぶことは大切なのですが、本当に大切なのはその後に深く学ぶことです。ビジネスモデルで言えば、世の中にはパターン集が出回っています。パターン集は、「お手本」を探すきっかけとしては最適ですが、それを単純に適用するだけではイノベーションは起こせません。

本当に自分のものにして自らの世界でイノベーションを引き起こすためには、やはり自らの手で「お手本」を探し出し、それを抽象化して自らの世界に具体化する必要がある、と私たちは考えています。

このような考えから、9社に絞り、それぞれが生まれた背景や起業家のミッションにまで立ち返り、ビジネスモデルの成長を比較的丁寧に説明しました。

中国の留学生と学ぶ

もう1つの理由は、早稲田大学大学院商学研究科における日々の研究・指導活動にあります。私たちの研究室には、毎年、中国からたくさんの留学生がビジネスモデルを学びに来ます。その中には社会人経験者も含まれていて、中国の成長著しい企業について事例研究を行っています。彼らと一緒に研究を進め、中国のスタートアップについての理解を少しずつ深めていきました。基本的な考え方は、彼らが修士論文を作成するプロセスで得たデータや知見に裏付けられたものです。

本書はその研究の成果でもあるのです。

◎楊稼怡さんの中国ショートムービーの研究
◎韓瑞さんのビジネスモデル研究

◎沈忱さんの中国企業の創造力についての研究
◎李萌さんのファーウェイのリープフロッグの研究
◎崔錦艷さんのディディの配車サービスについての研究
◎陳家駒さんの中国起業家の事業機会創出行動についての研究
◎孔逸凡さんのシャオミの利用者コミュニティについての研究
◎洪猗さんの中国のリーダーシップ研究
◎王馨芸さんのＴｉｋＴｏｋの国際展開についての研究
◎楊路達さんのテンセントの模倣イノベーションについての研究
◎王景陽さんの模倣・代理学習についての文献研究

また、今回は日本から情報収集するにあたって多くの雑誌記事や書籍を用いました。参考にする文献の選定は次の基準に基づいて行っています。

まず、メディア記事では起業家の講演録、講演動画、会社のプレスリリース、目論見書や有価証券報告書のような1次資料に近い記事を中心に集めました。メディア記事の他にも創業者本人が執筆した著書、ならびに役員や従業員の著書を参考にしています。

2次資料を参照する場合は中国において定評のある媒体を参照し、客観的な事実を記しているものを中心に収集しました。それ以外の媒体を参照する場合には必ず複数の情報源や英語記事を用いて多面的に事実を確認しています。

謝辞

本書の作成にあたってはたくさんの人たちの協力を得ました。筆者らが所属する早稲田大学大学院商学研究科は、中国スタートアップの研究をするのに大変恵まれた環境だと実感します。とくに、本学が文部科学省の次世代アントレプレナー育成事業（EDGE-NEXT）に採択されて以来、起業の現場が近くなり、絶えず新しい刺激を受けるようになりました。筆者らを助けてくださっている皆様にこの場を借りて感謝申し上げます。

私たちの見解の妥当性については、専門家とも意見を交わしました。

浙江大学の呉暁波教授には、3世代にわたるピラミッド構造について議論する機会があり、示唆的なコメントを頂戴しました。

中国深港科技創新合作區發展有限公司の王路さんには、深圳市投資控股有限公司と中国の対外投資について意見を交換することができました。

ＮＴＴデータ経営研究所シニアスペシャリストであり『中国デジタル・イノベーション』の著者である岡野寿彦さんには、本書の草稿を読んでいただきました。中国経済に精通された専門家からのコメントは、大変有用かつ勇気づけられるものでした。

ピクト図解の考案者である板橋悟さんには、複数の事業を束ねる「融業型のビジネスモデル」の描き方、原型事業を複製する「横展開型のビジネスモデル」の描き方、そしてビジネスモデルの進化を示す方法についてご助言を賜りました。複雑なモデルが少しでもわかりやすく表現できているとすれば、板橋さんのおかげです。

早稲田大学大学院商学研究科の坂井貴之さんは、わたしたちの頭の中に思い描かれた成長のロジックを1枚の循環図に「見える化」する作業を手伝ってくれました。さらに、エコシステムレベルでの「探索」と「深化」についての仮説導出において、鋭い意見を出してくれました。近藤祐大さんと劉慰健さんには、ビジネスモデルをピクト図解に表す作業を手伝ってもらいました。井上研究室の学部ゼミに所属していた深澤玲香さん、星野由希子さん、佐藤綾香さんには本書の事例を教材化するための制作を手伝ってもらいました。記して感謝申し上げます。

また、著者の1人である鄭が2017~2018年に、インターンとして働きながらフィールド調査を行った際には、フロンティアで活動されている皆様から起業活動の実際をご教示いただきました。

とりわけ株式会社Neukind代表取締役の渡邉真さん、株式会社Zofuku代表取締役の新倉康明さん、株式会社円卓CEOの戴蓉婧さん、シードファンド「THE SEED」代表取締役の廣澤太紀さん、Skyland Venturesパートナー・CEOの木下慶彦さん、株式会社Airporter代表取締役の泉谷邦雄さん、株式会社ビズリーチエグゼクティブサーチサポート部部長の池野広一さん、株式会社アトラエの小倉勇人さんには、大変お世話になりました。

ありうべき誤謬は筆者らに帰せられるべきものでありますが、皆様のお力添えなしには一冊の書籍にまとめることはできなかったと実感しています。

最後になりましたが、日経BPの長崎隆司さんには、本書の企画段階から粘り強く支援していただきました。途中、進むべき航路を見失いそうになりましたが、羅針盤となって導いてくださいました。数々の苦難を乗り越えられたのは長崎さんの励ましとご助言があったからこそです。

そして私たちの原稿はデザイナーの三森健太さん、イラストレーターのyamyamさんのユニークな仕事によってポップなパッケージに包み込まれ、この本が出来上がりました。みなさん、ありがとうございました。

2021年4月

井上達彦・鄭雅方

ifyiakur9474116.shtml

第3部

陶娟（2020年11月13日）.「收割者：騰訊阿里的20万億生態圏」『新財富』. http://www.xcf.cn/article/5f929c8a254b11ebbf3cd4c9efcfdeca.html

CASE8　テンセント

Yu, J. (2020年6月24日).「テンセントが過去最高値、時価総額でアジア首位企業にーアリババ抜く」『Bloomberg』. https://www.bloomberg.co.jp/news/articles/2020-06-23/QCDP8CT1UM1701

テンセント（2010年11月4日）.「テンセントからすべてのQQユーザーへの手紙」. https://xian.qq.com/a/20101104/000040.htm

馬化騰（2010年11月12日）.「テンセント12周年馬化騰が従業員への書簡：未来への扉を開く」『テンセントテック』. https://tech.qq.com/a/20101112/000310.htm

『2011年テンセント開放大会』サイト. http://www.techweb.com.cn/special/zt/2011QQopen/?eghj3

Jasonwang（2014年12月11日）.「張小龍：微信パブリックプラットフォームの8つのルール」『テンセントテック』（講演録）. https://tech.qq.com/a/20141211/026981.htm

CASE9　アリババ

孫璡（2006年12月22日）.「eBay中国敗北：ジャックマーPR戦争に挑む」『第一財経日報』. http://tech.sina.com.cn/i/2006-12-22/07451301198.shtml

權子涵（2017年1月10日）.「アリババは198億香港ドルで銀泰商業を買収、ニューリテールへの布石」『ALIBABA NEWS』. https://www.alibabanews.com/alibabachenguojunlianshouniyi198yigangyuansiyouhuayintaishangye-bujuxinlingshou/

阿里足跡團隊（2019年10月31日）.「杭州銀泰百貨を直撃、ニューリテールを体験」『ALIBABA NEWS』. https://www.alibabanews.com/%e7%9b%b4%e6%93%8a%e6%9d%ad%e5%b7%9e%e9%8a%80%e6%b3%b0%e7%99%be%e8%b2%a8-%e9%ab%94%e6%9c%83%e5%a4%a7%e7%9c%be%e5%8c%96%e6%96%b0%e9%9b%b6%e5%94%ae%e7%a7%91%e6%8a%80/

阿里足跡團隊（2017年7月17日）.「フーマフレッシュ『ニューリテール』モデル、生鮮食品を30分で自宅に届ける」『ALIBABA NEWS』. https://www.alibabanews.com/hemaxinlingshou-moshiquantiyan-xinxianshipin30fenzhongsongdafushang/

*全Web資料の最終アクセス日は2021年3月28日です。

人人醤（2015年12月21日）.「中国チームが作ったショートムービーアプリが、米国iOSランキングで1位になったのはなぜですか？」『36Kr』（インタビュー記事）. https://36kr.com/p/1720993513473

朱丹（2018年3月26日）.「張一鳴：今日頭条は3年以内でグローバル企業になる」『i黑馬網』（講演録）. http://www.iheima.com/article-167681.html

Koetsier, J.（2021年1月8日）.「2020年『世界のアプリDLランキング』、1位TikTokは8億5000万件」『Forbes』. https://forbesjapan.com/articles/detail/39170

CASE6　メイトゥアン

Steiner, C.（2010, August 12）. *Meet The Fastest Growing Company Ever*. Forbes . https://www.forbes.com/forbes/2010/0830/entrepreneurs-groupon-facebook-twitter-next-web-phenom.html?sh=21a09f7c4c2e

甘嘉偉（2017年7月1日）.「運営管理：企業を科学的に運営する方法は？」『混沌大学』（講演動画）. https://www.hundun.cn/course/intro/91ce55b78a98df2c3b8d5d901ef86bf7

浅黒科技（2019年7月23日）.「メイトゥアンホテル戦争」『環球旅訊』. https://www.traveldaily.cn/article/130638

韦襲（2014年1月2日）.「メイトゥアンのバイスプレジデント王慧文：メイトゥアンがO2Oフードデリバリーを行うのはなぜですか？！」『i黒馬』（インタビュー記事）. http://www.iheima.com/article-57569.html

中華人民共和国国家統計局編（2014年）.『中国統計年鑑』. http://www.stats.gov.cn/tjsj/ndsj/2014/indexch.htm

呉倩男（2019年1月18日）.「メイトゥアンデリバリー方法論：なぜ後発参入で1位なれたのか」『虎嗅网』（インタビュー記事）. https://www.huxiu.com/article/281902.html?f=member_article

（『虎嗅网』はテクノロジーとイノベーションにフォーカスした情報プラットフォームです）

呉倩男（2019年1月22日）.「同じく拡張なのに、なぜメイトゥアンが勝ったのか？！」『虎嗅网』（インタビュー記事）. https://www.huxiu.com/article/282324.html?f=member_article

CASE7　シャオミ

卜祥（2018年4月25日）.「雷軍：シャオミの利益率が5%を超えることはなく、超過分はユーザーに返金されます」『テンセントテック』. https://tech.qq.com/a/20180425/026861.htm

張峰（2016年3月6日）.「品質とコスパの両立はいくつかのハードルを乗り越える必要がある」『混沌大学』（講演動画）. https://www.hundun.cn/course/intro/0378adbb6e52813749d6c924788f1d27

張俊（2017年7月19日）.「小米劉徳氏インタビュー：小米エコシステム3年間で89社、背後にある論理と価値」『新浪科技』. http://tech.sina.com.cn/t/2017-07-19/doc-

謝康玉（2018年4月2日）.「ピンドゥオドゥオの "低価格人気商品 "の秘密は、年商1億超のこの工場にある」『鈦媒体』（インタビュー記事）. https://www.tmtpost.com/3163174.html

韓璐（2019年9月6日）.「ピンドゥオドゥオのために忙しくしているトップ工場たち」『21世紀商業評論』. https://36kr.com/p/1724314976257

第2部

板橋悟（2014年3月17日）.「ビジネスモデルを『見える化』するピクト図解」『ハーバードビジネスレビュー』. https://www.dhbr.net/articles/-/2447

板橋悟『ピクト図解&3W1Hメソッド公式サイト』. http://3w1h.jp/

『快看漫画広告』. https://www.kuaikanmanhua.com/pd/marketing/

井上達彦（2020年7月4日）.「将棋AI『HEROZ』脅威の成長を支えるビジネスモデルの意外な仕掛け」『ダイヤモンドオンライン』. https://diamond.jp/articles/-/241828

日本取引所グループ『市場概要』. https://www.jpx.co.jp/equities/products/stocks/outline/index.html

日本取引所グループ『上場会社情報』.https://www.jpx.co.jp/listing/index.html

CASE5　バイトダンス

高小倩（2018年3月23日）.「張一鳴：今日頭条はFacebookとYoutubeが遭遇するアルゴリズムの問題をどのように解決するのか」『36Kr』（講演録）. https://36kr.com/p/1722372898817

楊剑（2014年3月5日）.「今日頭条：野蛮人と新種」『鈦媒体』. https://www.tmtpost.com/499357.html

曹歓歓（2018年4月20日）.「今日頭条アルゴリズム原理」『バイトダンス』（講演録）. https://www.bytedance.com/zh/news/5e478d90085243ad16f78ffb

張一鳴（2016年10月21日）.「年間100億近くの広告を販売している今日頭条はどのようにビジネスを行っているのでしょうか」『i黑馬網』（講演録）. http://www.iheima.com/article-159346.html

（『i黑馬』は起業家向けの包括的なサービスプラットフォームであり、起業やイノベーションの分野で強みを持つメディアです）

張一鳴（2019年3月14日）.「張一鳴が会社設立7周年で抖音頭条について語った5つの話」（講演録）. https://www.bytedance.com/zh/news/5e478d6431ad36acc0a11939

楽天（2014年7月9日）.「今日頭条は捜狐を名誉毀損で訴え、100万元の補償を要求」『テンセントテック』. https://tech.qq.com/a/20140709/049209.htm

バイトダンス『AI Lab』サイト. https://ailab.bytedance.com/

福山泰史（2017年6月14日）.「これからの10代は音楽を聴かない。音楽と遊ぶのだ。musical.ly｜Alex Hofmann」『WIRED』（インタビュー記事）. https://wired.jp/series/future-music-makers/04_musical-ly/

CASE3　VIPKID

新商業NEO100（2017年12月12日）.「VIPKID 米雯娟：2億米ドルの資金調達や『世界最大』よりもエキサイティングなものは何ですか？」『36Kr』（インタビュー記事）. https://36kr.com/p/1722080395265

林靖東（2018年3月7日）.「VIPKID 米雯娟：現在は北米の教師に焦点を当てており、将来的に拡大する予定」『テンセントテック』（インタビュー記事）. https://tech.qq.com/a/20180307/013958.htm

Randycheng（2019年1月25日）.「陸奇と米雯娟の対談：VIPKIDはどのようにして最適なビジネスモデルを見つけたのか？」『テンセントテック』（インタビュー記事）. http://tech.qq.com/a/20190125/006518.htm

郭雨萌（2016年8月15日）.「ブームが過ぎたとき、VIPKIDをはじめとしたオンライン英会話教育はどう乗り越えるのか」『36Kr』. https://36kr.com/p/1721157664769

心箭菌（2017年12月19日）.「4年で『10億ドルクラブ』へ、VIPKIDは何が違うのか？」『GEEKPARK』（インタビュー記事）.https://www.geekpark.net/news/225221

CASE4　ピンドゥオドゥオ

周丹（2016年12月13日）.「独占公開：ピンドゥオドゥオとピンハオフォの人気爆発・論争・合併の裏側」『捜狐号』（小飯桌新媒体インタビュー記事）. https://www.sohu.com/a/121403804_247350

（『小飯桌新媒体』はアントレプレナーシップと投資に焦点を当てたメディアです）

陳一斌（2016年1月5日）.「共同購入は何百万もの注文を直接起こさせるが、「ピンハオフォ」はどのように達成できたか」『愛范兒ifanr』（インタビュー記事）. https://www.ifanr.com/604540

（『愛范兒ifanr』はイノベーションとテクノロジーに特化したメディアです）

二水水（2015年12月13日）.「シリーズBで数千万米ドルを調達した後、「ピンハオフォ」は果物O2Oのイメージを払拭している」『36Kr』. https://36kr.com/p/1720998330369

人人醬（2016年9月13日）.「ピンドゥオドゥオとピンハオフォが合併を発表、分散型ソーシャルeコマースの未来は？」『36Kr』. https://36kr.com/p/1721184960513

万露（2018年7月27日）.「黃崢：ピンドゥオドゥオはフェイスブックのＥＣバージョンになる可能性がある」『第一財經』（インタビュー記事）. http://finance.sina.com.cn/chanjing/gsnews/2018-07-27/doc-ihfvkitx5271154.shtml

Lee, E. (2018, July 27). *The incredible rise of Pinduoduo, Tencent's most powerful Taobao rival*. TechNode. https://technode.com/2018/07/27/the-incredible-rise-of-pinduoduo-tencents-most-powerful-taobao-rival/

陳宇曦（2020年10月26日）.「ピンドゥオドゥオの『新ブランド計画2.0』は、ローカルブランドの台頭を加速させる」『澎湃新聞』. https://www.thepaper.cn/newsDetail_forward_9667622

newsDetail_forward_2021747
（『澎湃新聞』は中国国営メディアグループ上海報業集団が運営するニュースメディアです）

CASE2　新氧

Talty, A.（2020, January 14). *Work From Home 2020: The Top 100 Companies For Remote Jobs.* Forbes. https://www.forbes.com/sites/alexandratalty/2020/01/14/work-from-home-2020-the-top-100-companies-for-remote-jobs/?sh=3f61d0a94196

VIPKid Named to Fast Company's Annual List of the World's Most Innovative Companies for Second Year in a Row.（2019, February 20）. Businesswire. Retrieved March 28, 2021, from https://www.businesswire.com/news/home/20190220005690/en/VIPKid-Named-to-Fast-Company%E2%80%99s-Annual-List-of-the-World%E2%80%99s-Most-Innovative-Companies-for-Second-Year-in-a-Row

BEST PLACES TO WORK 2020.（n.d.). glassdoor. Retrieved March 28, 2021, from https://www.glassdoor.com/Award/Best-Places-to-Work-2020-LST_KQ0,24.htm

Cherry（2018年9月4日).「新氧はシリーズEで7000ドルを調達、1年足らずで合計1億6000万ドルを調達した」『投資界』. https://pe.pedaily.cn/201809/435360.shtml

（『投資界（トウズージェ）』は清科集団が運営する情報プラットフォームであり、主にスタートアップ、投資について報道されています）

王宇澄（2017年11月13日).「新商業NEO100｜医療美容アプリの同質化？ 新氧金星：ほとんどの企業はシリーズDまで生き残れない」『36Kr』（インタビュー記事). https://36kr.com/p/1721959284737

36氪的朋友們（2018年4月3日).「新氧CEO金星：医療美容分野のコミュニティと製品、運営は勝利の鍵である」『36Kr』（講演録). https://36kr.com/p/1722402275329

金星（2018年3月17日).「100倍難しい整形コミュニティはどのように2500万人のユーザーを獲得しているのか？」『36Kr』（混沌大学講演録). https://36kr.com/p/1722356514817

王一点（2017年12月12日).「新氧CEO金星：医療美容アプリ戦争は終焉を迎える、消費者の口コミと堅実な運用は2本柱｜WISE 2017新商業大会」『36Kr』（WISE 2017新商業大会講演録). https://36kr.com/p/1722083524609

時氪分享（2018年12月19日).「新氧ビッグデータは、2.8%の都市が美容医療医師の53.7%を占めていることを示していますが、信頼できる優れた医師を見つけるには？」『36Kr』. https://36kr.com/p/1723073396737

黄雪姣（2017年12月23日).「新氧シリーズDで4億ドルの資金調達、医療美容マーケティングのエコシステムを構築」『36Kr』.https://36kr.com/p/1722114359297

Web資料　　　*中国語記事のタイトルは筆者による翻訳です。

第１部

ACGx（2018年8月23日).「『兄に付ける薬はない！』興行収入2億元を突破、快看漫画はどのようにIPを強化するのか」『ACGx』. https://www.sohu.com/a/249671279_400919

（『ACGx』はアニメ、ゲームとサブカルチャー業界に特化したメディアです）

混沌大学（2017年7月12日).「チェン・アニー：2年半、0から9千万人以上のユーザー、快看漫画の運営方法論」『36Kr』（混沌大学講演録). https://36kr.com/p/5083367

（『36Kr』は中国スタートアップ企業の情報に強みをもつニュースメディアです）

方婷（2017年12月14日).「チェン・アニー：同じストーリー、1980年代生まれはオンライン小説、1995年代生まれはコミックを選ぶ｜WISE 2017新商業大会」『36Kr』（WISE 2017新商業大会講演録). https://36kr.com/p/1722087342081

CASE1　快看漫画

田不然（2017年12月02日).「シリーズDで1.77億米ドルの資金調達、チェン・アニー：将来的に米国または香港上場を目指す」『刺蝟公社』（インタビュー記事). https://www.sohu.com/a/207954215_141927

極光（2018年12月12日).「極光開発者大会：快看漫画李潤超がコミックプラットフォームのデータとインテリジェンスについて語る」『極光』（極光開発者大会講演録). https://www.sohu.com/a/281344093_399033

（『極光』は中国のモバイル・ビッグデータサービス・プラットフォームです）

Nakajima, A.（翻訳）（2019年1月10日).「1億人を虜にするNetflixに隠された、レコメンド機能のアルゴリズムの秘密」『Workship MAGAZINE』. https://goworkship.com/magazine/netflix-binging-algorithm/

Blattmann, J.（2018, August 2). *Netflix: Binging on the Algorithm*. UX Planet. https://uxplanet.org/netflix-binging-on-the-algorithm-a3a74a6c1f59

混沌大学（2017年7月12日).「チェン・アニー：2年半、0から9000万人以上のユーザー、快看漫画の運営方法論」『36Kr』（混沌大学講演録). https://36kr.com/p/5083367

王穎奇（2019年5月11日).「対話CTO｜「快看漫画」CTO李潤超がコミック産業を再構築するための技術推進力について語る」『GEEKPARK』（インタビュー記事). https://www.geekpark.net/news/241816

（『GEEKPARK』は中国のテック系メディアです）

方婷（2017年12月14日).「チェン・アニー：同じストーリー、1980年代生まれはオンライン小説、1995年代生まれはコミックを選ぶ｜WISE 2017新商業大会」『36Kr』（WISE 2017新商業大会講演録). https://36kr.com/p/1722087342081

夏奕寧（2018年3月8日).「インタビュー|快看漫画創立者チェン・アンニ：人生の1%の奇跡を実現する方法」『澎湃新聞』（インタビュー記事).　https://www.thepaper.cn/

稲田大学IT戦略研究所ワーキングペーパーシリーズ』*39*, 1-21.

根来龍之（2017）.『プラットフォームの教科書：超速成長ネットワーク効果の基本と応用』日経BP.

西村行功（2004）.『システム・シンキング入門』日本経済新聞出版.

岡田美弥子（2017）.『マンガビジネスの生成と発展』中央経済社.

岡野寿彦（2020）.『中国デジタル・イノベーション：ネット飽和時代の競争地図』日本経済新聞出版.

Osterwalder, A., & Pigneur, Y.（2010）. *Business model generation: a handbook for visionaries, game changers, and challengers*. John Wiley & Sons（アレックス・オスターワルダー, イヴ・ピニュール/小山龍介訳『ビジネスモデル・ジェネレーション―ビジネスモデル設計書』翔泳社, 2012年）.

Parker, G. G., Van Alstyne, M. W., & Choudary, S. P.（2016）. *Platform revolution: How networked markets are transforming the economy—and how to make them work for you*. WW Norton & Company（ジェフリー・G・パーカー, マーシャル・W・ヴァン・アルスタイン, サンジート・ポール・チョーダリー/妹尾堅一郎監訳/渡部典子訳『プラットフォーム・レボリューション：未知の巨大なライバルとの競争に勝つために』ダイヤモンド社, 2018年）.

Reillier, L. C., & Reillier, B.（2017）. *Platform strategy: How to unlock the power of communities and networks to grow your business*. Routledge（ロール・クレア・レイエ, ブノワ・レイエ/根来龍之監訳/門脇弘典訳『プラットフォーマー勝者の法則：コミュニティとネットワークの力を爆発させる方法』日本経済新聞出版, 2019年）.

Sabatier, V., Mangematin, V., & Rousselle, T.（2010）. From recipe to dinner: business model portfolios in the European biopharmaceutical industry. *Long Range Planning, 43*（2-3）, 431-447.

呉暁波（2017）.『騰訊伝：中国互聯網公司進化論』浙江大学出版社（ウー・シャオボー/箭子喜美江訳『テンセント：知られざる中国デジタル革命トップランナーの全貌』プレジデント社, 2019年）.

小米生態鏈谷倉学院（2017）.『小米生態鏈戦地筆記』中信出版集団（ホン・ホア, ドン・ジュン/配島亜希子訳『シャオミのすべて: 世界最強のIoTプラットフォームはこうして生まれた』CCCメディアハウス社, 2018年）.

熊江（2013）.『小QQ大帝国：馬化騰伝奇』中央編訳出版社.

由曦（2017）.『螞蟻金服：科技独角獣的崛起』中信出版集団（ユウ・シ/永井麻生子訳『アント・フィナンシャルの成功法則：アリペイを生み出した巨大ユニコーン企業』CCCメディアハウス, 2018年）.

曾鳴（2018）.『智能商業』中信出版集団.

曾鳴（2019）.『智能戦略：阿里巴巴的成功与戦略新藍図』中信出版集団（ミン・ゾン/土方奈美訳『アリババ 世界最強のスマートビジネス』文藝春秋, 2019年）.

趙瑋琳（2021）.『チャイナテック：中国デジタル革命の衝撃』東洋経済新報社.

上智大学中世思想研究所（2002）.『中世思想原典集成（8）』平凡社.
加護野忠男（2004）.「コア事業をもつ多角化戦略」『組織科学』*37*（3），4-10.
加護野忠男（2005）.「新しい事業システムの設計思想と情報の有効利用」『国民経済雑誌』*192*（6），19-33.
梶谷懐・高口康太（2019）.『幸福な監視国家・中国』NHK出版.
Kirkpatrick, D.（2011）. *The Facebook effect: The inside story of the company that is connecting the world*. Simon and Schuster（デビッド・カークパトリック/滑川海彦, 高橋信夫訳/小林弘人解説「フェイスブック　若き天才の野望：5億人をつなぐソーシャルネットワークはこう生まれた」日経BP, 2011年）.
小林秀雄（2003）.『小林秀雄全作品〈15〉モオツァルト』新潮社.
國領二郎（1995）.『オープン・ネットワーク経営: 企業戦略の新潮流』日本経済新聞社.
國領二郎（1999）.『オープン・アーキテクチャ戦略：ネットワーク時代の協働モデル』ダイヤモンド社.
黄未来（2019）.『TikTok 最強のSNSは中国から生まれる』ダイヤモンド社.
Lavie, D., Stettner, U., & Tushman, M. L.（2010）. Exploration and exploitation within and across organizations. *Academy of Management annals*, *4*（1），109-155.
Lee, K., & Lim, C.（2001）. Technological regimes, catching-up and leapfrogging: findings from the Korean industries. *Research policy, 30*（3），459-483.
黎万強（2014）.『参与感：小米口碑営銷内部手册』中信出版集団（リー・ワンチアン/藤原由希訳『シャオミ 爆買いを生む戦略』日経BP, 2015年）.
李志剛（2014）.『九敗一勝：美団創始人王興創業十年』中國計量出版社.
李智慧（2018）.『チャイナ・イノベーション：データを制する者は世界を制する』日経BP.
李智慧（2021）.『チャイナ・イノベーション2：中国のデジタル強国戦略』日経BP.
廉薇・辺慧・蘇向輝・曹鵬程（2017）.『螞蟻金服：支付宝到新金融生態圏』中国人民大学出版社（リェン・ウェイ, ビェン・ホイ, スー・シアンホイ, ツァイ・ポンチョン/永井麻生子訳『アントフィナンシャル：1匹のアリがつくる新金融エコシステム』みすず書房, 2019年）.
馬化騰（2013）.「譲我們談談未來」『商界評論』12月号, 42-44.
Magretta, J.（2002）. Why business models matter. *Harvard business review 80*（5），86-92（ジョアン・マグレッタ/村井章子訳「ビジネスモデルの正しい定義：コンセプトのあいまいさが失敗を招く」『DIAMONDハーバード・ビジネス・レビュー』4月号：123-131, 2014年）.
March, J. G.（1991）. Exploration and exploitation in organizational learning. *Organization science*, *2*（1），71-87.
益尾知佐子（2019）.『中国の行動原理：国内潮流が決める国際関係』中央公論新社.
根来龍之・足代訓史（2011）.「経営学におけるプラットフォーム論の系譜と今後の展望」『早

参考文献

Blank, S. (2013). Why the lean start-up changes everything. *Harvard business review, 91* (5), 63-72 (スティーブ・ブランク/有賀裕子訳「リーン・スタートアップ：大企業での活かし方」『DIAMONDハーバード・ビジネス・レビュー』8月号：40-51, 2013年).

Casadesus-Masanell, R., & Ricart, J. E. (2011). How to design a winning business model. *Harvard business review, 89* (1/2), 100-107 (ラモン・カサデサス＝マサネル, ジョアン・E・リカート/中島聡子訳「優れたビジネスモデルは好循環を生み出す」『DIAMOND ハーバード・ビジネス・レビュー』8月号：24-37, 2011年).

鄭雅方・井上達彦 (2020).「重層的なインタラクションによるプラットフォームの拡張」『早稲田商学』*458*, 1-20.

Clark, D. (2016). *Alibaba: the house that Jack Ma built.* Ecco.

Clark, K. B., & Fujimoto, T. (1991). *Product development performance*. Harvard Business School Press (藤本隆宏, キム・B・クラーク/田村明比古訳『実証研究 製品開発力：日米欧自動車メーカー20社の詳細調査』ダイヤモンド社, 1993年).

Cusumano, M. A., Gawer, A., & Yoffie, D. B. (2019). *The business of platforms: Strategy in the age of digital competition, innovation, and power.* Harper Business (マイケル・A・クスマノ, アナベル・ガワー, デヴィッド・B・ヨフィー/青島矢一監訳『プラットフォームビジネス：デジタル時代を支配する力と陥穽』有斐閣, 2020年).

Eisenmann, T., Parker, G., & Van Alstyne, M. (2011). Platform envelopment. *Strategic management journal*, *32* (12), 1270-1285.

Erisman, P. (2015). *Alibaba's World: How a remarkable Chinese company is changing the face of global business.* Macmillan.

藤井保文・尾原和啓 (2019).『アフターデジタル：オフラインのない時代に生き残る』日経BP.

Iansiti, M., & Levien, R. (2004). *The keystone advantage: what the new dynamics of business ecosystems mean for strategy, innovation, and sustainability.* Harvard Business Press (マルコ・イアンシティ, ロイ・レビーン/杉本幸太郎訳『キーストーン戦略:イノベーションを持続させるビジネス・エコシステム』翔泳社, 2007年).

板橋悟 (2010).『ビジネスモデルを見える化する　ピクト図解』ダイヤモンド社.

井上達彦 (2003).「EDIインターフェイスと企業間取引形態の相互依存性」『組織科学』36 (3), 74-91.

井上達彦・真木圭亮・永山晋 (2011).「ビジネス・エコシステムにおけるニッチの行動とハブ企業の戦略：家庭用ゲーム業界における複眼的分析」『組織科学』*44* (4), 67-82.

井上達彦 (2017).『模倣の経営学　実践プログラム版』日経BP.

井上達彦 (2019).『ゼロからつくるビジネスモデル』東洋経済新報社.

入山章栄 (2019).『世界標準の経営理論』ダイヤモンド社.

井上達彦（いのうえ・たつひこ）

早稲田大学 商学学術院 教授

1992年横浜国立大学経営学部卒業。1997年神戸大学大学院経営学研究科博士課程修了、博士（経営学）。広島大学社会人大学院マネジメント専攻助教授、早稲田大学商学部助教授（大学院商学研究科夜間MBAコース兼務）などを経て、2008年より現職。2003年経営情報学会論文賞受賞。独立行政法人経済産業研究所（RIETI）ファカルティフェロー、ペンシルベニア大学ウォートンスクール・シニアフェロー、早稲田大学産学官研究推進センターインキュベーション推進室長などを歴任。専門はビジネスモデルと事業創造。著書に『模倣の経営学』『模倣の経営学 実践プログラム版』『ブラックスワンの経営学』（日経BP）、『ゼロからつくるビジネスモデル』（東洋経済新報社）、『キャリアで語る経営組織』（共著、有斐閣）などがある。

鄭雅方（てい・がほう）

早稲田大学 商学学術院 助手

2009年台湾台北市立大学音楽学部卒業。台湾、中国で勤務の後、日本へ留学。2016年早稲田大学大学院商学研究科修士課程修了。在学中に中国進出コンサルティング会社やスタートアップでアクションリサーチを行い、中国のIT・スタートアップに関するメディアの立ち上げに携わる。2019年より現職。中国のスタートアップを中心に研究。

世界最速ビジネスモデル

中国スタートアップ図鑑

2021年5月17日　第1版第1刷発行

著　者　井上達彦・鄭雅方
発行者　村上広樹
発　行　日経BP
発　売　日経BPマーケティング
〒105-8308 東京都港区虎ノ門4-3-12
https://www.nikkeibp.co.jp/books/

ブックデザイン　三森健太（JUNGLE）
イラスト　yamyam
制　作　朝日メディアインターナショナル
編　集　長崎隆司
印刷・製本　図書印刷

Printed in Japan
ISBN 978-4-296-00013-5